从黄埔军校走出来的

国共两党高级将领

潘　望◎著

他们，为了权力，不惜发动内战、同室操戈，最终落得退守孤岛，默默饮下了失败的苦酒！『青山遮不住，毕竟东流去！』

何应钦

陈诚

顾祝同

刘峙

胡宗南

周至柔

陈毅

徐向前

聂荣臻

叶剑英

林彪

陈赓

他们，为了革命，不惜流血牺牲、前赴后继，终于缔造了一个崭新的中国『拼将十万头颅血，须把乾坤力挽回。』

中共党史出版社

图书在版编目(CIP)数据

从黄埔军校走出来的国共两党高级将领 / 潘望著.—北京：中共党史出版社，2016.4

ISBN 978-7-5098-3151-9

Ⅰ.①从… Ⅱ.①潘… Ⅲ.①中国人民解放军-将军-列传②中国国民党军-将军-列传 Ⅳ.①K825.2

中国版本图书馆 CIP 数据核字（2015）第 178427 号

出版发行：中共党史出版社
责任编辑：潘　鹏
复　　审：韩冬梅
终　　审：吴　江
社　　址：北京市海淀区芙蓉里南街 6 号院 1 号楼
邮　　编：100080
网　　址：www.dscbs.com
经　　销：新华书店
印　　刷：北京晨旭印刷厂
开　　本：170mm×240mm　1/16
字　　数：280 千字
印　　张：19.5
印　　数：1-10000 册
版　　次：2016 年 4 月第 1 版
印　　次：2016 年 4 月第 1 次印刷
ISBN　978-7-5098-3151-9
定　　价：39.80 元

前 言

在世界军事史上，很少有一所学校刚一成立，就能给了灾难深重的一国民众无限希望，并吸引了全国有识之士争相前往；很少有一所学校在兵荒马乱、战火纷飞的岁月里，在连教学设备、教学课程都无法保障的情况下，学员们边打仗边学习，却成为了军事奇才与社会栋梁；也很少有一所学校，存在时间并不长，却影响了一个国家的历史进程。这所学校就是曾经响彻神州大地，今天依然威名不减，并被誉为“中国将帅摇篮”的黄埔军校。

黄埔军校将星去集，陈毅、徐向前、聂荣臻、叶剑英、林彪、陈赓，何应钦、陈诚、顾祝同、刘峙、胡宗南、周至柔，这些大家耳熟能详的名字，他们分属共产党和国民党，他们中有的是敌后抗日战场上的骁将，有的是屠杀人民的刽子手；有的是新中国开国元勋，有的是发动内战的急先锋……无论历史如何评说，他们却几乎拥有同一个起点——黄埔！

黄埔军校战果辉煌。从黄埔军校刚刚成立不久不开始东征、北伐，到随后的十年内战、抗日战争，再到最后的解放战争，黄埔师生一直都是双方的主角。他们曾经并肩作战，扫除顽固军阀、抵抗侵华日军，也曾白刃相见，逐鹿中原，决战在辽沈大地，鏖战于淮海、平津前线。

在冰与火的战争洗礼中，绝大多数黄埔师生都实现了人生的蜕变，他们从学员兵到营、团、师长，有的直至将军、元帅。可以说，每一个黄埔人都是一个精彩故事，他们的故事从黄埔发端，一直延续到整个人生。

本书从众多黄埔师生中认真挑选了叶剑英、徐向前、何应钦、陈诚等12位最有代表性的人物，既描绘了他们精湛的指挥艺术，又渲染了令人热血沸腾的战争场面，也凸显了黄埔精英们的群体风采。

如今，黄埔军校已经渐渐离我们远去，但它在我们心中的分量依然沉重，魅力依然无穷。翻开本书，让我们与黄埔精英们脚步重合，一起来重温那段轰轰烈烈的历史，一起来感受他们那跌宕起伏的曲折人生！

潘　望

2015年4月15日于北京小关

目　录

文韬武略——陈　毅

布衣元帅——徐向前

两弹之父——聂荣臻

力挽狂澜——叶剑英

足智多“谋”——林 彪

谈笑用兵——陈　赓

位极人臣——何应钦

“小委员长”——陈诚

百依百顺——顾祝同

长腿将军——刘　峙

“天子门生”——胡宗南

飞行上将——周至柔

从黄埔军校走出来的 CONGHUANGPUJUNXIAOZOUCHULAIDE

GUOGONGLIANGDANGGAOJIJIANGLING 国共两党高级将领

文韬武略——陈　毅

陈毅乐观直爽，说话随和，性格非常鲜明，他不仅是军事家和人民军队的缔造者之一，还是著名的外交家和诗人，在长期的革命战争生涯中，他非但建立了赫赫功勋，还非常擅长政治统战及行政工作，所以中华人民共和国成立后陈毅先后担任上海市长和外交部长，在自己的军事生涯之外又书写了新的篇章。

小档案

姓名字号： 陈毅，字仲弘，原名陈世俊

籍　　贯： 四川省乐至县

生卒年月： 1901.8.26—1972.1.6　卒年71岁

毕业院校： 四川省立第一甲种工业学校、北京中法大学文学院

军　　衔： 元帅

最高军职： 中共中央军委副主席

一、学运领袖

1925 年 3 月 12 日，中国近代伟大的革命先行者孙中山先生在北京逝世。当时，陈毅正在北京西山中法大学学习。噩耗传来，他非常悲痛。

当他获悉孙中山的灵柩要放到香山碧云寺时，立即向同学们倡议，组织一个护灵队迎接和护送孙中山的灵柩。他的倡议得到同学们的热烈响应。

为了对这次移灵的准备工作进行最后检查，宋庆龄女士抑制住巨大的悲痛来到香山碧云寺。

那天，要求见宋庆龄的人很多，需要她料理的事头绪纷繁。但是，她听说西山的学生代表请求接见时，很快就同意了。

陈毅作为学生代表，向宋庆龄转达了同学们对孙中山先生逝世的深切哀悼，要她节哀和保重身体。并说，为了表达对中山先生的敬仰和爱戴，显示继承中山先生未竟事业的决心，中法大学学生要组成护灵队迎接和护送孙中山先生的灵柩。

宋庆龄听到这里，感动得眼圈发红了，她强忍着泪水说："很好！很好！陈毅同学，谢谢你，谢谢同学们！"

移灵的那天，灵柩牵动着千千万万人的心，车水马龙的送灵队伍和伫立道路两旁无数哀痛的群众，显示了孙中山开创的事业后继有人。陈毅带领着护灵队员们早已列队迎候。当灵柩来到跟前时，他们守卫着灵柩缓缓前行，直送进碧云寺里停放。接着，他们参加了悼念孙中山的隆重丧仪。

在移灵仪式上，大家缅怀了孙中山不断革命的一生，陈毅想起了孙先生领导的辛亥革命运动，想起了孙先生在共产党帮助下提出的"联俄、联共、扶助农工"的新三民主义对革命的贡献，想起孙先生临终时给联共中央委员会的深情书信，孙先生那"革命尚未成功，同志仍须努力"的声音仿佛在耳边响起，深情难抑，回到宿舍，他挥笔题诗一首——《西山的葬礼》：

亡灵啊，永别了，你不能起死回生。

你是光明的战士！你是民族的母亲！

我只愿青年头上，寄托着你的精魂！

你长休吧，我们起行！

你长休吧，我们猛进！

1926年，在国共合作的大背景下，全国革命形势得到了新的发展，广东国民政府胜利结束了两次东征，即将大举北伐。帝国主义和北洋军阀异常惊恐，他们急忙策动“反赤运动”。英国银行家首先拿出了60万英镑巨款，作为在东方宣传反共、反赤、反民主之用。紧接着，日本派出军舰驶入大沽口，帮助张作霖进攻天津，开始了反对国民革命的战争。

同时，北京的段祺瑞政府和各帝国主义国家达成了专门为“防赤化”用的5000万元大借款协议，帝国主义和反动军阀相互勾结了一起，对革命摆出了一副杀气腾腾的架势。

面对敌人的嚣张气焰，在陈毅的积极参与下，国民党北京特别市党部准备对反革命势力进行反击。3月13日，北京召开了孙中山逝世周年纪念大会，会上，陈毅痛斥了英、日帝国主义的侵略行径和反动军阀张作霖、吴佩孚的罪行，大声疾呼：“试看段执政将如何动作！”

3月14日，在中共北方区委领导下，北京又举行了声势浩大的国民反日大会，愤怒声讨了日军炮击大沽口的暴行。3月16日，英、美、法、日、意、西、荷、比八国向段祺瑞政府提出最后通牒，蛮横要求国民军在44小时内拆除天津至大沽口之间的防御工事。中共北方区委得悉，立即把这蛮横无理的“最后通牒”迅速传播出去，马上引起了各界各阶层群众的反响。

接着，中共北方区委连夜开会，准备于3月18日通牒期限未满以前，举行一次国民大会并进行大规模的示威运动，以敦促段祺瑞政府驳回八国的最后通牒。

为了筹备这次大会，3月17日，国民党北京特别市党部专门召集了各界代表的紧急会议，确定了这次大会的名称和主席团成员及会议程序，并决定把与会代表分为两组，到外交部和国务院交涉，“非得到圆满答复，誓不空回”，陈毅被推举为四位“赴国务院发言代表”之一。

3月17日下午4时，赴国务院交涉的67位代表来到了铁狮子胡同国务院门口。

这是一场艰巨的流血谈判。一到国务院门口，代表们就与如狼似虎的卫兵发生了冲突，经过再三交涉，陈毅等四位发言代表才得准进门。但是，代表进门后，段祺瑞执政和贾德耀总理都避而不见。双方从下午 4 时相持到深夜 11 时，经陈毅等坚决斗争，国务院才不得不派出其秘书长邓汉祥以外交负责人身份接见代表们。

在相持的七个小时中，段祺瑞的卫队对等候在门外的代表下了毒手，用刺刀刺伤多人，致使候在门外的代表们被迫撤走。但是，陈毅等谈判代表毫不畏惧，也不退缩。四位发言代表要求邓汉祥并转告段、贾：必须严惩行凶卫队，必须断然驳回八国的无理通牒，必须容纳人民的意见，与全国民众站在一起。

在发言中，陈毅警告段祺瑞的秘书长现在已经是民国，反对人民的人如清朝皇帝、袁世凯都垮了台，段祺瑞也不一定保得住。待邓汉祥唯唯表示后，陈毅和代表们才离开国务院。

第二天，3 月 18 日上午 10 时，北京反对八国通牒大会如期在天安门广场召开了，参加大会的有万余人，李大钊、徐谦、顾孟余、于右任等 13 人组成了主席团。徐谦报告了大会宗旨，顾孟余报告了前一天国务院门前的流血事件。最后大会通过《国民驳复列强最后通牒》的决定，组织了“北京国民反对各国侵略中国大同盟”，然后进行示威游行。

青年陈毅

作为游行带队人之一，陈毅走在队伍最前面。青年学生群情愤激，大家高喊着口号。下午1时半，队伍行进到铁狮子胡同执政府大门口。

段祺瑞对群众示威游行早就有了准备。上午9时，北京警备司令部还说要“保护”这次和平示威和请愿运动，但是，当游行的队伍来到执政府大门口时，段祺瑞让军警们用排枪子弹迎接手无寸铁的群众。惨案发生了。在军警们的子弹、刺刀、棍棒的袭击下，游行群众纷纷伤亡倒地。3月18日，正如鲁迅所形容的，是“民国以来最黑暗的一天”。

陈毅“被人群挤在两挺机关枪之间，幸未负伤”。但是，“游行队伍被打散”了。正义的轰轰烈烈的行动，被反动派野蛮地镇压了。陈毅又经历了一次血的洗礼。

惨案之后，白色恐怖笼罩了整个北京城，李大钊等遭到反动军阀政府的严令“通缉”。北方区委有人认为这是反动时期的到来，革命退潮开始，主张撤退机关，转入地下，不再组织示威反击。但是，陈毅认为革命形势仍在高涨，应乘势暴露段祺瑞的罪恶。当晚，他们在北大一院召开有北京市200余团体参加的联席会议，组织了惨案善后委员会，并痛斥段政府的倒行逆施。

第二天，陈毅担任主席，主持召开北京特别市党部紧急会议，决定组织行动委员会，派代表分赴上海、广东、长沙、南京、天津、张家口、汉口宣传惨案真相，唤醒民众一致反段，反对帝国主义的侵略。

接着，陈毅又四处奔走，冒着被捕的危险，全力领导着惨案的善后工作和大部分中共北方区委和北京特别市党部的公开工作。和舆论各界联系不断，公开揭露段政府罪行，并组织追悼会，上门慰问受难者家属和受伤群众。

二、梅岭三章

1927年，在以蒋介石为代表的国民党反动派叛变革命，并发动四一二反革命政变对中国共产党人进行血腥镇压的黑暗时刻，周恩来、朱德、贺龙、叶挺、刘伯承等人于8月1日发动了举世闻名的南昌起义，向国民党反动派打响了第一枪，向全世界宣告，中国共产党人已经拿起武器，以“武装的革命反对武装的反革命”。

陈毅在起义部队中，担任了一个团的党代表。起义部队南下广东失败后，留在三河坝的部分部队，由朱德和陈毅率领，向粤、赣、湘边界转进。这时，既有敌军尾追，又有土匪和豪绅民团袭扰，部队官兵经过长期转战，减员日多，思想混乱，处境异常困难。在这关系到能否保存起义部队的严重时刻，陈毅协助朱德对部队进行了有力的思想政治工作，鼓舞士气，坚持斗争，竭力保存了南昌起义部队的骨干。

1927年9月，毛泽东发动湘赣边界秋收起义，随后建立了井冈山革命根据地。陈毅协助朱德率领起义部队向井冈山前进，和毛泽东在砻市胜利会师，会师后两支部队合编为中国工农红军第4军。毛泽东任党代表，朱德任军长，陈毅任政治部主任。从此，南昌起义保存的部队就和秋收起义的部队会合在一起，逐步发展壮大。

由于王明“左”倾机会主义路线的错误领导，第五次反“围剿”遭到失败，中央红军不得不作战略转移。陈毅因在战斗中身负重伤，留在江西苏区坚持了三年游击战争。当时，敌人采取搜山、烧山、移民、封坑、包围、“兜剿”等等手段，对红军游击队进行最残酷的“围剿”。陈毅和战友们风餐露宿，昼伏夜行，坚决依靠群众的支援和掩护，开展灵活的游击战争。

1936年冬，陈毅在梅岭被国民党第46师围困达20天之久。他身负重伤，弹尽粮绝，苦虑不得脱身，因此做好了牺牲的准备。在山洞里，他写下了气壮山河、豪迈千古的“绝笔书”、正气歌——《梅岭三章》：

断头今日意如何？创业艰难百战多。
此去泉台招旧部，旌旗十万斩阎罗。

南国峰烟正十年，此头须向国门悬。
后死诸君多努力，捷报飞来当纸钱。

投身革命即为家，血雨腥风应有涯。
取义成仁今日事，人间遍种自由花。

打游击时，药品很缺，主要靠草药治疗。当时，游击队有几盒万金油，算是“万灵药膏”，不管什么病痛，都用万金油抹一下。因为在中央根据地反“围剿”时，陈毅的大腿盘骨负了重伤，在很长时间里伤口经常复发，爬山越岭很不方便，有时陈毅的伤口化了脓，也只是用万金油抹一抹。

有一天，陈毅从油山去南雄大岭下开干部会议，由于来得早，开会的人还没到齐，陈毅叫警卫员去端了一盆水，就去松林中挤伤口。

在松林里，陈毅把受伤的腿横绑在树上，脊背靠着另外一棵树，两手按着大腿上的伤口，拼命挤着，血水顺着伤口一股一股地向外流。

由于手足不方便，陈毅又叫警卫员帮着挤伤口。警卫员一看这碗口大的伤口，又是脓又是血，心里难受得要命，哪里下得了手！陈毅鼓励他说：“用力挤呀，这次不挤干净，下次还会反复!”

结果，一次挤出了半盆血水，还挤出两块枪伤的碎骨。随后，陈毅才扯了些白布条，抹上万金油，用竹签子一点一点塞进伤口去，豆大的汗珠不断从他的额上沁了出来。尽管看到的人都心疼得要命，陈毅却谈笑自若，像没事一样。

伤口包扎好了，开会的人也到齐了。陈毅拿出纸笔，照常主持开会，作报告。开了两天会，第三天，陈毅一拐一拐地返回油山。说来也幸运，从这一次挤脓之后，陈毅的伤口竟然渐渐好起来了。

一千多个日日夜夜，除去要时时提防敌人的突然袭击，提防野兽毒蛇的侵害外，没有电台、电话与中央和外界联系，更没有精神文化娱乐生活。战士们每天都像野人一样，背着敌人馈赠的“土匪”雅号，昼伏夜行，日日野营。

此时此地，陈毅除维持基本生存所需外，尽力扩大红军影响，不断改善游击环境，始终保持着旺盛的革命热情，他以乐观的态度对待艰苦的斗争，在南方游击战斗的间隙，他写下了许多优美诗篇：

忆江南

天将晓，
队员醒来早。
露侵衣被夏犹寒，
树间唧唧鸣知了。

满身沾野草。
天将午，
饥肠响如鼓，
粮食封锁已三月，
囊中存米清可数。
野菜和水煮。
日落西，
集会议兵机，
交通晨出无消息，
屈指归来已误期。
立即就迁居。
夜难行，
淫雨苦兼旬，
野营已自无篷帐，
大树遮身到晓明。
几番梦不成。

陈毅等人领导的赣粤边区游击斗争，保存了革命火种，打击了国民党的反动气焰，牵制和消耗了敌人的有生力量，配合了其他游击根据地的斗争，支援了红军北上抗日。毛泽东对陈毅等所领导的南方各游击区的斗争给予高度评价，指出："这是我们和国民党十年血战的结果的一部分，是抗日民族革命战争在南方各省的战略支点。"

抗日战争全面爆发后，留在江西、福建、广东、湖南、湖北、河南、浙江、安徽八省十几个地区的红军游击队，遵照中共中央的指示，改编为国民革命军新四军，开赴前线抗日。为此陈毅深入各游击队根据地，传达中央的指示，对红军干部、战士做了许多细致的思想工作，说服大家适应形势的转变。

1938 年 1 月，新四军军部在武汉宣告成立，陈毅就任中共中央军委新四军分会副书记、第 1 支队司令员，不久，率新四军第 1 支队和第 2 支队挺进苏南，开辟了以茅山为中心的抗日游击根据地，任江南指挥部指挥，率部在南京、上海之间打击日伪军。继而，陈毅派部队以"江南抗日义勇军"的名义继续东进，直迫上海近郊。虹桥机场一战，烧毁敌机四架，震惊中外。

1939 年冬和 1940 年春，国民党顽固派不断在华中制造磨擦事件。于是陈毅派叶飞、陶勇等先后率部渡江北进，开辟苏北根据地，对国民党顽固派进行针锋相对的斗争。

盘踞苏北的国民党江苏省政府主席、第 24 集团军司令韩德勤依仗他的优势兵力，妄想一口吃掉苏北的新四军。同年 10 月，韩德勤率领一个军又一个旅 1.5 万人的兵力，进攻苏北新四军部队。

陈毅、粟裕利用“诱敌深入，聚而歼之”的战术方针，把主力 7000 千余人全部集中，并运用“求心退却”战术一直退到新四军苏北指挥部所在地黄桥镇，进行了著名的黄桥决战。

经过一天一夜激战，新四军全歼韩德勤主力部队 1 万余人。蒋军第 89 军军长李守维仓促逃跑，淹死在河里。陈毅乘胜连下海安、东台，和南下的八路军会师白驹镇，打开了华中抗日的新局面。

黄桥战役是陈毅、粟裕高超军事指挥艺术的具体体现，也反映了陈毅有魄力、有决心，果断地将政治仗和军事仗结合起来的杰出领导才能。

皖南事变后，中共中央任命陈毅为新四军代理军长，刘少奇为政治委员，在苏

新四军时期的陈毅

北盐城重建新四军军部。新四军由抗战初期组建时的1万多人，到抗日战争结束时发展到30万人，和八路军一样，成为共产党领导下的抗日英雄部队。

三、决战淮海

抗战结束后，蒋介石视中国共产党为心腹大患，很快便撕毁“双十协定”，全力向解放区进攻。中国共产党和全国人民面临两种命运、两个前途的严重抉择。

中国人民解放军华东野战军（1949年改为第三野战军）成立后，陈毅任华东野战军司令员兼政治委员，粟裕任华东野战军副司令员兼第二副政委，谭震林任第一副政委。

解放战争开始时，国民党军队气势汹汹来犯，粟裕和谭震林首先指挥华东野战军苏中部队在内线作战，以3万兵力和敌12万人周旋，七战七捷，歼灭敌人5.3万多人，即苏中战役。

接着，陈毅、粟裕、谭震林采取积极防御的战略方针，指挥华东解放军，在几个方向上迎击国民党军，取得初战胜利。尔后，逐步集中主力，诱敌深入，在运动战中大量歼灭敌人，先后取得宿北战役、鲁南战役等战役的胜利。在鲁南战役中，解放军以劣势装备首歼国民党反动派的机械化部队第1快速纵队。

陈毅、粟裕坚持运用灵活的军事策略，以歼灭敌人有生力量为主要目标，不以保守或夺取城市和地方为主要目标，并认真解决部队由于大踏步进退而产生的某些思想问题。

1947年2月，国民党军队分南北两路进攻山东解放区。南线敌军以8个整编师进犯临沂，北线敌人以3个军南下策应。根据敌强我弱的态势，陈毅、粟裕指挥解放军以少数兵力奋勇阻击南线之敌，主力则昼夜兼程，北上莱芜。在莱芜战役，华东野战军歼击李仙洲集团。经过3个昼夜激战，全歼该敌6万余人，活捉李仙洲，收复山东城市13座，给敌人以沉重打击。

蒋介石对解放区的全面进攻遭到惨败后，被迫收缩兵力，对陕北和山东两解放区实行所谓重点进攻。为了粉碎敌人的重点进攻，以新的胜利配合全国各个战场的反攻，陈毅、粟裕领导华东野战军发动了“虎口拔牙”的孟良崮战役。

在此次战役中，陈毅以极大的耐心，寻找战机，掌握最大限度的主力在手，等候进攻之敌犯错，终于从正面敌人一字排开的八九个整编师中，寻着骄横不可一世的国民党王牌军整编 74 师，四面包围，使用围点打援战术，各个歼灭，击毙了敌中将师长张灵甫。这一仗，歼敌精锐部队 4 万余人，沉重打击了敌人重点进攻的气焰，气得蒋介石直呕血。

1947 年夏，人民解放军转入全国规模的战略进攻。辽沈战役后，蒋介石为确保徐州，巩固江淮，命令徐州“剿总”刘峙集团开始收缩兵力，至 10 月底，刘峙部下约 60 万大军，收缩到了以徐州为中心的陇海和津浦两条铁路线上，企图以徐蚌段为轴心，在徐蚌周边用攻势防御来阻击我军南下。

在 1948 年底郑州、开封相继解放之后，根据全国战局的发展和中原、华东战场的敌情变化，中央军委 11 月 1 日决定，由邓小平、陈毅统一指挥中原野战军与华东野战军进行淮海战役。此时解放军的参战部队，计有华东野战军 15 个步兵纵队、1 个特种兵纵队，中原野战军 7 个纵队，再加上一些地方部队，共有 60 多万人。

为了更好地协同作战，1948 年 5 月，陈毅被派往中原野战军任第一副司令员，仍兼华东野战军司令员，由粟裕任华东野战军代司令员兼代政治委员。

根据中央军委首先歼灭第 7 兵团，切断津浦路徐蚌段，孤立徐州的计划，华东野战军以 7 个纵队分割围歼第 7 兵团于新安镇、阿湖地区，以 8 个纵队担任阻缓任务；中原野战军主力 4 个纵队由睢县、柘城地区东进，准备围歼商丘地区之敌第 4 绥靖区，尔后攻占宿县，切断津浦路徐蚌段，完成对徐州的战略包围。

11 月 8 日，敌第 3 绥靖区副司令张克侠、何基沣率三个半师起义，人民解放军山东兵团顺利南渡运河，直插徐州以东地区。

中央军委根据战场形势的变化，于 9 日夜间要求华东、中原野战军“应极力争取在徐州附近歼灭敌人主力，勿使南窜”。定下了全歼敌刘峙集团于徐州地区的决心，11 月 10 日，山东兵团成功歼灭了第 7 兵团西撤的先头部队，切断了该敌的退路。11 日，华东野战军将敌第 7 兵团合围于碾庄地区。

11 月 15 日夜，中原野战军攻占宿县，歼敌一个师，切断了敌徐州与蚌埠间的联系，完成了对徐州的战略包围。这是淮海战役最关键的胜负手。中共中央考虑到此役是南线空前的大战役，战役胜利，不但长江以北局面大定，即全国局面也可基本上解决。因此在16日决定，由刘伯承、陈毅、邓小平、粟裕、谭震林组成淮海战役总前委，以刘伯承、陈毅、邓小平为常委，邓小平为书记，统筹华东、中原及冀鲁豫地区前后方的一切事宜。

11月12日，解放军对黄百韬第7兵团展开猛攻，20日攻占碾庄，22日全歼第7兵团，黄百韬自杀。11月25日，由华中增援淮海战场的黄维第12兵团十二万人被中原野战军7个纵队包围在宿县西南之双堆集地区。11月30日，徐州杜聿明集团约30万人，向永城方向逃窜。华东野战军即以11个纵队全力追击，12月4日，将该敌全部包围在永城东北之陈官庄地区。

在当时的战局下，总前委采取了“吃一个（黄维），挟一个（杜聿明），看一个（李延年、刘汝明）”的方针，以中原野战军6个纵队及华东野战军各1个纵队阻击由蚌埠再次北援之敌第6兵团，以华东野战军两个纵队为总预备队。12日，解放军对黄维第12兵团发起总攻，至15日将敌全歼，生俘黄维。

1949年1月6日，华东野战军和中原野战军对杜聿明集团发起最后的总攻，仅仅4日便将敌全歼，生俘杜聿明，至此，淮海战役胜利结束，人民解放军经过65天艰苦奋战，全歼国民党精锐部队22个军、56个师共55万5千人，使敌人的长江防线和统治中心京、沪地区， 直接暴露在人民解放军面前。

淮海战役结束后，淮河以南的敌人仓皇南逃。华东野战军第6、第7、第8、第13纵队分路南下，解放了江淮间广大地区，前出至长江北岸，为尔后的渡江战役创造了条件。

陈毅在1951年2月11日会见苏联驻华大使尤金时，介绍淮海战役情况，概括说明决战胜利的原因：

一是敌人错误判断，认为我们没有力量，不会集中兵力与他决战。

二是在战役战术上分批分割歼敌，主要以近战夜战，发挥我们的长处。

三是庞大深厚的民力支援，实际上成为500万对80万，充分发挥了人民战争的威力。

四是战役过程很艰苦，好比钝刀切脖颈，难以一下把敌人歼灭，是靠战士勇敢、献身精神和天才的创造力来完成战略战役上的正确决策。

五是发挥了政治攻势的作用，在战役中敌军有五个师起义，一个师投诚。在俘虏政策上，实行原则性与灵活性相结合，对敌人实行分化。

而在这些原因中，人民的支援才是胜利的根本保证。陈毅对尤金特别强调，500万支前民工，遍地都是运粮食、运弹药、抬伤员的群众，这才是我们真正的优势。淮海战役的胜利是人民群众用小车推出来的。淮海战役是一场真正的人民战争，淮海战役的胜利也真正是人民的胜利。

四、坐断东南

1949年2月，陈毅找到时任司令部城市政策组组长的曹漫之谈话，交给他一项重要任务，起草第三野战军《入城三大公约十项守则》。

陈毅说："自古以来，军队进入城内，住进民房，干好事的不多。我们很快就要进入南京、上海、杭州等大城市，那里老百姓受国民党反动宣传的影响，对我军很不了解，我们进城以后一定要严守纪律，给他们一个好的'见面礼'。因为老百姓接触我们，首先注意的是军队的纪律，所以入城纪律是入城政策的前奏，入城纪律搞不好，以后影响很难挽回。你要好好把这份文件起草好，提请总前委领导讨论。"

陈毅接着道："军队进城后，在没有找到营房之前一律睡马路，这一条一定要写上，否则那么多人一下子涌进老百姓家里肯定要出问题的，弄不好会天下大乱。"

陈毅的提议在总前委得到邓小平、刘伯承同意并上报党中央后，很快就收到了毛主席的批示，电文只有八个大字："很好，很好，很好，很好。"

而陈毅进入上海、接管上海的那些日子，则是上海警备区原副司令员相守荣将军60年军旅生涯中最难忘的记忆。

1949年的那个春天，年仅16岁的相守荣是华东军区司令部通讯局机务科战士。从山东出发前，相守荣给母亲写了一封短信："娘，儿子就要南下渡江，为解放全中国而战了！"

淮海战役、渡江战役，相守荣跟着教员赶装无线电台，为部队通信联络作保障。尔后，他随军区机关一路辗转到江苏丹阳。陈毅等首长就在这里指挥。

“5月10日上午，数百名排以上干部在一所学校集合，听陈毅司令员作报告。相守荣和老机务员一起，担任扩音保障工作，他们为陈老总安装了一台50瓦的扩音器。

“陈老总进场时，穿一套褪了色的黄军装，由周骏鸣副参谋长陪同，风尘仆仆地走进来。他边走边边微笑点头，向大家问好。

“陈毅司令员思维敏捷，语言生动。讲话一开始，他就指出部队在丹阳驻防时纪律方面的几件事。一次他在光明戏院见到几个战士没有票，却硬往里闯，司令员干涉之后，几个战士才退出。陈老总说：‘这大概是革命无对象了。’他又提到南下途中有人拦汽车，拦不住就丢石头，有人为拦车把腿都折断了。陈老总严肃地指出，‘这是流氓习气！’他的手在桌上连续敲了几下，全场鸦雀无声。”

相守荣回忆道，那次讲话陈老总十分强调军纪问题，他说，“现在上海只有敌人五六个军，以前那些恶仗不会有了。我们走到哪里，解放到哪里。要把中心转到接收城市、保护公私财产上。他又说，我们进入上海，仍像在前线打仗，也可能在上海打败仗。我们共产党员要意识到这一点才是聪明的，不意识到这一点是要犯错误的。进南京、上海是我们胜利的标志。在南京、上海搞坏一件事，全世界都知道……解放军在前线打仗是勇敢的，但进城要虚心谨慎，要小心。我们是野战军，在城市里可不能再野了。”

“陈老总越讲越兴奋，他的手臂在半空中挥舞着，大声地说：‘今天，世界上没有任何力量可以阻止我们接管上海！’在场的同志兴奋不已，热烈的掌声时时响起。陈老总最后还是反复强调：‘入城纪律不好，入城政策要走弯路。入城纪律是入城政策的开始。’他还说：‘有计划、有秩序、有纪律，则加快我们好日子的到来；无组织、无计划、无政府则永远不能得到。’他还说：‘上海革命胜利解决了，中国革命也就解决了。’”

相守荣说：“最后陈老总还提醒大家要讲卫生，胡子、衣服都要弄清爽，现代化的大城市是要讲卫生的。”报告会之后，相守荣回到驻地就洗衣服，搓了好几遍，洗得干干净净。两天后，上海战役就正式展开了。

局势的发展，不出陈毅所料，上海战役只用半个月就顺利结束。5月27日，上海胜利解放，完整地回到了人民手中。

上海解放了，陈毅从百战沙场走向十里洋场，成为大上海一市之长。

有一天，工商局长许涤新向陈毅请示说："陈老总，有位资本家上门来请我们吃饭，你说能不能去?"

对于这个问题，当时有人认为，资本家心眼多，很可能利用吃饭在搞什么名堂，不主张去。

陈毅笑了笑说："我们过去搞革命，什么都不怕，现在还怕几个资本家吗？怕这怕那，把自己手脚捆起来，我才不干呢！我看可以去。吃饭也是做工作嘛!"

于是，陈毅带着刘晓、潘汉年、夏衍等人以及夫人张茜和两个儿子到荣毅仁家里欣然赴宴。

"荣老板"为陈市长等人特备了一桌丰盛而清口的扬州菜。陈毅看得出，荣毅仁请他吃饭是"投石问路"。陈毅摇着一把大葵扇，一边吃一边和荣毅仁拉家常问情况，亲切坦率，谈笑风生，虽没讲政治道理，但疏通了彼此间的感情。

这次赴宴，事关共产党"要人"对资本家的态度，工商界人士岂能不相传告？不久，这事连同人民政府的种种工商业政策，都被当作"万金家书"，传到香港、传到欧美。一些海外游子的心七上八下地活动起来。

号称"味精大王"的化工企业大实业家吴蕴初，从美国取道香港回来了。

赫赫有名的"煤炭大王"——前国民党招商局局长，拥有煤矿、毛纺厂、水泥厂、码头、银行等遍及半个中国的大资本家刘鸿生也回来了。

他们把陈毅看作"诤友"，他们从陈毅身上，感受到一种巨大的吸引力，感受到共产党的伟大。

在一次偶然的机会中，陈毅听说上海民乐界的"第一把琵琶"卫仲乐先生性格怪僻，很少和人接近。陈毅就去看望他。经过交谈，他们相处甚洽，周瑟秦筝，胡笳羌管，陈毅似乎都有兴趣。知音难得，卫仲乐找到陈毅这样一位知音，终生引以为幸。

上海千富万富，最珍贵的财富还是人才。著名学者们，有的比陈毅年长数十岁，有的当时对共产主义并无信仰，诸如沈尹默、张元济、熊佛西，等等。陈毅有心要成为各种艺术家、文化人的"知音"。无论派别，陈毅都与他们交了朋友，既从他们身上汲取知识智慧，又从生活、工作上给予关心，与此同时，引导他们不断弃旧图新，自觉自愿改造某些旧的观念。

陈毅一生乐观直爽，广交朋友，他就像一块磁铁，有着极强的凝聚力，和党内外许多知名人士都建立了真挚友谊，为建立广泛的爱国统一战线做出了卓越的贡献。以至于中华人民共和国成立初期兼任外交部长的周恩来总理在百忙之际，想到的接替自己外交部长职务的第一个人选，就是陈毅。

五、围棋外交

前外交部长唐家璇曾经这样说过："现在大家都知道'乒乓外交'，我认为'乒乓外交'之前，首先是'围棋外交'。"

这是一个从未见诸报端的新提法，它背后隐藏着一段不为人知的外交风云。

陈毅从小就喜欢下棋。不管是围棋，还是象棋，他都爱。

姚耐是陈毅的老棋友。据他回忆，他和陈毅开始对局是在1942年冬。那是在新四军抗大总分校召开的抗大教育工作会议期间，陈毅听说他会下围棋，便在会议休息时，找他下几盘。陈毅手里摸着棋子，高兴地说："围棋是个好东西，有工夫时下几局，可以陶冶性情，锻炼思想。"

有一次，他们利用间隙时间，正下得难解难分时，敌机像是来凑热闹，在上空

陈毅与邓小平在天安门城楼上

不断盘旋，不远处还听到敌机投掷炸弹的爆炸声，陈毅全然不顾，意态从容，丝毫不受影响。

陈毅下棋很用心，喜欢研究。他运用军事实践经验，根据围棋的规律与特点，精心研究，棋艺水平相当高。其中，他最善于用迂回包围战术，经常展开猛烈进攻，想整块整块地吃。一旦得胜，他兴高采烈、神采奕奕。要是输了，他总觉得十分可惜，认真总结一下，要求再下一局，大有非赢回一局不肯罢休之势。下棋时，他最遵守纪律，总是落子生根，举手无悔，也不让别人悔子。

中华人民共和国成立后，陈毅身负国家重任，十分辛劳，但仍继续关心围棋。1954 年，陈毅调中央工作，担任国务院副总理，以后兼外交部长，还担任中央军委副主席。在兼任外交部长期间，他十次陪同周总理出国访问，在世界上广交朋友，并且把开展围棋工作与外交工作结合起来，提倡中日围棋交流，首先推动了中日民间外交（在日本大约有 800 万人下围棋）。

为了促进中日两国人民的友谊，陈毅同日本人士松村谦三商议，中日两国民间互派围棋代表团，并于 1960 年开始中日围棋交流。6 月，日本名誉九段濑越宪作率领第一个日本围棋代表团访华；1961 年 9 月，日本棋院理事长有光次郎率日本围棋代表团访华。1962 年，李梦华率中国围棋代表团访日。这些相互访问，展开了中日围棋史上新的一页，促进了中日两国人民的友谊。

1963 年 9 月，日本棋院和日本关西棋院为了感谢陈毅对中日围棋界友谊的关怀，曾分别授予陈毅名誉七段的称号，在北京举行了相当隆重的仪式。日中友好协会常任理事岩村三千夫说，日本围棋界授予国外人士这样高的荣誉，还是第一次。

这些相互访问与友谊往来，产生了意义深远的影响。

1964 年 12 月 20 日，日本 29 位著名围棋手发表呼吁书说，妨碍两国围棋手进一步往来的最大障碍是两国外交关系尚未正常化，号召日本全国围棋手参加要求恢复日中邦交的征集 3000 万人签名运动。在呼吁书上签名的有日本名誉九段濑越宪作，九段桥本宇太郎、坂田荣男、杉内雅男等人。他们的活动，对中日邦交正常化，起了一定促进作用。

陈毅逝世后，日本棋院又追赠他围棋八段称号，并以日中两国联合声明的发表日期作为名誉八段证书的填发日期，以纪念陈毅在促进中日两国邦交正常化上的贡献。

陈毅不仅喜欢围棋，而且喜欢中国象棋。

解放战争时期，有一次，陈毅住在苏北根据地的一个村子里，准备组织一次战斗。房东是一户军属，当家的是一位私塾老先生，儿子参加了新四军，家中只有婆媳二人。一天夜里，陈毅写完一份报告以后，出门在院子里来回踱步，考虑着明天的工作。当他走到北屋窗前时，屋里传出一阵说笑声：

“妈，你输啦。”

“我怎么输啦？”

“您想，我马二进三卧槽将军，车又当头，您的帅出不来啦。”

“啊，我的看槽马走得太早了，好，先让你一盘，让你高兴高兴。再来一盘，一定把你的棋子吃光。”

听着婆媳俩对局的谈笑声，陈毅抬起头，见屋里一片漆黑。他明白了，这婆媳俩是在下盲棋。能下盲棋的人，棋艺一定很高。

第二天晚饭后，陈毅提出要和大娘走一盘。大娘一看首长要和她下棋，不免有些紧张，连忙推脱说，我的棋是老头子教的，下得不好。首长喜欢下棋，我让儿媳把老头子叫回来。陈毅忙说：“不用了，我去登门求教。”

陈毅和几位警卫员来到私塾，一进屋，见墙上挂着一个大棋盘，黑将用钉子钉在将位上。陈毅说明来意，老先生高兴地摘下棋盘，又把钉死的黑将取下来。陈毅好奇地问：“您为什么把将钉死？”

老先生很自豪地说：“我下棋从来不动老将。今天你是客人，破例了。”

说罢，两人开始对弈。

第一盘，陈毅的中炮凶猛、凌厉，锐不可当，左边车、马、炮三子归边，集中优势兵力，很快取胜。第二、第三盘都下成和棋。老先生捋了捋胡子，一推棋盘说：“老朽不才，不才，同志见笑了。”

走出门后，警卫员议论开了：“这老头儿口气好大，说什么下棋从来不动老将，我看不过如此。”

陈毅摇摇头说：“不对，我总觉得这位老先生的真功夫还没拿出来。”

后来，战斗胜利结束，部队又一次到这里休整。陈毅抱着上次的疑虑，又去找老先生下棋。这次老先生取下棋盘，却不拔掉钉死老将的铁钉。结果，陈毅连输三盘。警卫员也傻了眼。陈毅不由问道：“老先生，前次你动了老将，我却一胜两和，今天你不动老将，我怎么连战皆输呢？”

老先生笑了笑说：“你上次来，身后跟着几位带短枪的战士，我估摸着你一定是位首长，听说你们要在这附近打大仗，我想，战前不能挫伤我军指挥官的锐气。你走后，我才知道你就是闻名的陈毅将军，我庆幸当时没有胜你的棋。现在，你得胜回营，喜报满面，我败你三盘，好让你冷静一下头脑啊！”

陈毅听后，连忙躬身一礼说：“先生所言极是。在棋艺上您是我的先生，在对待胜负问题上您也称得起先生，请您收下我这个徒弟吧！”

1960年6月28日，陈毅在北京接见中国的围棋、象棋和国际象棋的部分棋手时还提及此事。

在陈毅的关怀下，1960年中国历史上第一本《围棋》月刊创刊。1962年，中国围棋协会成立，陈毅被推选为名誉主席。他给《围棋名谱精选》的题词是：“纹枰对坐，从容谈兵。研究棋艺，推陈出新。棋虽小道，品德最尊。中国绝技，源远根深。继承发扬，专赖后昆。敬待能者，夺取冠军。”

后来，这成为了中国围棋运动员的座右铭。

六、“二月逆流”

1966年，史无前例的“文化大革命”开始了，林彪和江青等人开始红得发紫。很多元帅、大将纷纷落马，很多党和国家领导人被这些阴谋家所暗算，他们在战争年代没有屈服在敌人的枪口面前，却倒在了阴谋家的手中。

国家主席刘少奇被迫害致死；中共中央总书记邓小平被流放到江西；国务院副总理陶铸和贺龙元帅也被迫害致死……

10月1日国庆节，林彪在天安门对着红卫兵演讲：“以毛主席为代表的无产阶级革命路线，和资产阶级反革命路线的斗争还在继续……”

听到这里，陈毅坐不住了。难道“文化大革命”还要继续下去？他看着林彪，他已经洞穿了这位“林副统帅”，陈毅曾经在他的老部下陈丕显夫妇、曹荻秋、江渭清、李葆华和叶飞面前评价林彪道：“他不当叛徒我不姓陈！”

1967年2月，叶剑英、陈毅、谭震林、李富春、李先念、徐向前、聂荣臻、余秋里、谷牧等一批在战场上曾经与敌人浴血奋战的将帅们在怀仁堂当面怒斥江青之流乱党乱政乱国的行为。

谭震林怒斥张春桥："你们的目的，就是要整掉老干部。……这一次，是党的历史上斗争最残酷的一次，超过历史上任何一次！……"出于激愤，说完他起身要走，陈毅用掷地有声的话表现了老一辈革命家的无畏气概："不要走，和他们斗争！"

林彪、江青一伙立马向毛泽东进谗言，歪曲事实恶毒攻击将帅们，毛泽东大为震怒，对老同志们进行了严厉批评。老一辈子革命家的抗争被定性为"二月逆流"。不过对于老诗友、老战友陈毅，毛泽东还是很了解的。他当着红卫兵面，对着陈毅说："陈老总，我保你！"这也是陈毅之后没有受到如同彭德怀、黄克诚、张闻天和贺龙那样被反革命集团残酷迫害的原因。

1971年，九一三事件发生后，林彪、叶群等仓皇出逃，摔死在温都尔汗。在中央召集的老同志座谈会上，陈毅带着病痛两次作了长篇发言，满怀义愤地将红军创建初期林彪的历史真实面目作了系统、全面的揭发！经过这次竭尽生命全力的搏斗，陈毅躺倒了，从此再没下过床。

为了挽救陈毅的生命，保证治疗效果，周恩来亲自批示：将陈毅转到北京日坛医院，并亲笔批准日坛医院为陈毅做胃肠短路手术。

陈毅病重的消息在老同志中传开了。

周恩来走进陈毅病房，宽慰着病人沉重的心。刘伯承被人搀扶着走进病房，他以手代眼，紧握着陈毅的手。朱德夫妇、聂荣臻夫妇、徐向前、李富春都赶来看望陈毅。王震经常逗留在陈毅床边，他怕陈毅寂寞，总是带着小孙女来坐坐。叶剑英几乎每天来探望。李先念看罢陈毅退出病房时，泪流满面。

1972年1月4日，陈毅体温略微下降，神志恢复清醒，他认出守在床边的妻子和四个孩子，嘴唇嚅动着，女儿姗姗把耳朵贴近爸爸唇边，终于听清了："……一直向前……战胜敌人……"这是陈毅留给妻子儿女唯一的遗言。

1972年1月6日深夜11时55分，陈毅永远停止了呼吸和心跳。

由于"四人帮"的刻意阻扰，原定陈毅的追悼会规格是较低的。由总政治部主任李德生主持，军委副主席叶剑英致悼词。"四人帮"及其同伙还控制追悼会的名额，规定不得超过500人，外交部只许极少数人去。连宋庆龄副主席、西哈努克亲

晚年陈毅

王要参加追悼会也没有得到圆满的答复。

1月10日清晨，日光透过网状的云絮，投射到北京中南海的红墙上。

丰泽园那扇雪白的窗帏上，印出了一位伟人的身影，毛泽东身穿淡黄色的睡衣，在堆满书籍的木床上辗转反侧，思虑忧深。

陈毅去世，毛泽东是在1月8日审阅中央送批关于陈毅追悼会文件时才得知的。这份请示报告中关于追悼会的规格是按军队的元老一级安排的，毛泽东和其他政治局委员不参加。毛泽东审阅报告时，将悼词稿中所写的“有功有过”四个字删除后划了圈。

尽管陈毅已经逝世四天了，也没人提醒毛泽东，但他仍然一直挂记着这件事。按日常惯例，毛泽东午饭后要睡一会儿。1月10日午饭后，他没有睡意，显得十分烦躁，随手抓本书看，又看不下去，到1时30分的时候，毛泽东突然坐起来，果断地对工作人员说：“调车，我去参加陈毅同志的追悼会。”

于是，身边的工作人员立即调车，并通知周恩来和汪东兴。毛泽东顾不得更换睡衣，披上大衣上车。

由于1966年以来过度操劳和九一三事件的刺激，毛泽东的健康状况今不如昔。

12 月下旬，他身患重病，经全力抢救才脱离危险，但仍然体力不支，双脚浮肿，在这种情况下，毛泽东要参加陈毅的追悼会，非同小可。

周恩来对于手足情深的战友陈毅的追悼会如何安排，正在犯愁。得知毛泽东要参加追悼会的消息后，当机立断，决定提高追悼会规模，通知宋庆龄副主席出席，并亲自打电话通知康矛召大使紧急约见正在北京的柬埔寨国家元首、柬埔寨民族统一阵线主席西哈努克亲王，邀请亲王夫妇作为唯一的外国朋友参加陈毅元帅的追悼会。他同时要中央办公厅立即通知所有在京的中央政治局委员和候补委员务必出席，并决定：凡是提出要求参加陈毅同志追悼会的，都允许参加。

当毛泽东高大的身影出现在八宝山大礼堂时，人们顿时一阵噪动，虽然没有掌声，没有言语和动作，但从表情上可以看出人们的兴奋。自从毛泽东 1971 年巡视南方回来，林彪集团被粉碎后，不少领导干部很长一段时间未见到毛泽东了。谁能料想今天毛泽东竟出现在陈毅的追悼会上。

中华人民共和国成立以来，除任弼时外，毛泽东没参加过任何领导人的追悼会，而今天毛泽东参加陈毅的追悼会，说明陈毅与毛泽东关系之亲密，而更为重要的是在“文化大革命”时期，在老干部普遍受打击排挤的时候，毛泽东参加陈毅的追悼会，无疑是一种政治上的表态。老干部在毛泽东心目中的地位还是极为重要的。过去打江山靠的是这些老帅老将，现在保江山同样离不开这些老同志，这也可能是毛泽东在九一三事件后所得到的启示。毛泽东的到来也给继续迫害老干部的人一个狠狠的打击。老干部在毛泽东心目中的地位，迫使他们不得不暂时收敛一下嚣张的气焰。

握着张茜的手，毛泽东留下了眼泪，他的声音格外缓重、沉痛：“我也来悼念陈毅同志，陈毅同志是个好人！是一个好同志!”

说罢，他转过头又对陈毅的孩子们说：“要努力奋斗哟！陈毅为中国革命、世界革命做出贡献，立了大功劳的，这已经作了结论了嘛!”

在鲜红党旗覆盖下的陈毅骨灰盒前，毛泽东弯下了腰深深地三鞠躬。会场里呜咽之声骤然形成高潮，是为陈毅，也是为“文化大革命”以来蒙受屈辱的所有同志。

七、婚姻之路

陈毅有过三次婚姻，对革命生涯中的几位恋人或妻子，他都爱之深挚。

1930年，陈毅在江西信丰，与当地19岁女学生肖菊英结婚。1931年陈毅外出开会，归途遇敌人袭击，绕路回去，谁知在他回家前的一次敌机轰炸中，肖菊英为掩护群众不幸落井牺牲。

1931年1月，为悼念亡妻，陈毅写下这首《忆亡》诗：

余友肖菊英不幸失足井死，草草送葬，夜来为诗，语无伦次，哀哉。泉山渺渺汝何之，检点遗物几首诗。谁说而今人安在，依稀门角见玉姿。检点遗物几首诗，几回读罢几回痴。人间总比天堂好，记否诺言连理枝。依稀门角见玉姿，定睛知误强自支。正当送葬归来夜，幽幽泉台汝何之？昔日汝言生者好，我今体味死去高！艰难困苦几人负，失侣中年泪更滔！

中华人民共和国成立后，陈毅还寻找到了肖菊英的母亲、兄弟去上海相见。

1932年重阳节，经李富春、蔡畅介绍，陈毅与18岁的兴国女红军赖月明结婚。1934年红军长征后，陈毅留守江西中央苏区，动员赖月明服从大局带头疏散回乡隐蔽、打游击。二人于10月20日分别。

1937年10月，国共合作抗日，南方红军三年游击战争结束，陈毅才得知，赖月明在家乡开展革命工作时，由于叛徒告密，不幸被捕牺牲。得悉妻子牺牲的消息后，陈毅于当年农历九月初一写下一首悲愤凄凉、感情深沉的七绝诗《兴国旅舍》：

兴城旅夜倍凄清，破纸窗前透月明。战斗艰难还剩我，阿蒙愧负故人情。

1937年在筹组新四军途中，陈毅在南昌遇到了率领上海战地服务团的胡兰畦，二人早年就是相识相知。此次相见后订下婚约。然而党组织上不同意二人结婚，中共东南局书记项英找胡兰畦谈话，要求胡兰畦隐蔽共产党员身份，以国民党部队少将身份继续做统战工作对革命更为重要。在百般无奈的情景下，陈毅致信胡兰畦：“马革裹尸是壮烈牺牲；从容就义是沉默牺牲，为了革命，我们就吃下这杯苦酒吧。假如我们三年内不能结合，就各人自由，互不干涉。”

张茜是陈毅的第三任妻子。1938 年春，张茜参加新四军，在军部战地服务团工作，是演剧队和歌咏组的成员。相貌端庄的张茜以演技的高超和对革命的热忱赢得了陈毅的好感。为了使两人的感情能顺利发展下去，陈毅苦心经营了一首《赞春兰》的诗（那时张茜名字叫张春兰）：

小箭含胎初生岗，似是欲绽蕊吐黄。娇艳高雅世难受，万紫千红妒幽香。

1940 年春天，陈毅与张茜结婚，生长子陈昊苏，次子陈丹淮、三子陈晓鲁和女儿陈姗姗。由于残酷的战争环境，俩人时常分离。陈毅曾写下了这首思念张茜的绝句：

足音常在耳间鸣，一路风波梦不成。漏尽四更天未晓，月明知我此时情。地动天寒西北行，山川遥共客心深。最是荒村风雪夜，思君吟咏到天明。

而在十年内乱中，陈毅无论是挨批，还是遭贬，都得到张茜精神上的慰藉；无论是流放，还是身患绝症，都得到了张茜的陪伴和细心照料。

陈毅临终前，叶剑英几乎每天都来探望。他担心陈毅劳神，经常只在病房里稍坐一会儿便告辞出来。然而，走出病房又不愿马上离去，他双手背在身后，低垂着头，默默无语，步履沉重，从病区走廊东头走到西头，又从西头踱回东头，长久徘徊在陈毅病房门前。这缓慢持重的脚步声，凝聚了老战友多少真挚的友情和惦念！

深夜，陪护陈毅的小女儿姗姗几次被从睡梦中叫起接电话。

“姗姗，你爸爸怎么样？”是叶剑英伯伯关切的声音，“他有什么话吗？”

“他白天又昏迷过一次。断断续续总重复着红军、党中央、路线斗争……”

叶剑英哽咽了，顿了顿才说：“你好好照顾爸爸，他有什么话，马上告诉我！”

12 月底，在陈毅的坚持下，三儿子晓鲁就要按时启程返回部队了。晚饭后，张茜和四个孩子一块儿来到陈毅身边。孩子们特意把齐白石老人手书的诗词挂轴带到病床前打开，那上面录的是陈毅有名的《赠同志》诗：

二十年来是与非，一生能系几安危？

莫道浮云终蔽日，严冬过尽绽春蕾。

张茜也拿出自己写的四句话，其中两句是陆游的诗：“山穷水尽疑无路，柳暗花明又一村。”自己的两句是：“人生征途履危难，抗疾亦当如是看。”

陈毅了解妻子儿女的心情，他露出笑容安慰他们说："我会好起来的。小鲁回部队要好好干，不要挂念我，等我手术伤口长好后，我还要站起来，我还要下地走路，我还要做些工作……"

陈毅走了，张茜彻夜不眠，她回忆整理出毛泽东在陈毅追悼会时的全部谈话内容，一份交给党中央，一份给孩子们留存。她曾热切希望毛泽东主席的谈话尽早全文公布于世，以公正的评价来洗刷"文化大革命"以来对陈毅的一切诽谤、诬蔑之辞。

她一盼再盼，谈话记录石沉大海，杳无音信。从上海却传来了张春桥等人恶狠狠、阴森森的讲话：不要以为毛主席参加了陈毅的追悼会，陈毅就没有错误了，毛泽东历来是对亲者严，疏者宽！

听到这个所谓讲话，张茜气得浑身发颤，欲哭无泪！是陈毅曾对孩子们说过的一段话逐渐使她冷静下来："还记得'二陈合流'那股谣言吗？当时是有人借批判陈伯达大捞政治资本，现在批判林彪，他们又捞了一把。斗争很复杂，也许要10年、20年才能看清楚，你们是可以见到分晓的。"

张茜不再奢望，不再等待，在她被确诊为晚期肺癌并做了手术之后，她毅然选择了自己生命的最后战斗岗位：把陈毅用鲜血和生命写成的大量诗词整理出来，是

陈毅夫妇

非功过，人民评说！

1977年5月，陈毅元帅的夫人张茜呕心沥血选编的《陈毅诗词选集》出版了。陈毅的生前战友、诗友，手捧选集，追念他的生平，个个心潮澎湃，悲喜交集。

该诗以《青松》冠首：

大雪压青松，青松挺且直。

要知松高洁，待到雪化时。

铅印本、油印本、复写本、抄写本，陈毅那一首首用血与火凝炼而成的诗章，终于在祖国大地上传开了。手握着全国各地寄来的慰问信，张茜苍白浮肿的脸上呈现出宽慰的笑容，默默地永远地闭上了眼睛！

历史评说

陈毅在开国将帅中，是难得的文武全才，拥有非凡的人格魅力。在工作关系之外，他和很多党内外人士都私交甚好。“二月逆流”风波之后，在陈毅的追悼会上，毛泽东亲临致哀，说:“林彪是反对我的，陈毅是支持我的。”“他是我们党的一个好党员、好同志。”

作为陈毅的老同事兼老对手，第三战区司令长官顾祝同提起陈毅来就摇头，道：“陈毅很难缠。”想来顾祝同在说这句话的时候，脸上一定半是苦笑半是欣赏吧!

布衣元帅——徐向前

徐向前是共和国十大元帅中唯一的北方人，寡言少语的他，在当时英才辈出的黄埔一期生里显得默默无闻，连蒋介石都看走了眼，把他视为“无出息”的学生。正是这个“无出息”的学生，在几年之后，跃然变成了威震中国的著名军事将领，成了共产党三大主力红军之一——红四方面军的总指挥，他统率下的红军，在大别山、川陕地区，把国民党军队整军整师几万几万地消灭，令蒋介石后悔不迭。

小档案

姓名字号： 徐向前，原名徐象谦，字子敬

籍　　贯： 山西省五台县

生卒年月： 1901.11.8—1990.9.21 卒年 89 岁

毕业院校： 黄埔军校

军　　衔： 元帅

最高军职： 中共中央军委副主席

一、普通一兵

在山西的滹沱河岸边，有两个村庄，隔河相望，一个叫河边村，一个叫永安村。就是在这两个村子里，先后出了两个名人：阎锡山和徐向前。

阎锡山生于1883年，比徐向前大18岁。1911年10月29日，在日本留过学的阎锡山（字百川）响应武昌起义，率领所部杀死太原巡抚，掌握了山西的军政大权，并于1919年创办了山西省立国民师范学校。

1919年3月，徐向前考入了山西国民师范第一期速成班学习，可以说这是他一生中“时来运转”的第一步。给他带来这次机遇的是与他一河之隔的“五台老乡”阎锡山，当时正好阎锡山提倡“民智”大办教育，无意中把他网了进来，如此

徐向前在黄埔

一来，两人也算是有一种名义上的师生之谊。

徐向前在这里不仅接受了较为系统的智力教育，而且学习期间，正值五四运动爆发，徐向前参加了国民师范的学生游行。阎锡山对学生的革命倾向害怕得要命，以残酷的手段镇压学生运动。徐向前因此不禁对阎锡山的做法产生了疑问。

为了自己的理想和追求，徐向前离开了山西老家，考入黄埔军校，并在共产党的影响下，逐步走上一条与阎锡山完全相反的道路。

1924 年 5 月初，徐向前通过考试，成为黄埔军校第一期第一队的一名学生兵。

在这里，每天的操练和勤务都很紧张。天不亮起床，跑步，进课堂，连吃饭都限定时间。操场设在珠江岸边，有时江水淹没了脚脖子，还在照样操练。有些少爷出身的兵，过不惯军校紧张的生活，常常叹气。

徐向前出身农民家庭，从小吃苦多，磨练出了不怕苦的性格，却感到军事生活很愉快。他不肯多语，常常一个人静坐，读书、思考。尽管他学习努力，参战勇敢，可是并没有引起上级的注意。在军校的学生中，他被看成是一个腼腆的青年。

校长蒋介石每月要找十几个学生当面测试和谈话，从学生中发现了不少人才。当蒋介石要找学生谈话时，学生们排好队，站在办公室外面，一个个叫进去，又一个个走出来。

一天，轮到徐向前了，他被叫进去，对话是这样开始和结束的：

蒋介石看看他，问道：“叫什么名字?”

答：“徐象谦。”（徐象谦是徐向前当时的名字。）

问：“是什么地方人?”

答：“山西五台县人。”

问：“在家干过什么?”

答：“当过教员。”

“……”

师生间一问一答，机械无趣。蒋介石毕业于日本士官学校，又是校长，俨然像个法官；而绝不肯多吐露半句话的学生，简直像个被告。校长看着学生，学生立正站着，尴尬得无法谈下去。

于是，在蒋介石眼里，徐向前成了一个“无出息”的学生，他对谈话没有兴趣了，蒋介石挥挥手，徐向前就转身走了出来。

黄埔军校曾出了不少人才，后来许多人成了国民党和共产党的高级将领。蒋介石这时怎么也不曾想到，就是这个学生，几年之后，跃然变成了威震中国的著名军事将领，成了共产党三大主力红军之一——红四方面军的总指挥。他统率下的红军，在大别山、川陕地区，把国民党军队几万几万地消灭，后来，成为新中国战功赫赫的元帅！

黄埔军校开学不久，第二次直奉战争爆发。这是北洋军阀混战时期规模最大的一次战争。段祺瑞联合张作霖，反对直系的曹锟、吴佩孚；孙中山与段祺瑞、张作霖呼应，亲自率兵到韶关，准备北伐。计划先出江西，再取湖南，然后与滇、川、黔各路军阀会师武汉，进军中原，与段祺瑞、张作霖共平曹、吴。

一天，徐向前所在的黄埔军校第一队正在野外训练，突然被召回军营，背起行装，紧急集合，从黄埔岛码头乘船，开往广州城。

傍晚，黄埔军校生第一队，登上了一列特别火车。在车厢里，一位军官这才郑重宣布：这是元帅的专列，孙中山大元帅就在这列车上，第一队从今天起，作为大元帅的卫队，随同北上。

"唔啊！"车厢里几乎齐声欢叫起来。青年军人们谁都认为坐上孙大元帅专列，是一生中的荣幸。徐向前和同学们就这样，做了孙中山大元帅的卫队队员。

第一队作为孙中山的卫队，随他到了韶关，任务是放哨、警卫。这次随孙中山一起到韶关的还有宋庆龄，以及苏联顾问鲍罗廷和他的老婆孩子。

黄埔军校学生兵，跟随孙中山来到韶关，几乎日夜不离大元帅的行营。孙中山和夫人宋庆龄，特别信任和钟爱黄埔学生兵。一天，孙中山听说军校学生当中不少人病倒了，偕夫人亲自到军营中察看。他们爬上山头，钻进士兵们住的帐篷，和一个个躺倒的士兵谈话、握手、问候，还送给士兵们水果。这天徐向前虽然也病着，因为站岗的同志少了，他接连站了半天。孙中山和徐向前说了好几句话，因为紧张、新奇、兴奋，徐向前只记着："好好注意身体。"宋庆龄那温文大方亲切的问候，更使徐向前和学生们难忘。

新中国成立后，一次徐向前在北京中南海和宋庆龄等会面，徐向前无意中说道，在黄埔军校时，他就见过孙夫人，说那时他在黄埔军校第一期第一队，曾经担任过孙中山先生的卫队。

宋庆龄连忙拱手，说："谢谢，谢谢，那时我们不认识呀！"

徐向前笑笑说："我那时是普通一兵呢。"

二、转战中原

1925年，徐向前告别了黄埔军校，开始了他新的军旅生涯。7月，他来到了驻河南安阳的国民革命军第2军第6混成旅。在这支军队里，他目睹了军阀部队贪污、吃空名额、军纪败坏的情况，感到非常失望。

1926年，徐向前追随着广州国民革命军来到武汉。他从汉口走到武昌，看到标语满目、歌声震天，好一派革命的景象，又重新点燃了他内心革命的火焰。在这里，他担任了学兵团的一名指导员，不久又被任命为武汉军校总队政治大队第一队少校队长。

徐向前常常利用工作之余与活跃分子聚在一起，谈理想，谈志向，谈三民主义与共产主义、国民党与共产党的区别等。他先后阅读了列宁的《二月革命》、《远方来信》，布哈林的《共产主义ABC》，还有瞿秋白、鲁迅的文章。徐向前从读书、交谈和争论中，思想发生了飞跃，他终于认识到：三民主义救不了中国，国民党多是一些官僚政客，昏庸无能，只有共产党才是中华民族的希望，共产主义才适合中国的国情。

1927年3月，在国共合作面临分裂的严重关头，徐向前选定了自己的奋斗方向，由樊炳星、杨得魁两同志介绍，加入了中国共产党。

经历了大革命的风风雨雨与广州起义失败的磨炼后，徐向前在军事指挥上愈加成熟。1929年6月，徐向前受党中央派遣，到鄂东北任红一军31师副师长。1931年初，红1军与红15军合编组成红4军，徐向前任军参谋长，协助军长旷继勋指挥部队接连挫败国民党军对鄂豫皖苏区进行的第一、第二次“围剿”，7月任红4军军长。接着，徐向前与军政委曾中生率部南下，一个月内连克英山、罗田、浠水、广济四城，歼敌七个多团。

1931年8月，蒋介石在对中央革命根据地周围增兵的同时，又策划对鄂豫皖苏区发动新的“围剿”。为了统一指挥，加强红军建设，准备大规模的作战行动，中共中央决定由红 1 军和红 15 军组建红四方面军，下辖四个师、12 个团，计 3 万余人。由徐向前担任总指挥兼红 4 军军长。

面对蒋介石的全力进攻，徐向前毫不畏惧，毅然决定率军西出平汉线。天降大雪，平汉路上的铁轨，被掩埋在深雪里。红军一路夜袭李家集火车站大获全胜。

徐向前和红四军的“神兵”，接着逼近信阳，迫使敌人就范。这时，敌军云集，开始了对红军进行大规模的“围剿”。岳维峻率第 34 师由孝感经花园沿平汉路东侧向北推进……

敌人的企图，摆在红 4 军徐向前的地图上，一步步显示出来。

一个新的作战方案，在红四军指挥部形成：吃掉岳维峻和他率领的 34 师！

说来真是巧合，岳维峻原是徐向前在国民军 2 军时期的“老上司”。这位岳师长，可谓是资深将领，做过河南省督办，1925 年任国民军 2 军军长。蒋介石不重用他，他总想找个机会立下战功。机会来了，他接到命令“围剿”大别山区的红军，便亲自率领部队出征，行军速度之快，求战之急，是少有的。3 月 8 日孤军冒进到双桥镇。

双桥镇，四面环山，东傍水，是红军和游击队经常活动的地区。岳维峻率 34 师进入双桥镇为中心的地带，正举棋不定，红军突然发起进攻，夜晚冒着雨开进，将敌人分割包围起来并占领双桥镇东南方向的小葵山和西南的尖鸡岗。岳维峻先是顽抗，要求上边派飞机助战，飞机来了投弹轰炸，也无济于事；岳维峻又亲自指挥两个团向红军反扑，争夺制高点。战斗十分激烈。

鏖战几个小时，双方难分难解。中午，敌人筋疲力尽，徐向前下令预备队出击，对敌猛烈分割穿插，直扑双桥镇内，打瘫了敌人的指挥系统。这一锤子下去，敌人受不住了，很快被分割全歼，战斗结束了。经七个多小时，红军毙敌千人，俘敌 5000 多人，红军第一次取得全歼敌 34 师的重大胜利。敌师长岳维峻的马弁骑上他的马逃掉了，岳被红军活捉。

徐向前听说敌师长被活捉，从双桥镇出来，匆匆走到附近一个小山村，去会见他的“老上司”岳维峻。

已是黄昏时分，一间小茅草屋里，点起了油灯。两名红军战士正看管着岳维峻。这位师长当了俘虏，却放不下长官的架子，他虽然在逃跑时化装为士兵，但肥胖的身体和那福相脸，使徐向前一眼就认出了他。一点不错，他正是徐向前五年前的顶头上司。

“我要见最高指挥官！”岳维峻蹲在地上，喃喃地说，“我要见最高指挥官！”

“什么高呀低呀？”徐向前在一条长木凳坐下来，问，“岳师长，你认识我吗？”

岳维峻抬起头看看。坐在他面前的这位红军，瘦高个头，身披灰大衣，佩一支小手枪在皮带上。红军的服装不分长官和士兵，小手枪却是指挥员的一个标志。岳维峻却认不出问话的人是他的老部下。

“请坐吧，坐吧！”徐向前指着对面木凳说，“你真不认识我了？”

岳维峻坐在木凳上，一只手遮着灯光，向徐向前上下打量着，似乎见过，却又认不出是谁，更不知姓名。

“不认识我，我可认识你呀？”徐向前说。

岳维峻呆呆地望着。他知道红军中有不少著名将领，有黄埔军校毕业的，有在北伐军中干过的，有在国民军2军任过职的。曾中生、许继慎、徐向前等，一些名将都是在军事情报中常看见的大名，只是不认识面前这位是何人？

“五年前，你在国民2军当军长，属下有个第6混成旅，是吧？”

“是的。”

“我在第6混成旅当过参谋呢！”徐向前不隐讳地说。

“啊，老同事，老同事……”岳维峻惊喜地说，“对不起，我确实认不得了。请多多关照，多多关照……”

徐向前暗暗发笑，什么老同事，应该说是“老下级”呢。打了大胜仗，使徐向前开心，捉住了他的老军长，让他感到自豪。他想从敌军指挥官口中，检验一下红军作战指挥和战术动作问题，便向岳维峻“请教”说：

“你对我们红军作战，有些什么见解？”

岳维峻忙说：“惭愧，惭愧！战败之人，还说什么哟？”

这时，岳维峻记起来了，五年前在河南安阳，一个广东黄埔军校来的小军官，分在他军中的第6混成旅任参谋。那时，他是威严的军长，一呼百应，一个命令全军动作，他没有机会和必要同旅里的一位小参谋人员交谈。没想到五年后的今天，他败在了这位小参谋的手下。

但是，这位“老上司”军事上没说出什么，只关心他个人的生命安全。他一再要求徐向前不要杀他，如能释放，愿意答应红军提出的一切条件。徐向前站起身，向岳维峻说：“你放心，红军是保证俘虏人身安全的。你要看清楚形势，蒋介石要消灭共产党和红军，那是白日做梦。红军是剿不尽的！”

岳维峻连连点头，说："是，是的，请……"

他还想多和徐向前谈谈，攀攀旧情，徐向前却一无心思二无时间，上马匆匆离去……

三、"肃反"诀别

1931年夏季，徐向前正率领红军南下作战，听说政治保卫局在后方医院中破获了一个"AB团"反革命组织，他们准备在9月1日"暴动"；接着又在皖西破获了一个"改组派"县委和区委。原来9月下旬，张国焘认定内部"必然有一个反革命极大组织"，于是他在白雀园下令，开始了大"肃整"，在白雀园红军总部驻地抓了很多人。几名"嫌疑犯"被关起来，先是不给饭吃，不给水喝，接下去上"老虎凳"，皮鞭抽打，灌凉水。这种从国民党特务机关那里学来的审讯方法、逼供的手段，迫使有的人难以忍受，只好承认了"反革命行为"。你供我，我供他，越抓"反革命"越多。

一些冤错案，使红区内人心惶惶不安，徐向前也越来越困惑。

一天，他叫警卫员把破了洞的衣服、袜子给妻子程训宣送去，让她帮助缝补一下。往常，衣服、袜子破了，他都是自己动手缝补，自从1929年下半年和程训宣结婚后，缝缝补补的事，妻子都包做了。她还说："你是指挥打仗的，能自己做妇女的活呀?"

徐向前没想到，警卫员跑去不多久，抱着破衣服和袜子返回来了，神情十分紧张，结结巴巴说不成话。

徐向前问他："出了什么事?"

警卫员说："她被保卫局抓走了!"

徐向前忙问："为什么事?"

警卫员说："说她是反革命……"

平时很少发火的徐向前，几乎要跳了起来。这真是同小孩说梦话一样可笑。“肃反”怎么会“肃”到这样一位20岁妇女干部头上呢？

程训宣出生在黄安七里坪程伍德村一个贫农家里，1928年就参加了革命活动，很快参加了共产党，她姐弟五人，除了姐姐病死以外，都是共产党员和红军。大哥程启光参加过黄麻起义，1928年就参加了共产党，在31师当特务队长；二哥程启宗，1925年加入共产党，参加黄麻起义失败后，上过木兰山参加游击战，不幸被敌人抓去杀害了；弟弟程启波，在徐向前的司令部当勤务兵，不到入党的年龄，先加入了共青团，后入了共产党，这样一个革命家庭的人，优秀的女共产党员程训宣，怎么会是反革命呢？

徐向前忍住气想：可能是她性情活泼，说话“嘴边没个站岗的”，又乱说话，被人诬告了。

徐向前对革命事业忠心，对个人的事不计较。平时多余的话不讲，只是一心用在领兵作战上。他喜欢程训宣火暴的性格，认为她是“新女性”，敢说敢做，比男子汉还男子汉；只是不大喜欢她话那么多，常说她“嘴边没个站岗的”，“疯话”多。徐向前和她的婚事，不是自由结合，也没经过恋爱，是曹学楷、倪志亮两位老兄从中硬说合而成的。虽是“媒”说的妻子，结婚后徐向前倒认为她挺可爱，只是两个人来去匆匆，分开的时间比在一块儿的多得多。

如今程训宣突然被审查，使徐向前内心画上一个大问号：是不是冲我来的呀？很快，他又自我解脱：不会，不会。很可能是妻子的“疯话”惹了麻烦或者是被人诬告。

徐向前心里又平静了。他那一切相信党和坚决服从上级的军人本能，使他暂时把妻子被关的事放下了。倒是小警卫员放心不下，晚上悄声对徐向前说：

“她会不会有事，还是找保卫局说说去。”

“不必了。”徐向前说。

“还是该去问问。”

“不必了。”徐向前重复说，“你做你的事，管那么多做什么呀？”

小警卫员低头走开了。他不明白总指挥怎么这样无情，连自己妻子都不管了。他却不知道总指挥内心的痛苦、矛盾啊！

徐向前身为红四方面军总指挥，实际上也是被张国焘等人在幕后审查的对象，他除了指挥作战，被规定不得插手“肃反”的案件。他多次暗暗打听妻子程训宣的下落，没有一个准确消息。

徐向前克制地等待着，相信有一天程训宣会突然出现在面前，但是，他怎么也想不到她已不在人世了。是怎么死的，什么时候死的，都没有人通知他。

“到底为什么，把我老婆抓去杀了？”若干年后，徐向前问老友、时任鄂豫皖苏区保卫局负责人周纯全。周纯全对“肃反”的内幕知情最多。

“她没有什么罪。”周纯全说，“当时抓她，就是为了搞你的材料。”

在“肃反”时，程训宣在被捕关押、审讯中始终据理力争，反抗对她的种种诬陷和迫害，她不让人告诉徐向前她关押的地方，怕连累丈夫，怕影响他指挥作战。审讯人要她揭发“同伙”的“反革命行为”，她大声回答：“我的同伙都是好共产党员！”她朴实正直，光明磊落，临死也没乱供什么“材料”。

临死前夜，难友还听见在她被关押的茅屋中，传出阵阵笑语和山歌。她被害时，年仅21岁！

徐向前生性少言、少笑，不近女色，更不善于谈情说爱，他却终生都在怀念着那位大别山女子程训宣。在那恐怖的“肃反”岁月，他力所能及地挽救了一些战友，却没能挽救自己年轻的妻子，为此，他深深内疚。用一位老红军将领的话说：“徐帅当时太老实，相信领导，当时是什么样的领导啊？是宗派主义、教条主义，是野心家、阴谋家！”

许多年后，徐向前回顾这段历史，沉痛地说：“鄂豫皖根据地的‘大肃反’，不是孤立的，那个时候，是教条主义者统治中央的时候。教条主义、主观主义、宗派主义搅在一起，在全党，在各个根据地，搞‘肃反’，搞扩大化。”“历史的教训，值得注意。我们的子孙后代，一定不要再重演。”

四、太原城上

早在红军时期，阎锡山就从各种渠道得知了永安村徐懋淮的儿子徐象谦就是中共将领徐向前，当时阎锡山在与蒋介石的军阀混战中连连败北，不得不悄然下野，前往大连，过起寓公生活。在此期间，他听说徐向前在鄂豫皖当了红军第四方面军的总指挥，把蒋介石的王牌部队打得落花流水。于是阎锡山开始对这个同乡后生产生了一丝敬佩之意。有一天，他禁不住对同乡将领们说道："我倒想什么时候，亲眼见见这位徐向前，和他攀谈攀谈。"

1937 年，徐向前和阎锡山真的见面了，而且就在山西。

这时国民党五届三中全会确定联共抗日，红军正式改编为国民革命军第八路军，徐向前被任命为八路军第 129 师副师长（师长刘伯承），而阎锡山也乘蒋介石无力西顾之时在山西重整旗鼓，恢复了其"山西王"的地位。由于徐向前与阎锡山是山西五台山老乡，徐向前又在阎锡山创办的山西省立国民师范读过书，凭着这种乡亲和师生的"特殊"关系，他跟随周恩来，参加了中国共产党同阎锡山的谈判活动。

1937 年 7 月，当他们到达太原时，阎锡山正在部署大同会战，周、徐与阎锡山的真正首次会面是在山西岭口。

在阎公馆里，周恩来首先对阎锡山积极抗战大大赞扬了一番，阎锡山则半开玩笑地对周恩来说："周公来山西也真会选人才呀，把我们五台同乡、又是我的学生徐向前带来与我会见谈判了？……你这次来山西，除了商谈合作，共同抗日，再没有别的用意吧，可不要带徐向前来挖我的墙脚啊。"

说罢，他又向徐向前笑了笑。

周恩来微笑道："百川先生把话说到哪里去了。我这次和向前一块来，是因为他是山西人，要他给我带路的。同时，向前又是百川先生二战区八路军 129 师副师长，以后是你的部属了，特来拜会你的。还要请先生多多关照哩！"

阎锡山哈哈大笑："我阎某人，可不是个不通情理的人！"他又转首对徐向前道："徐向前，你我老家是乡邻，你回去问问父老，我有没有对不住他们的地方？我可不是蒋介石，他除了派人来你家问长问短，还特别提醒我注意你徐向前的行踪哩！"

这次会面后，徐向前和阎锡山开始在山西合作抗日。

抗战胜利后不久，蒋介石就在美帝国主义支持下发动了全面内战。根据中央军委的命令，徐向前调任晋冀鲁豫军区副司令员，不久又任华北军区副司令员。在此期间，他克服刘邓大军挺进中原、晋冀鲁豫军区兵力不足的困难，一面与太岳军区司令员王新亭一道组建新的兵团，一面指挥部队参战，借此训练部队作战能力。

为更好地完成解放山西的任务，徐向前率部先攻破运城，拔除了阎锡山的晋南

抗日战争时的徐向前

屏障。二打素有“卧牛城”之称的临汾。临汾战役付出较大的伤亡代价，但取得了宝贵的攻城经验。徐向前当时以“伤亡大、胜利大、锻炼大”之语评价临汾战役。第三仗是晋中决战。在此战中，徐向前成功运用了灵活机动的战略战术，创造了以寡敌众、以少胜多的范例，也是运动战的典范之作。

在发动太原战役之前，徐向前因为病重，向刘少奇当面表示自己可能无法胜任指挥太原战役，刘少奇却当即勉励道：“太原乃是天下坚城，易守难攻，你徐向前不挂帅，这山西境内还有什么人能够承担此重任?”

在阎锡山四面被围的情况下，为争取和平解放太原，中央华北局和军区派出工作组，来到太原前线。军区副参谋长王世英想利用自己曾是山西国民师范生，抗战初期又曾在太原八路军办事处机关当处长，与阎锡山等人经常打交道的旧关系，亲自潜入太原，与阎锡山谈判。

徐向前听了王世英的想法，摇了摇头说：“你很大胆，但不能进城去!”

徐向前如此果断，是因为他对阎锡山太了解了。徐向前曾亲自做高树勋的工作，做被俘的阎军高级将领的工作，想通过这些关系争取阎锡山，但毫无成效。徐向前认为，如今虽兵临太原城下，但阎锡山还有可观的实力，是绝不会放下屠刀，立地成佛的。

王世英和军区工作组人员也感到徐向前的意见有道理，但又想试探一下，看阎锡山的态度有点什么变化没有。于是，便请来了阎锡山的一位老师，问他愿不愿进城见阎锡山，动员阎和平解放太原。

这位年近八旬的老秀才满口答应："行！阎锡山是我的学生，你们又曾是阎锡山的学生，我看差不离。"

于是，军区工作组以徐向前的名义，给阎锡山写了封信，大意是：太原已被人民解放军包围，成了一座孤城，劝他认清形势，以太原30万父老兄弟姐妹的性命为重，还是和平谈判解决为上策。

老秀才进城后，当面将徐向前的信交给了阎锡山。表面一向和善的阎锡山这次却大发雷霆，对部下说："凡是共产党派来说和的，一律杀掉！"

那位老秀才，就此死在阎锡山的屠刀下。

老先生被杀的消息从城里传出，震惊世人。徐向前对王世英说："你看，阎锡山对上可杀老师，对下是不会放过你这个学生的。你要是进城去，脑袋早已搬家了。"

1949年4月，徐向前见通过和平途径解放太原已经不可能，对太原只能是强攻了。

20日凌晨2时，到达各攻击地点的人民解放军第18、19、20兵团从四面八方向太原突击，22日晚，扫清了城外全部守敌，城垣暴露在进攻的战士面前。

24日清晨5时30分，天还没有放亮，徐向前下令向太原发起总攻，1300门大炮按照预定作战方案，从26个突破口同时开始开炮轰击，一发发炮弹倾泻到城垣上，炸得浓烟滚滚，砖石横飞，人仰马翻。一个多小时的炮击后，城垣被打开了12个大缺口，为步兵攻城开辟了道路。锐不可当的解放军将士在徐向前的命令下破城而入，横扫残敌，很快打入太原绥靖公署，活捉了战犯孙楚、王靖国及师以上的军官43人，此役共消灭敌人13.8万余人，盘踞山西达38年之久的阎锡山地方政权宣告灭亡，北方名城太原终于回到人民手中。

五、布衣元帅

生活中的徐向前心灵手巧、爱好广泛，通摄影、喜戏曲、会乐器、能缝补、善手工、爱读书、好书法。徐向前平常话不多，生活简朴，不讲究吃穿，一生说山西话，爱吃山西饭，丝毫没有官气，给人的印象比较“土气”，人称“布衣元帅”。

就在徐向前指挥太原战役期间，他的两个姐姐徐先月和徐春月结伴从五台山乡下风尘仆仆来到太原，找到徐向前。

她们见到久别的弟弟，老泪纵横。徐向前在家中排行第六，从小就受到姐姐的关爱，如今革命胜利了，姐弟团圆了，也由衷感到高兴。但是，一见面，他得知的是父亲临终时的不幸遭遇。

原来，反动派得知徐向前当了共产党的大官后，扬言要对徐家斸根灭门，永安村姓徐的几乎全部株连，有的为了找条活路，不得不改名换姓，远走他乡。父亲在家里躲不住，就跑到南山的一座庙里，一位好心人偷偷地给他送点吃的东西。不久，他害上了大病，三天两头断粮，最后惨死在破庙里。除了父母之外，这些年，他的姐姐和众乡亲受了他的牵连，吃够了苦。

看到两个姐姐，徐向前心里满是歉意。

抗战开始那年，徐向前回家，两个姐姐又把自己心爱的儿子交给他，参加了八路军。徐向前对两个外甥没有给予一丝一毫的特殊照顾，把他们放到了打仗最多、最激烈的部队。大姐的儿子郭福安和二姐的儿子赵希圣都在与日军作战中中弹身亡，为国捐躯了。

此刻，看到两个年老的姐姐，徐向前心里十分难过。

“这些都过去了，”姐姐说，“过去的不幸都是命中注定的。而今，你做了大官，看在两个外甥的份上，我们也该沾沾光，享点福了。太原城里的东西堆积如山，怎么也弄点给姐姐吧。”

革命成功了，两个牺牲了儿子的姐姐竟然提出这么一点点的要求，从缴获敌人的战利品中拿点东西，这要求不算过分！但是，徐向前还是不同意。他对姐姐说："我这个司令和老百姓一样，是个穷司令，共产党和国民党不一样。国民党、阎锡山是一人当官，鸡犬升天。我们共产党的干部再大，都是人民的勤务员，是为老百姓办事的，不能为自己徇私情。你们来了，就在太原多住几天吧！我吃什么，你们也跟着吃什么。这样，你们也就知道共产党的官是怎么一回事了。"

两个姐姐果然在太原住下来了。但是，她们住了几天后，发现弟弟还是过去的弟弟，除了带兵打仗，在生活上真和老百姓一样，于是什么东西也没要，空着手回家了。

1955年，徐向前成为了共和国十大元帅之一。在他的住所，挂着他亲笔书写的一幅墨宝："少吃多步，少肉多菜……少欲多施……"这时，他常说：人的生活好了，更应该多吃些野菜，野菜可以调剂口味，增加营养，挖菜又是一种锻炼，一种游玩，二者得兼，何乐而不为。

一年春天，徐向前望着窗外绽开的桃花在春风中摇曳，突发情致，对警卫员说："走。"

警卫员不解其意，忙问："首长，去哪儿？"

徐向前笑而不答，反说："去拿个挎包。"

警卫员以为首长有要紧的事，赶紧拿了挎包追出来，随徐帅出了门院。

春风拂面，徐向前走走停停，似乎陶冶在春意之中。望着大地冒出的青草，他

徐向前元帅

喃喃自语：“很久没有尽兴地走走了。”

一会儿，徐向前停在一棵树下，只见淡绿的串串花朵挂满树间，像翡翠镶挂在树枝上，徐帅一边动手，一边催警卫员：“小鬼，赶紧摘呀。”

警卫员不解地问：“首长，摘什么？”

“榆钱呀。”

警卫员心中不免起了疑问：“首长，现在那么多的好吃的，给您吃这个，我们要挨骂了。”

徐向前答：“哪个敢骂？我小时候常吃这个，很香。吃菜要讲究搭配，肉吃多了，不利于身体健康，多吃杂粮、野菜，有营养呀。”

接着，他又说：“等到夏天，我再带你来挖马齿苋，这个野菜才香呢！”

转眼到了夏天。一天傍晚，徐向前要出去散步，看见警卫员手中拿着个小铲子，忙问：“你要做什么呀？”

警卫员说：“首长，您不是说夏天要吃马齿苋吧？我顺便挖一些。”

徐帅笑了：“我都忘了，亏你还记得，走吧。”

在地里，徐向前一边挖，一边给警卫员讲解：“这菜可以防病，可以治腹泻，还可以当菜吃。过去穷苦人家每到夏天，都要和粮食掺着吃。长时间不吃，还怪想它咧。”

通红的太阳缓缓隐入了山的背后，徐向前直起腰，望着挎包中的成果，对警卫员说：“行喽，步也散了，景色也观了，菜也挖了，我们也该回家了。”

一直到“文化大革命”，散步，赏景，摘榆钱，挖野菜，成了徐向前业余时间的保留节目。

中华人民共和国成立后，徐向前住在北京史家胡同。

工作之余，他就想看个戏，看场电影。他这样级别的领导去看戏，警卫人员得紧随其后，看完了戏，还要接见演员，对剧本、对表演还要作“指示”，提意见，徐向前心中不情愿。他说：“看戏是休息，是娱乐，作‘指示’，提意见，太累人。还是看电影省事，不需要接见、提意见。”

徐向前住宅旁边有一个军队大院，警卫参谋就与他们联系，听说徐帅要来和他们一起看电影，官兵高兴极了。

徐向前头一次走进电影场，部队全体起立，热情鼓掌。他赶紧挥手，示意大家快坐下，对团里的干部说：“我是来看电影的，和你们一样，是观众，你们要是拘礼，我今后就不来了。军人嘛，当然要讲礼节，不过要看场合。”

徐向前认为，指挥官在战场上是首长，但看戏、看电影，就是普通观众。

从此，凡是军队大院放电影，徐向前就过去观看，久而久之，如果哪天他不来，大院内的官兵反而像缺了点什么。

徐向前有点事情耽搁，去晚了，看到战士整齐地、默默地坐在那里，等待他来看电影。徐帅到场一看，心中很不是滋味，回来的路上，他对警卫参谋说："看电影，看戏，本是娱乐，怎么能成为别人的负担？以后，我们到大华电影院买票看吧。"

此后，徐向前还真的再没有去军队大院看过电影。有空闲时间，他就换上便衣，带上一两个警卫员，步行出史家胡同，到大华影院去看电影，一路上，他总爱到商店逛逛，甚至和行人谈上几句。

望着这些普通人的举止，细听他们的言谈笑语，徐向前感到比待在高墙大院里舒心多了。他觉得，这种深入群众的普通生活也是一种乐趣，他喜欢这种鱼水交融的生活。

然而，行人和电影院的观众怎么也不会想到，行走在他们中间的这位普通农民一样的老人，会是共和国的元帅。

六、壮士暮年

1967 年 1 月 24 日夜，毛家湾的林彪住宅突然闯入了一位不速之客。晚年怕风怕光更不喜欢见客的林彪虽然不高兴，但一看是徐向前，还是表示了欢迎。

徐向前说了军政机关被造反派冲击的事，请作为中央军委第一副主席和国防部长的林彪来制止这类事。林彪也怕军队太乱没法向毛泽东交代，就和徐向前商量制订"军委八条"，毛泽东阅后做了部分有益的修改后批准下达，制止了造反派的很多过激行为。

同年 2 月 11 日至 16 日，叶剑英、徐向前、谭震林、陈毅和李先念等老帅老将在中南海怀仁堂当面怒斥林彪、江青反革命集团乱党乱军的做法。在各位老帅发言后，一向木讷少言的徐向前也开口了，徐帅话不多声不高，却字字振聋发聩，他只质问道："军队是国家和无产阶级专政的支柱。你们这样乱下去，还要不要这个支柱?"

此次事件后来被"四人帮"污蔑为"大闹怀仁堂""二月逆流"，徐向前也遭到了这些野心家的疯狂报复，两次被抄家。直到1971年九一三事件后，毛主席说"二月逆流"只是老帅不满林彪发牢骚，并亲自出席了陈毅的追悼会，这才为徐向前等人平反。

徐向前比邓小平大两岁，同属中华人民共和国元勋。他们在性格上或许有差异，在工作风格上，却有共同之处。在129师和晋冀鲁豫军区，徐向前曾较长期做过刘伯承、邓小平的助手，他们配合默契，关系十分融洽。徐向前钦佩邓小平的远见卓识、聪颖智慧。邓小平深知徐向前是一位勤于思考、胸中有大主意的人，因而尊重他、信任他，多次委以重任。

1976年底，邓小平患病，此时"四人帮"刚刚被拘捕，"批邓、反击右倾翻案风"还在继续。徐向前忧心如焚，亲自打电话给主持军委工作的陈锡联，要他马上安排邓小平住院治疗。陈锡联是徐向前的老部下，对他是很尊重的。陈锡联告诉徐向前，叶剑英也来过电话，已经作了安排。徐向前悬着的心才放了下来。

邓小平手术后，徐向前又抱病前去探望。两位老战友的心，经过"文化大革命"的风雨，贴得更近了。徐向前极力支持邓小平重新工作，他很赞成叶剑英的话："邓小平是不授衔的老帅，是老帅的领班。"

粉碎"四人帮"之后，邓小平和叶剑英、徐向前、聂荣臻几位中央军委副主席共同挑起了整军建军的重担。1978年，徐向前被任命为国务院副总理兼国防部长，成为当时世界上资格最老的国防部长。

徐向前虽已壮士暮年，但一种神圣的责任感，使他壮心不已。他不顾年老、体弱、多病，倾心尽力投入国防现代化的建设。

1980年3月，军委决定召开军委常委扩大会议。邓小平批示会议由徐向前主持。

这次军委常委扩大会议，在徐向前主持下，集中讨论军队精简整编问题，并对军队精简后干部的安置问题，进行了详细讨论。

徐向前在会议结束时的讲话中强调说："在座的都是老同志，60岁以下的不多，但大家壮心不已，都有一股劲，有信心，都想把军队建设搞上去。所以尽管军队的问题成堆成山，只要有这股劲，我相信是能够把我们军队搞好的。"

对战争形势如何估计，是一个国家制定国防政策的根本出发点。在这个问题上，中共中央经历了一个曲折的认识过程。

解放战争初期，在“美苏必战”“第三次世界大战必然爆发”的论调甚嚣尘上的时候，毛泽东对战争形势的分析是冷静、正确的。他说：“世界反动力量确在准备第三次世界大战，战争危险是存在着的。但是，世界人民的民主力量超过世界反动力量，并且正在向前发展，必须和必能克服战争危险。”基于这种分析，才敢于以坚决的自卫战争，粉碎蒋介石的战略进攻，“打过长江去，解放全中国”。才敢于在美帝国主义侵略朝鲜的时候，断然派出志愿军入朝参战，迫使美帝国主义在板门店停战谈判。

20 世纪 50 年代后期，中共中央对战争形势的分析有了发展，认为世界大战不可避免，战争的危险日益加剧，强调立足于“早打、大打、打核战争”。这方面虽有美帝国主义的反华叫嚣，中苏关系日趋紧张的客观因素，但主要原因是把战争爆发的危险性看过了头。此后，弓弦只张不弛，越绷越紧。“太张必缺”。长期把许多人力、物力、财力投到准备打大仗上去，严重地拖了经济建设的后腿，影响了国防现代化的进程。党的十一届三中全会以后，全党工作的重心转移到经济建设上来，迫切需要一个和平稳定的环境，以休养生息。显然，上述对战争形势的分析及其政策，和党的总方针是不相适应的。

1980 年，在军委座谈会上，邓小平提出五年打不起来，到了 1984 年，邓小平又说：“仗打不起来这个话，我们多次讲过，过去讲五年，现在过了几年，还可以说十年。”

经过几年的观察、分析，军委主席邓小平在 1985 年 6 月召开的军委扩大会议上，对战争与和平问题，作了全面、深刻的论述，提出了新的论断：“战争的危险是存在的，但毕竟和平力量的发展，超过了战争力量的发展。根据以上这些分析，我们改变了原来认为战争的危险很迫近的看法。我们希望能在一个比较长的时间内，至少在本世纪内，不要发生世界战争。这是可能的，不是空话。”而作为国防部长，徐向前十分赞同邓小平的分析。

中共中央关于外交战略、战争与和平问题的转变，是伟大的战略性转变。这一转变决策，集中了包括徐向前在内的老一辈无产阶级革命家的智慧。

1987 年，徐向前为支持邓小平推动干部年轻化的政策，主动辞去中央军委副主席等职务。

1990 年 6 月 27 日，因频发心绞痛，徐向前被送入解放军总医院治疗。

徐向前与邓小平

6月29日，李先念闻讯后，立刻赶赴医院探望。面对曾生死与共的老战友，徐向前有些激动，他郑重地向李先念说：“我的遗言有三条：一是不搞遗体告别；二是不开追悼会；三是把我的骨灰撒到大别山、大巴山、河西走廊和太行山。”

这是一个无产阶级革命家对自己的最后安排，一个老共产党员向党中央的郑重交代。

李先念听后心情非常难过。在场的子女、工作人员、医护人员无不动情。

1990年9月21日凌晨4时21分，徐向前与世长辞。按照他的遗愿，11月1日至10日，中央办公厅、军委办公厅的工作人员陪同徐向前的亲属，乘专机飞往大别山、大巴山、河西走廊、太行山，追寻着徐向前的战斗足迹，将骨灰伴着朵朵鲜花，撒向徐向前征战过的山山水水、村村寨寨，骨灰盒和遗像最后安放到他的故土——五台县烈士陵园。

七、婚姻之路

关于徐向前和黄杰结婚的情景，一位随徐向前多年的警卫员有这么一段记述：“那天是个假日，我陪首长走到苏部长家，有四位女同志已先在那里，正和苏部长的爱人说话。后来，他们四人打扑克。苏部长的警卫员小王忽然问我知不知道首长今天来这里有什么事？我说不就是休息来玩玩呗！他哎呀一声：‘你们首长今天是来结婚的呀？那位女同志是保育院的黄院长。’我赶紧给家里的同志打电话，叫他们快作准备。内心直埋怨首长，这么大的事也不言声。当我随着首长他们步行回到家时，见到大伙正在打扫屋子，首长笑着说了声：‘哎！小鬼！’”

这是 1946 年 5 月 4 日，保育院的黄院长叫黄杰，他们都在延安。战争夺去他们的青春年华；战乱，也使他和她失掉了爱情。

徐向前在 20 岁时，由父母包办，与五台县东冶镇朱门家女子朱香婵结了婚。

朱香婵是一位勤快、懂事理的女人，次年生一女孩，取名松枝。爷爷起这名的意思，想使她在贫寒中能像松树一样苍劲耐寒。哪知道这孩子命苦，刚满周岁妈妈就得了一种不能吃、不能喝的病死了。此时，徐向前已经离家远去，投考了在广东的黄埔军校。从朱香婵死后四年多，徐向前一直奔走在硝烟弥漫的战场，没有心思也没有机会再娶。

1930 年，徐向前到鄂豫皖苏区第二年，经人介绍，认识了黄安县七里坪的女共产党员程训宣。他们在第二次反“围剿”胜利后结婚。然而，不到一年，程训宣就在“肃反”中被杀害了。

徐向前非常怀念妻子程训宣。从程训宣牺牲到 1939 年的八年中，徐向前转战了许多地方，都没想到再结婚。尽管他手下红军中有不少女将和女兵，在川陕苏区还建立了一个“妇女独立团”，爱慕徐向前的女子并不少，徐向前却把心思全部用到作战上。

1940 年春，他临离开山东去延安前，经同志劝说与一位姓王的女干部结了婚，两人育有一女，叫徐鲁溪。婚后第三年，两人因感情不和分手了。

离婚后，徐向前没心思再娶。

谁知他从到延安后，不是落马负伤，就是患病，许多战友，特别是一些“老大姐”，左说右劝，四处说合，结果，他和延安保育院院长黄杰认识了。

黄杰，也是一位婚姻不美满、个人经历坎坷的女人。她出生在湖北省江陵县郝穴镇，原名黄书莲。两岁时父亲病故，她和一个智力不全的哥哥，随同母亲靠出租土地和卖油生活。伯父黄仲甫是郝穴镇上有名的地主豪绅、民团团总。他不仅不照顾这一家寡母弱女，反而多方欺凌他们，逼迫黄杰的母亲改嫁，又硬要把黄杰嫁给镇上姓刘的商会会长流氓成性的儿子。

黄杰从小性格倔强，1924 年她不满 15 岁，就逃出黄家去武昌第一女子中学附小读书。第三年又考入湖北省女子师范。在北伐军攻下武昌后，黄杰考进武汉中央军事政治干部学校女生队。这个女生队共招收了 183 名学员，后来不少人成了女中豪杰。1927 年大革命失败后，黄杰潜回家乡，在白色恐怖中加入共青团，1928 年初参加共产党。随后被派往松滋县任中共特别支部书记，领导了九岭冈暴动。九岭冈暴动失败，黄杰则成了松滋县反动政府通缉的“女犯”。

1929 年 4 月，黄杰被地下党组织送往上海。1930 年 7 月，奉中央军委的命令，她随中共南京市委书记曾中生在南京领导秘密工作。同年秋，黄杰随曾中生调回上海党中央机关工作，不久，两人结了婚。

婚后，曾中生被派往鄂豫皖苏区红军中工作。黄杰一直留在上海，在周恩来领导下，先是跑“交通”，而后被派往闸北区任女工部长。不久，闸北区委书记被捕，黄杰被调到沪东区继续做女工部长。1933 年“五一”组织沪东区工人游行集会，被巡捕抓住推上了黑车，最后被法院定为“违犯民国紧急治罪法”，判刑五年“减半执行”。黄杰在租界女监，度过了两年半的铁窗生涯，1935 年底被释放。她辗转到香港，经过种种曲折，终于找到党组织。抗日战争爆发后，从大后方来到延安。

徐向前和黄杰说起来有缘分。他们在武汉军校时，曾共同学习、战斗过。当时徐向前是军校的队长；黄杰只是刚刚参加革命的女小兵。黄杰真正知道徐向前的大名，是在上海党中央机关工作时。这时，徐向前率领红四方面军，把“围剿”鄂豫皖苏区的国民党军打得落花流水。国民党的报纸上，经常出现徐向前的名字。也正是在这个时期，曾中生和徐向前一起在红四方面军中工作，两个人朝夕相处。徐向前从曾中生口中知道他的妻子黄杰在上海党中央机关跑“交通”。1935 年 8 月，曾中生在川北卓克基被张国焘密谋杀害，年仅 35 岁。

1946年5月4日，两位历经艰辛的人终于走到了一起。这时徐向前45岁，黄杰36岁。

共同的革命理想，坎坷的个人婚姻，使徐向前和黄杰十分珍惜他们的结合。婚后，徐向前处在养病之中，身旁又有一个不满六岁的孩子，黄杰既要当“护士”，又要当妈妈，更要管理好保育院里的一群孩子。白天黑夜忙，家里家外跑。一次徐向前半开玩笑向黄杰说：“人家结婚找个快活，你找个麻烦呀！”

在漫长的婚姻之路上，徐向前与黄杰相濡以沫，他们共育有一子一女，女儿叫徐小涛；儿子叫徐小岩，是中国最早的一批计算机硕士，也是中国第一代汉字计算机的研制者之一，后来被解放军授予了中将军衔。

历史评说

被称作能在“三个鸡蛋上跳舞”的“山西王”阎锡山，也曾这样说过：“我们山西是个出人才的地方，文有薄一波，武有徐向前，如果这两个人能为我所用，我就可以统治全中国，可惜他们都跑到共产党那里去了。”曾担任“围剿”鄂豫皖苏区的中路军副司令官的刘峙，更是对徐向前谈虎色变。

而在发动太原战役之前，徐向前因为病重，向刘少奇当面表示自己可能无法胜任指挥太原战役，刘少奇却当即勉励道：“太原乃是天下坚城，易守难攻，你徐向前不挂帅，这山西境内还有什么人能够承担此重任?”由此可见，当时国共双方对徐向前的评价之高。

从黄埔军校走出来的 CONGHUANGPUJUNXIAOZOUCHULAIDE
GUOGONGLIANGDANGGAOJIJIANGLING 国共两党高级将领

两弹之父——聂荣臻

聂荣臻是抗日战争时期敌后第一块大根据地——晋察冀边区的创建者，也是新中国成立后首任北平市长，“两弹一星”工程的主要领导人，曾为祖国的国防科技事业立下了不朽功勋。在他独立指挥的战役战斗中，击毙日军“名将之花”阿部规秀中将的黄土岭战斗非常著名。

小档案

姓名字号： 聂荣臻，字福骈，小名双全

籍　　贯： 四川省江津县（现重庆市江津区）

生卒年月： 1899.12.29—1992.5.14　卒年93岁

毕业院校： 比利时沙洛瓦劳动大学、莫斯科东方劳动者共产主义大学、苏联红军学校

军　　衔： 元帅

最高军职： 中共中央军委副主席

一、革命烽火

“三更灯火五更鸡，正是男儿读书时。”

这句话，是聂荣臻在江津中学读书时，刻在自己课桌右下角的座右铭。

1917 年夏天，聂荣臻以优异成绩考入江津县立中学（今江津中学）。当时，这所学校的师资力量和教学设备堪称四川第一流，聂荣臻十分珍惜在这里的学习机会，他每天孜孜不倦，博览群书，很快成为同班学生中的佼佼者，他的作文时常被抄录张贴，让其他同学观摩阅读。

这个 18 岁的少年，从达尔文的《进化论》、赫胥黎的《天演论》和进步杂志《新青年》中吸取精神营养，渐渐地，他的思想发生了变化，由一个公认的好学少年转变为具有强烈爱国心的热血青年。

少年聂荣臻

每遇国家民族大事，聂荣臻在作文中总是感慨陈词，忧国忧民思想溢于言表，常书于文卷之上，教师曾誉其“资赋不凡，终非池中之物”。他积极加入进步学生的行列，常对同窗好友说：“我辈要以报国为根本，为中华民族的崛起而建功立业。”

聂荣臻不仅勤奋好学，且好见义勇为。遇同学有纠纷，总是善于排解；遇恃强凌弱者，则打抱不平，挺身相助。五四运动时期，因参加家乡学生爱国斗争，聂荣臻遭到反动当局的军警抓捕。为了避开眼前的危险，学习西洋先进的科学，心怀“实业救国”大志的聂荣臻于1919年赴法勤工俭学，并积极投身旅法学生运动。

1922年，聂荣臻转赴比利时就读于沙洛瓦劳动大学化学工程系，同年8月参加旅欧中国少年共产党（后称中国社会主义青年团旅欧支部），与刘伯坚一起负责过旅比利时支部工作，1923年春转入中国共产党。

1924年10月，聂荣臻奉命进莫斯科东方劳动者共产主义大学学习，后转入苏联红军学校中国班学习军事。1925年，由于中国革命的需要，聂荣臻结束留学生涯，和中国班的同学们一起回国。

聂荣臻在国外共度过了五年多时间。五年里，聂荣臻的世界观发生了根本转变，由“实业救国论”者转变为以天下为己任的社会革命论者，并成为了一个职业革命家。

聂荣臻从苏联回国后，到黄埔军校任政治部秘书兼政治教官，直接领导政治部的宣传和组织工作，并讲授社会发展史、政治工作等课程。中山舰事件以后，聂荣臻被免去了在黄埔军校的职务，调中共广东区委军事部任特派员。但他仍利用各种机会在黄埔军校和国民革命军中开展工作，在周恩来领导下，及时向共产党员传达党的方针、政策，为北伐战争做准备工作。

1927年，蒋介石发动四一二反革命政变背叛了革命，聂荣臻坚决主张建立共产党人自己的武装与蒋介石作斗争。

1927年7月26日，周恩来同陈赓一起赶到九江。聂荣臻见到周恩来，劈头就问：“恩来，中央决定哪一天举行起义？”

周恩来拉起聂荣臻的手，摇了摇头，说：“哪一天起义，还没有最后确定。现在这个形势，每天都有新情况。但是，集中我们的主要力量进行武装起义，这个方针已经定了。荣臻同志，你还有一个重要任务，中央想要你先到马回岭去，想办法把第4军的第25师拉到南昌，参加起义；同时，还请你动员从外地赶到九江的部队和零星人员，让这些人及时赶到南昌。”

“恩来，你们在南昌暴动以后，我怎么同你们联系呢?”聂荣臻问。

周恩来想了想说：“这样吧，南昌的枪声一响，我就发一列火车到马回岭。火车一到，你们先把辎重装车运车，再命令部队往南昌开。”

当时，火车还不是中国的主要运输工具。四一二反革命政变以后，全国形势紧张，南昌到马回岭的铁路上很少开火车。聂荣臻一时也想不到比这更好的办法，就握住周恩来的手，笑着说：“那好吧，我就等着这一列火车了。”

周恩来走后，聂荣臻即刻赶到了马回岭。

8 月 1 日凌晨，一声清脆的枪声划破了长夜的宁静。紧接着，连续不断的枪声噼噼啪啪地响起来了，枪声夹着火光，震动着天地，充塞着城市的上空，充塞在四周围许多里的地面上。密集扫射的机枪火力把整个南昌城都震醒了……

下午，一列火车从南昌向马回岭奔驰而去……

列车驶进马回岭站，聂荣臻喜出望外，立刻找到第 25 师 73 团团长周士第，要他迅速把辎重装上火车运到南昌，部队随后向德安集中。

在聂荣臻的巧妙安排下，周士第率领的第 73 团很快拉出了马回岭。为了避免不必要的麻烦，聂荣臻要求部队只带武器弹药，用演习的名义向南昌奔进，背包、行李和伙食担子都留在马回岭。同时，聂荣臻又安排 75 团随 73 团跟进。75 团的两个营刚刚离开马回岭，张发奎就乘火车赶来了。

这时，张发奎已经知道周士第的 73 团已经不可靠，但他又不甘心这支部队被共产党拉走，想当面做做周士第的工作。谁知周士第没有抓住，75 团也跟着共产党跑了，这位总指挥顿时感到紧张起来。他站在一道车门上，顾不得自己的身份，扯开嗓子喊：

“喂，你们要干什么？我是总指挥，快去告诉你们团长，停止一切行动。”

跟随队伍出发的聂荣臻听到张发奎的喊声，吃了一惊。他立刻对身旁的一名排长说：“让他们快走开！不然，就向空中鸣枪。”

这位排长喊了一阵，张发奎依旧站在车门旁，没有理睬。

聂荣臻手一挥，果断命令：“开枪!”

“叭叭叭!”随着一阵急促的射击声，枪弹呼啸着，从张发奎的头顶上飞过去。张发奎吓得赶紧跳下车，向九江方向逃跑了。

聂荣臻和周士第带着 73 团、75 团，火速向南昌开进，次日便与叶挺、贺龙的部队会合，从此，革命的烽火在中国大地上越烧越旺。

二、峥嵘岁月

1928年，聂荣臻任中共广东省委军委书记，其间，在总结广州起义失败的经验教训时，他看到了军事技术人才的缺乏是广州起义的一个重要缺点，提出："以后每个党员都应该学习军事技术，并须注意培养一批军事技术人才。"

1931年12月，聂荣臻根据组织的决定撤离上海，前往江西中央革命根据地。在1932年3月"左"倾冒险主义的执行者要中央红军夺取赣江两岸城市时，聂荣臻支持了毛泽东关于红军主力应向国民党统治薄弱的地区发展的正确意见。同年4月，聂荣臻作为红军东路军政治委员，参与指挥漳州战役。在指挥这次战斗中，聂荣臻表现出的沉稳和勇敢给毛泽东留下了极好的印象。此后，聂荣臻被调任红一军团政委，与林彪搭档。

聂荣臻与林彪相识，最早是在大革命时期的黄埔军校。

那个时候，聂荣臻是黄埔军校政治教官，林彪原名叫林育容，是黄埔第4期学生，学习并不出色，政治上也不活跃，聂荣臻同他接触不多，印象也不深。但是，林彪由黄埔军校毕业分配到叶挺独立团学习，是经过聂荣臻之手分配的。

林彪到叶挺独立团不久，就参加了南昌起义，以后又随朱德、陈毅率领的起义军到达井冈山，先后担任过连长、营长、团长，直至红四军军长，时值1930年8月，当时林彪才24岁，在频繁的战斗中，他指挥灵活，调度有方，打仗很出色，提升也快。

然而，林彪的性格内向，不习惯跟别人交朋友，在多数情况下，他会把自己所有的想法，深深地埋藏在心里。所以，聂荣臻虽然同林彪先后共事三次，两人分别任党职、军职第一把手，累计时间近五年，但他们始终未能像刘伯承与邓小平、陈毅与粟裕等革命家一样结成至交，甚至最后，两人几近分道扬镳。

后来，聂荣臻在《聂荣臻回忆录》中说，林彪平时是一个很不爱讲话的人，和他共事，推心置腹地交换一些意见，有时感到困难。往好处想他，这个人似乎是有点深沉；往坏处想他，又觉得他阴沉而又有些鹰鸷。”

聂荣臻平易近人，襟怀坦白，谦虚谨慎，不居功，不自傲。毛泽东也两次说：聂荣臻同志是个“厚道人”。

1934 年 10 月，红军开始了历史上著名的二万五千里长征。蒋介石在红军前进的道路上设置了四道封锁线。聂荣臻与军团长林彪率红一军团担任掩护中央纵队、军委纵队的前卫任务。他率部先后突破国民党第一、二道封锁线，并在危急形势下，力排众议，率部抢占九峰山，突破敌人第三道封锁线，从而保障了中央纵队左翼的安全。

红军突破三道封锁线使蒋介石坐立不安，为了围歼红军于湘江以东地区，蒋介石费尽心机，调遣湖南、广东、广西的军阀部队，进行周密布置，对红军进行围追堵截。但是，反动军阀内部的派系矛盾和唯利是图使湘江防线曾出现过“裂痕”。

可是，由于博古等人缺乏军事常识，没有抓住有利战机，使红军在湘江畔陷入被动。为了掩护中央纵队顺利过江，林彪、聂荣臻率部在湘江之滨与敌人展开了一场生死存亡的拼杀，在损失惨重的情况下，中央红军终于突破敌第四道封锁线。

黎平会议后，红军改向遵义进发。但欲取遵义，必须先跨越天险乌江。红一军团受命打头阵，聂荣臻和林彪冒着敌人的火力，指挥军队架起浮桥，使军委纵队和后续部队安全渡过乌江，到达遵义，从而粉碎了敌人企图围歼中央红军的阴谋。

1935 年 1 月，聂荣臻出席了中共历史上具有重大转折意义的遵义会议。他在会上坚决支持毛泽东的正确意见，并与刘伯承一起建议红军北渡长江向四川发展，与红四方面军会合。他们的意见被中央采纳。

遵义会议后，聂荣臻在毛泽东领导下，与林彪率部四渡赤水，巧渡金沙江，摆脱了敌重兵的围追堵截。

1935 年 5 月，聂荣臻任红军先遣队政治委员，与司令员刘伯承一起，率部通过大凉山彝族区，抢占安顺场，组织突击队强渡大渡河，接着率红 1 师、干部团沿大渡河东岸北上，击溃川军守敌一个旅，有力地策应了西岸红 2 师 4 团飞夺泸定桥的战斗。

6 月中旬，他率红 1 师翻越夹金山，在懋功与红四方面军先头部队会师。下旬，在列席两河口中央政治局会议上，他拥护中央关于北上建立川陕甘革命根据地的方针，坚决反对张国焘的分裂活动。

8 月下旬，聂荣臻率红 1 师、红军大学等部为先遣队，历经艰辛，越过大草地，9 月上旬到达俄界，接应了中央及红 3 军等部队。9 月中旬，他与左权指挥红 4 团攻占天险腊子口，并乘胜占领哈达铺，再次为红军打开了北上通道。在哈达铺，聂荣臻偶然从国民党《山西日报》上获悉陕北有一个根据地，并把这一天大的喜讯急告毛泽东。毛泽东决定挺进陕北。10月，聂荣臻与林彪率先遣队进入陕北苏区的吴起镇，从此结束了历时一年的长征。

11月下旬，在毛泽东指挥下，聂荣臻与林彪率红一军团取得直罗镇战役的胜利。毛泽东说，直罗镇这一仗的胜利，体现了中央红军同西北红军兄弟般的团结，粉碎了国民党军向陕甘边区的“围剿”，给党中央把全国革命大本营放在西北的任务，举行了一个奠基礼。

红军到陕北后，为了配合一二九运动，同时也为了解决陕北红军的供给问题，毛泽东命令红一方面军成立“中国人民红军抗日先锋军”，东渡黄河，以打击东岸地区反蒋不抗日的山西土皇帝阎锡山。

聂荣臻、林彪与红1军团广大指战员投入到了东渡黄河的战斗中。在东征75天的短短时间里，聂荣臻、林彪和兄弟部队合作，共消灭敌人七个团，俘敌4000余人，缴获大量枪炮，不仅使陕北苏区得到恢复和发展，还筹款30余万，扩充新兵8000余人，有力推动了抗日民族统一战线以至全国的抗日救亡运动的发展。

三、从平型关到黄土岭

抗日战争爆发后，聂荣臻先后任八路军第115师副师长、政治委员，在忻口会战中，与林彪共同指挥所部进行了平型关战斗，歼灭日军坂垣师团一部1000余人，缴获步枪1000余支，机枪20余挺，击毁汽车100多辆，马车200余辆，取得全国抗战以来第一个大胜利，打破了日军“不可战胜”的神话，为中国共产党和八路军赢得了国际舆论的称赞和好评。

日军占领太原后，战局发生极大变化。为避免第115师等部及八路军总部被敌隔断，1937年11月，聂荣臻受八路军总部之命任晋察冀军区司令员兼政治委员，率3000人的武装，在五台山区创建敌后第一个抗日根据地。

在五台山，聂荣臻充分发动人民群众，先后开辟了冀中、冀东、平西、平北等根据地，到1939年，晋察冀根据地发展到拥有72个县、1200多万人口、主力部队近10万人的大型模范根据地。毛泽东赞誉说："五台山，前有鲁智深，今有聂荣臻，聂荣臻就是新的鲁智深。"并号召八路军全军向晋察冀根据地学习。

1939年夏天，日军对晋察冀抗日根据地的北岳地区进行"扫荡"。5月8日，日军第109师团和独立混成第3旅团1万余人分路出动，企图围歼五台山以南台怀地区的八路军。聂荣臻以灵活机动的战术手段把敌人引向细腰涧等地，用伏击、袭击等种种手段歼敌千余人，给了日军一个下马威。

在晋察冀军民的有力打击下，日军恼羞成怒，于10月中旬调集独立混成第2旅团、第110师团主力共2万余人，对北岳地区进行更大规模的"扫荡"。被称为"山地战术家"的日军第2混成旅团旅团长阿部规秀想在晋察冀根据地展示一下自己的"俊才"，竟然狂妄地率军深入根据地腹地。

这天，聂荣臻正在筹备晋察冀军区成立两周年的纪念活动，杨成武急匆匆地跑进来，说："聂司令员，阿部规秀派辻村宪吉大佐率领1000多日伪军，已经从张家口前进到涞源，有可能分路向银坊和走马驿方向进攻。"

聂荣臻立刻想到，那里有一片奇峰峡谷，两千多年前秦始皇都知道那一带是防御外敌的好地方，所以才把长城横在那里。他追问杨成武："你有什么好点子?"

杨成武胸有成竹地说："日军前进路上是一片连绵险峻的大山，涞源城就在进

中年聂荣臻

入长城的白石口。从白石口到银坊只有一条山路，路两边都是光秃陡峭的岩石，是打伏击的好地方。敌人孤军深入，我们完全可以吃掉他们。”

杨成武在返回军分区司令部途中，特地到雁宿崖和黄土岭一带察看地形，选择了伏击阵地，定下了伏击方案。

11 月 2 日夜，日军独立混成第 2 旅团第 1 大队等 1000 多日伪军开始向水堡、走马驿、银坊方向“扫荡”。聂荣臻得知敌人出动，立即命令晋察冀第一军分区第 1、第 3 团，第三军分区第 2 团急行军进入伏击阵地。

3 日凌晨，战斗打响，聂荣臻寸步不离地守在电话机旁指挥战斗。日伪军被八路军诱到雁宿崖地区，枪声响了整整一个上午，杨成武才向聂荣臻报告说：“司令员，被包围的敌人已压缩到雁宿崖的峡谷内，只剩两处阵地了。”聂荣臻感到胜利在望，对杨成武说：“你指挥部队迅速发起全面进攻，彻底歼灭这股敌人。”

下午 4 时，战斗结束了，骄横成性的日军横七竖八地倒在雁宿崖的山沟里，敌大佐以下 500 多人被歼灭，还生俘了 13 名日军。

阿部规秀得知辻村宪吉大佐的部队被八路军歼灭，恼羞成怒，亲自率领涞源等据点的 1500 多名日军向雁宿崖方向进犯。聂荣臻得到杨成武的敌情报告后，决定利用有利地形集中兵力再次打击日军。他命令杨成武调少量兵力把日军引诱到银坊，同时命令第 1、第 2、第 3 团，游击队第 3 支队等部队立即进行战斗准备。

11 月 5 日，阿部规秀果然被杨成武引诱到银坊。6 日早上，这个能够运用“新战术”的日军中将继续沿着崎岖的山路向司各庄、黄土岭进犯。阿部规秀沿途见不到一个“八路”，气得把几个村庄的房屋都烧光了。傍晚抵达黄土岭一线。聂荣臻见战机即将来临，命令部队连夜进入伏击阵地，还特地对杨成武说：“如果明天阿部规秀继续由黄土岭东进，我们就全线出击。”

杨成武说：“明天是晋察冀军区成立两周年的喜庆日子，也是苏联‘十月革命节’，我们一定献一份厚礼。”说完，两人相视一笑。

阿部规秀“报复”心切，7 日上午，命令主力从黄土岭出发，沿山谷向东蠕动。下午 3 时，日军进入伏击圈。一声号令，子弹暴风雨般落在敌群中。日军阵形混乱，急忙抢占了几个山头，企图突围。

聂荣臻从望远镜里看到这一情况，立即要通了杨成武的电话，说：“成武同志，你迅速调整部署，缩小包围圈，决不能让敌人冲出去。”

激战中，第 1 团发现一处独立民居附近猬集了一群敌人，其中有人指指划划，像是一群军官，立即命令第一军分区炮兵连用迫击炮火力对其袭击。轰！轰！几发炮弹准确地落在敌群中，日军的“名将之花”——阿部规秀中将“凋谢”了。

日军陆军部发表的关于阿部战死的“详报”称：“这个地形是华北很少见的山地，差不多是没有道路的。中将以下的将士们完全徒步，辛勤跋涉……7日向易县上庄子前进的时候，敌利用优势的地形，继续顽强地抵抗，中将果敢地到一线，观察地形敌情，飞来了敌人迫击炮弹，在距中将数步的地方爆炸，碎片打中中将的左腹及两腿等数处，中了致命的伤，遂与世长辞了。”

战后，八路军指战员掩埋了日军尸体，聂荣臻派人把阿部规秀绣有两颗金星的黄呢大衣和金把钢质指挥刀转送延安。

阿部规秀是中国抗日战争中被八路军击毙的职务最高的日军指挥官，此举震惊了日军，也震动了全中国。

中共中央、八路军总部和全国各地的友军、抗日团体、著名人士纷纷发来贺电，祝贺黄土岭围攻战的胜利。全国各地的报纸也纷纷报道黄土岭战斗经过，刊登各种祝捷诗文，全国抗战热情更加高涨。

而从1939年11月21日起，日本报纸连续三天通栏标题都是“名将之花凋谢在太行山上”。日本官员哀叹：“中将级指挥官的阵亡，是皇军成立以来未曾有过的”，“在黄土岭，皇军遭受了可耻的失败”。

四、威镇华北

1940年8月，百团大战正式展开，聂荣臻组织指挥部队在正太、津浦、平汉、北宁线等铁路线不断进行破击战，使日军的交通枢纽陷于瘫痪。从此，日本华北派遣军司令部将聂荣臻部视为眼中钉、肉中刺，誓要把晋察冀根据地连根拔起。

1941年秋，日军调动其华北占领军的一半兵力，对晋察冀机关所在地发动了空前规模的大“扫荡”。聂荣臻指挥主力相机转至外线打击敌人，进行钳制作战，并率领党政机关在有限兵力掩护下，灵活机动地周旋于深山峡谷之中，巧妙地从敌人薄弱点安全转移，粉碎了敌人的阴谋。

1942年，在斗争极其残酷、根据地日益缩小的情况下，聂荣臻适时提出“向敌后之敌后挺进”，组建多支武装工作队，深入敌后袭击敌人，夺取日伪军力量薄弱的据点，扩大游击区。至1943年，晋察冀根据地军民逐步挫败了日伪军频繁的“扫荡”、“蚕食”、“清剿”，扭转了困难局面，成功保卫了晋察冀抗日根据地。

1945年8月8日，苏联对日宣战，10日，聂荣臻与萧克、刘澜涛致电晋察冀分局，命令全区部队立即向平津等大城市进军，接受日伪军投降，如遇抵抗，应进攻歼敌；并命令冀热辽军区抽调几个主力团由李运昌率领向辽宁进军，尽早与苏联红军会师。8月15日，日本法西斯政府宣布无条件投降。中国人民抗日民族解放战争至此获得了最后胜利。

1945年8月20日，中共中央决定将中共晋察冀分局改称晋察冀中央局。随后，聂荣臻列席了中央政治局扩大会议。9月，聂荣臻回到晋察冀，遵照中央“向北发展，向南防御”的战略方针，他先后组织冀东、冀中军区11个主力团和大批干部进军东北。

面对晋察冀的态势和中共中央、中央军委的一系列指示精神，聂荣臻还采取了几项措施：

第一，10月2日在张家口召开干部会议，统一思想。

第二，在军队部署上，因接收和占领大城市已不可能，聂荣臻遂将力量转向解放中小城镇。8月至10月，晋察冀军区部队先后解放60多座中小城镇，歼灭伪军3万多人。

第三，遵照中共中央9月21日关于编组野战军、以适应高度机动作战的批示，集中整编部队。在很短的时间内，聂荣臻把冀察、冀中、冀晋、冀热辽军区的主力部队各编两个纵队，分属第一野战军和第二野战军。并对一野和二野的作战任务作了部署。

1945年10月，聂荣臻与贺龙为贯彻中央军委“收复绥远”的指示，共同指挥晋察冀野战军3.3万人、晋绥军区2万人反击国民党部队的进犯，两个月歼敌1.2万人，解放了绥东、绥南广大地区。在随后的两年里，为了支援东北战略区作战，聂荣臻向中央建议，先后把冀热察和冀热辽军区、冀东地区划归东北，这对东北解放区的发展起了重大作用。

为钳制华北敌人使其不能出关增援东北，1947年4月，聂荣臻指挥正太战役，集中优势兵力，以大踏步进退的行动，击敌薄弱环节，歼灭国民党军3.5万余人，攻克正太铁路沿线七城及井陉等重要矿区，使晋察冀与晋冀鲁豫解放区连成一片。

同年 11 月，在取得清风店战役胜利后，聂荣臻又组织晋察冀野战军乘胜发起石家庄战役，全歼守城敌军 2.4 万余人，此役被朱德誉为“夺取大城市之范例”。

1948 年，聂荣臻任华北军区司令员，他组成第 2 兵团楔入热西、冀东地区，切断了东北与华北敌人的联系。随后在平汉路北段发动进攻，吸引敌华北主力。然后又西进绥远，进攻平绥路两侧，解放了绥远、冀北广大地区，有力配合了解放全东北的辽沈战役。

1948 年 12 月平津战役开始后，中共中央决定以林彪、罗荣桓、聂荣臻组成平津战役总前委，统一领导与指挥东北野战军与华北军区部队并肩作战。

聂荣臻分析局势，认为傅作义赖以起家的第 35 军已被歼灭，如果天津再被拿下，傅作义后退无路，有可能会被逼到和平的道路上去。北平这座历史名城若能完好无损地被接管过来，于国于民都有利。于是，他给西柏坡总部发电报，向党中央、毛泽东建议：打下天津以后，争取和平解放北平。毛泽东亲笔签署了回电，表示完全同意。

天津解放后，聂荣臻与林彪等一起同傅作义成功地进行了和平谈判。1949 年 1 月 31 日，北平守军全部撤离市区，进至人民解放军指定的地点接受改编，人民解放军先头部队随即进入北平，对国民党军政机关进行接管和维护社会秩序，北平遂宣告和平解放，聂荣臻的建议终于成为现实。

“北平方式”是中国人民革命斗争史上的艺术杰作，是革命的信念、智慧、勇敢和力量的结晶，它谱写了解放战争新诗篇。毛泽东对北平和平解放给予很高评价：“和平解放，不仅减少了敌我伤亡，更重要的是保护了中华民族的历史文物古迹。这样做对我们的子孙后代大有好处，全世界的友人都会拥护。”

北平解放后，聂荣臻兼任平津卫戍区司令，随后又兼任北平市市长、军事管制委员会主任。他迅速整顿平津地区的社会治安，剿灭土匪，完成和平改编傅作义 20 万起义部队的任务，为中华人民共和国定都北京提供了可靠的社会安全保障条件。

三大战役结束后，中国革命转入了向全国进军的新阶段，历史翻开了崭新的一页。在治军建国的新节奏中，聂荣臻处在一生中最繁忙、最紧张的时期。

1949 年 3 月 25 日，中共中央、中央军委总部从西柏坡迁至北平。聂荣臻和叶剑英组织了在西苑机场举行的阅兵式。他们陪同毛泽东、朱德、刘少奇、周恩来、任弼时等检阅了部队。随后，他作为中国共产党代表团成员之一，参与了同国民党政府的谈判。6 月，聂荣臻任中国人民解放军副总参谋长，协助周恩来主持总参谋部的工作。

五、两弹一星

1954年，聂荣臻任中央人民政府人民革命军事委员会副主席，主管军工生产和军队的装备工作。1956年他又被任命为国务院副总理，主管科学技术工作。他以战略家的雄才大略，首先抓制定科技方针与科技规划工作，亲自参与领导国内外700多位专家制定了长达600多万字的十二年规划纲要（草案），对工业、农业、国防和其他科学技术领域，进行了全面规划和安排。

1957年9月7日，一架苏制伊尔-18型专机从北京西郊机场起飞，飞机上坐着代表团团长聂荣臻，以及陈赓、宋任穷、李强、钱学森、方毅等，在稍后的一架飞机上，还有13位导弹、原子弹、原子能、航空、无线电、靶场等方面的技术顾问。

原来，经周恩来同意后，1957年6月18日，聂荣臻去苏联驻华使馆会见了苏联驻华经济总顾问阿尔希波夫，提出请苏方在导弹、航空、原子能方面，进一步扩大对中国的援助问题。

7月20日，苏方答复：苏联政府可以随时接待中国政府代表团赴苏联谈判。在飞机上，聂荣臻与钱学森议论起苏联的P2火箭。钱学森说：苏联的P2火箭是从德国的V2火箭演化而来的。

聂荣臻问："造它，你有把握吗?"

钱学森说："就看这次去苏联的结果了，只要他们肯提供有关的设备和火箭样品，保证能行。"

聂荣臻沉思了一下又问："你觉得还有什么困难吗?"

钱学森说了句轻松的比喻："不是说困难就像老鼠，听见脚步声就溜……"

聂荣臻大笑起来，他的目光这时落在了钱学森宽阔的前额上，点了点头。

当天下午，莫斯科时间6点钟，伊尔-18降落在莫斯科。

聂荣臻和代表团被安排在斯特洛夫斯基大街一座别墅里下榻。苏联主管国防工业的部长会议副主席别尔乌辛为苏方代表团团长，负责同中国代表团磋商。

经过 35 天的会谈，10 月 15 日，双方正式签定了苏联政府在原子武器、导弹火箭武器和作战飞机的研制，提供样品，试验基地建设等方面援助中国政府的协定，简称“10 月 15 日协定”。聂荣臻和别尔乌辛分别代表本国政府在协定上签了字。

在谈判中，苏方虽然态度还比较热情，愿意帮助中国，但是，苏方并没有向中国提供先进型号的导弹，只答应给 P2 地地导弹，这种导弹射程只有 500 公里，而实际上苏联当时已经拥有能供作战用的中程导弹了。另外，苏方也不给中国提供一些援助项目的资料，有的尖端专业不接受中国留学生等。

对此，聂荣臻认为苏联如能按协定实施援助项目，那就算不错了；所以，他教育大家，必须头脑清醒，把立足点放在自力更生上。

果然，1960 年 8 月上旬，在五院工作的苏联专家全部奉命撤走了。

在苏联专家撤走之后，由于党的工作在指导方针上严重失误，加上自然灾害，饥荒迅速在中国大地上蔓延。有一天，聂荣臻接到酒泉导弹发射基地副司令员李福泽的电报，说酒泉基地严重缺粮。

聂荣臻马上要李福泽尽快来北京口头汇报。

来京后，李福泽对聂荣臻说：“河西走廊到处是逃荒的人，兰州本来是基地的粮食供应地，目前也没粮食。在发射基地，施工的工程兵部队几万人都疏散了，铁道兵一个师也撤走了。现在，原子弹和火箭部队也是人心惶惶。如果他们也像工程兵部队那样，那我们的基地就算完了。”

儒帅聂荣臻

聂荣臻说："我已经把你们的情况报告给周总理，总理说，同杨成武同志研究了一下，决定采取分散就食的办法，把火箭部队保存下来。渡过了暂时的难关，我们就自由了。现在你们还能支撑多长时间？"

"一个星期，最多半个月。"

"先可以发动全体人员挖野菜，你们那里不是有骆驼刺吗，据说，那种草放上粮食一拌，也可以充饥。"聂荣臻心情很沉重，停了一会儿又说，"你们把工兵团、汽车团、警卫团人员大部分分散开了，这我赞成，机关也可以只留少数人，技术人员可以分散到工厂去保留。但是，听说有的单位把直接搞火箭的知识分子也打发走了，有这样的事吗？"李福泽低下头轻声回答："有。"

"李福泽，我要批评你这个副司令了。你知道莫塞莱这个名字吗？"

"不知道。"

聂荣臻叹息地说："他是英国一位年仅 28 岁的大科学家，在原子物理学上有重大发现。可是，在第一次世界大战时被强征入伍，死在了战场上。不但英国的科学界，而且世界上的科学家，都对这颗科学巨星过早地陨落，感到惋惜与悲痛。此后，英国政府规定，不准征召科学家到第一线作战部队服役。现在，难道我们还不如当时的英国政府吗？这样下去，我们的导弹何时才能上天？"

李福泽激动地说："我接受首长批评，回去马上传达，一定把知识分子都留下。"

"不是回去再传达，你现在就要给基地打电话。困难时期可以减人，但科技人员一个都不能减。已经走了的，要设法把他们请回来。"

李福泽知道聂荣臻爱护知识分子是有口皆碑的，他两眼噙着泪花，说不出一句话。

聂荣臻安慰地说："你告诉大家，我们最终会有办法渡过难关的，让大家一定坚持住。"

几天之后，一列满载粮食的列车向西北开去。

1960 年 10 月下旬，聂荣臻乘坐火车，经包头、银川、酒泉等地，风尘仆仆，于 11 月 4 日到达导弹试验基地。他是专程赶来指挥中国第一颗近程地地导弹试验的。

5 日凌晨，"1059"，即仿制苏联 P2 地地导弹的代号，高高地耸立在稳固的发射架上，阳光为它披上一层金色的外衣。聂荣臻在基地司令员孙继先中将陪同下，走进指挥所。时针指向 8 时，李福泽报告说："报告元帅，'1059'发射试验一切准备完毕，可否进入一小时准备？"

聂荣臻和钱学森对视了一下，两人都默默地点了下头。聂荣臻用坚定的四川口音说："同意。"9时整，李福泽开始倒数计时："……5、4、3、2、1，点火！"

接着，一声巨响，大地颤抖起来，人人脚下都感到了它的震动。导流槽里涌出了火焰浓烟，像火山喷发，势不可挡。

聂荣臻在指挥所里看到那枚导弹尾部喷着火焰，先是缓慢上升，接着越来越快地变成一个亮点，消失在视野中，天际留下了一条白色的飘带，也逐渐消散……

1960年，中国成功地发射了第一枚自主研制的导弹。

1964年，中国研制的第一颗原子弹爆炸成功，1967年又爆炸成功第一颗氢弹。

1970年，中国用"长征号"运载火箭，成功地发射中国的第一颗人造卫星——"东方红一号"，成为继苏联、美国、法国、日本之后，世界上第五个能独立发射人造地球卫星的国家。

正如邓小平指出的那样："如果六十年代以来中国没有原子弹、氢弹，没有发射卫星，中国就不能叫有重要影响的大国，就没有现在这样的国际地位。这些东西反映一个民族的能力，也是一个民族、一个国家兴旺发达的标志。"

六、老骥伏枥，志在千里

在那场"史无前例"的十年内乱中，聂荣臻虽然身处逆境，被诬陷为所谓"二月逆流"的成员而受到压制和打击，但他仍然坚决地同林彪、江青反革命集团进行不屈的斗争，尽力保护受迫害的领导干部和科学工作者，心念党和国家的命运，关心国防科技事业的发展。

粉碎"四人帮"以后，神州大地，一扫阴霾，中国历史展开了新的一页。尤其是党的十一届三中全会，使中国进入了新的历史时期。

而在谱写历史新篇章的进程中，聂荣臻不顾年届八旬的病弱之躯，力所能及地做出了新的贡献。他着重做了三个方面的工作：主张拨乱反正，参加平反冤假错案，让大批老干部重新工作；坚持肃清"四人帮"的流毒和影响，清查帮派势力；

提倡实事求是，恢复党的优良传统。

1979 年 6 月，聂荣臻在审查五届人大二次会议上《政府工作报告》的初稿时，向中共中央领导人提出建议。他说：在阶级斗争问题上，有人受旧框框束缚，思想僵化。为了彻底肃清“四人帮”在这个问题上的影响，希望在三个方面必须讲透：

1. 剥削阶级作为阶级已经消失了，但他们的影响还在，因此还有阶级斗争；

2. 阶级斗争是重要矛盾，但不是主要矛盾，主要矛盾是生产力与生产关系、经济基础与上层建筑之间的矛盾；

3. 今后以经济建设为中心，但要注意在经济、政治、思想战线上打击阶级敌人的破坏活动。

1985 年 5 月，中央军委主席邓小平在军委扩大会议上宣布，中国政府决定，中国人民解放军裁军百万。这是又一次精简整编军队的重大措施。

在这之前的酝酿过程中，聂荣臻提出了许多重要意见。他认为在 80 年代或更长一点的时间内，鉴于中国的大仗、中仗都打不起来，应该抓紧时机，大量裁减军队，用特别优秀的年轻干部，接好各级领导的班。

聂荣臻还提出：军队的三总部领导体制以不变为好，只提精减人数的要求，三总部下属机构能否撤销或合并，应认真研究后决定。武器装备从研制、生产、装备部队到淘汰，还是应该由有关部门分工负责，这项工作太复杂，成立一个大一统的组织难以管好。

陆军在三军中应占最大比重，军队打仗历来靠陆军，今后仍然如此。战时战略区内的三军必须统一指挥，为此，平时在组织上，海军舰队和空军作战部队，应由海、空军领导机关和所在的大军区实施双重领导。

后勤供应的通用物资应该实行三军统一供应。合成军队的规模小些好，灵活机动，究竟多大规模，应该论证确定。他还第一个提出成立国防大学的意见。他说：随着军队的精简，高级干部相应减少，应该把培养高级干部的院校集中起来，成立国防大学。

他的这些意见，在讨论过程中受到与会者的普遍重视，军委其他领导人也都给予充分肯定。

在新时期，武器装备要逐步现代化，缩小与世界先进水平的差距，是军队建设的又一个重大课题。聂荣臻过去长期主管这方面的工作，所以给予了更大关注。他的基本思想是继续强调自力更生，加强科学研究，严格要求，加强协作，齐装配套，重视论证工作，减少盲目性。

聂荣臻还多次要求加强对干部子女的教育，他在 1987 年 4 月写给总政治部主任余秋里的信中提出，希望高级干部对子女要严加管教，“因为在现实生活中，确有少数干部子弟依仗权势为非作歹，或靠父母之荫升官发财。这些极易引人义愤……群众对这类子弟的义愤是对的。我们一定要秉公处理：提拔不当的，该降就降，该罢就罢；为非作歹的，该关就关，该杀就杀。决不留情”。

1991 年 9 月，聂荣臻因心力衰竭住院治疗，经过两个半月，再度转危为安。但回家后，稍一活动，就出现心力衰竭征兆，医生对他活动的限制越来越多。

聂荣臻知道自己病情日趋严重，将不久于人世，他微笑着对秘书说：我已经 93 岁了，1922 年在法国加入中国少年共产党，1923 年春转为共产党员，算来已经整整 70 年。无论从寿命还是革命时间来说，在党内健在的老同志中，大概算是寿命最长的一个。就算死了，也没什么可遗憾的了。

1992 年 5 月 14 日，是聂荣臻一生中的最后一天。和往常一样，上午他照常听工作人员读《人民日报》、《参考消息》，关心国内外大事。听到报上有条消息说，前几天一场喜雨，使北方旱情缓解，小麦长势喜人，聂荣臻高兴地说：“这就好了。”

下午，他照例听秘书念了文件。当念到当年 1 月至 4 月全国财政收入大于支出 26%时，他满意地点头微笑。当念到一份有关台湾情况的简报时，他深情地说：“海峡两岸的统一是大势所趋，只是时间问题。‘一国两制’是最好的形式。”

聂荣臻一直关心对台工作。早在 1984 年 6 月，他受聘担任黄埔军校同学会顾问后，为海峡两岸早日实现和平统一，他曾会见侯镜如、李默庵、郑洞国、邓文仪等黄埔学生。1990 年 1 月 20 日，他与当时的黄埔同学会名誉会长徐向前，联名发表春节谈话，阐述了实现祖国和平统一的大政方针，呼吁海峡两岸的黄埔师生，共同反对台湾独立，为早日完成祖国统一大业而努力奋斗。实现祖国统一，成了聂荣臻在生命最后时刻关心的一件国家大事。

晚上，两位老秘书照例到聂荣臻床前看看，陪他看完电视新闻以后，他问：“《聂荣臻军事文选》的编辑、出版工作进展情况怎样了？”

“正在排印。”秘书回答。

“南昌起义，红军时期的几份文电是否收进去了？”

“都收进去了。”

“什么时候能出版？”

“解放军出版社的同志说，今年建军节前一定出版，请您放心。”

“那就好！”

说完，他脸上现出满意的笑容。到了晚上9时半，聂荣臻叫秘书回去休息，以后又叫夫人张瑞华、女儿聂力、女婿丁衡高等家人也休息。

晚上10点，他仍按老时间熄灯睡眠。平时，他入睡后便有鼾声，可今天他入睡不久，心电监护仪器上显示，出现了严重的室性心律紊乱，不久就心力衰竭。虽经医生及时抢救，也未能抢救过来。聂荣臻没有哼一声，没有说一句话，就这样安详地离去了。

七、婚姻之路

聂荣臻的第一位夫人名叫龙升贤，他们是在1919年左右成婚的，属于那个年代典型的封建包办婚姻，他们在一起的时间很短，婚后不久聂荣臻就去法国勤工俭学了，未再回去看她，两人也没有子女。

此后龙升贤一直在家操持家务奉养公婆，并精心保存着聂荣臻的早年用品，新中国成立后，她把这些文物都捐献给了地方政府。后来老人家年高体衰，因为没有子女，地方政府颇为照顾，聂荣臻也每月给她寄钱。在这位温婉祥和的老人1988年去世之前，聂荣臻的孩子也都曾去看望过她。

聂荣臻的第二位夫人叫张瑞华，河南信阳人，1909年生，1926年时这位17岁的小姑娘毅然投笔从戎，考入了黄埔军校武汉分校女生队，并在同年秋加入中国共产党。

1928年春，当时聂荣臻正担任广东军委书记，在他去香港给干部们上军事课的时候，很偶然地邂逅了这位年仅18岁的信阳姑娘，聂荣臻起初只是觉得这个党的机要交通员张瑞华同志非常可爱，于是就经常去找小张同志聊天谈心。无论是他们自己，还是当时周围的同事同志，都没有想到，他们两人这一谈，居然就谈了半个多世纪！

革命的爱情分外浪漫，在白色恐怖的屠刀下，在血雨腥风的斗争中，聂荣臻与张瑞华凭着共同的信仰和彼此的信任，两人闪电般地结合了，这个看似草率的决定，最终却让他们生死与共了 64 年！

聂荣臻与张瑞华的婚礼没有媒人，没有聘礼，也没有仪式，只有周恩来到他们的秘密小巢拜访了一下，就算是历史和爱情的见证人了。

1928 年 4 月，聂荣臻同张瑞华在香港正式结婚，1930 年，他们在上海生下一个女儿，因为当时聂荣臻在上海协助周恩来做地下工作，为了便于掩护身份，孩子取名叫李丽。女儿出生后不久，聂荣臻因为工作调动去了苏区，3 岁的女儿却跟着母亲一起被抓进了国民党监牢。

两年后张瑞华被释放出狱，她心底的革命之火却燃烧的愈加热烈，联系上了党组织后张瑞华也去了苏区，孩子只能寄养在市郊一个讨饭为生的老婆婆家里。从此这个五岁的小女孩历尽艰辛，“为了生活，出去当雇工，带孩子，洗衣、做饭、锄草、放牛、喂猪、种地、割麦、插秧、纺棉线，什么活都干过”。

直到抗战胜利，16 岁的女儿才被地下党找到，她重新回到了父母身边，开始从小学一直读到大学。宝剑锋从磨砺出，梅花香自苦寒来，苦难的童年让这个孩子异常懂事，后来，这个孩子成了中国第一位女中将。

1936 年 7 月张瑞华来到延安，担任了中共中央晋察冀分局和中共中央北方局妇委书记。1950 年后，张瑞华历任华北局、中共中央组织部副处长、处长，1956 年当选为党的八大代表，1964 年当选为第三届全国人民代表大会代表。1995 年 2 月 23 日，张瑞华因病逝世，享年 86 岁。

聂荣臻跟夫人张瑞华一起度过了 64 载的“超金婚”，张瑞华去世后，与聂荣臻合葬于酒泉卫星发射基地东风革命烈士陵园内，陵园与载人航天发射塔遥遥相望，喻示着元帅夫妇永远关注着祖国航天事业的腾飞。

历史评说

古今名将都有自己独特的作战风格，而聂荣臻指挥作战的特点是既沉稳又勇猛，漳州战役、湘江之战、万里长征、强渡大渡河，从创建晋察冀敌后根据地，到黄土岭上击毙日军“名将之花”阿部规秀，从正太战役、清风店战役，到石家庄战役、平津战役，这一连串的胜利成就了聂帅的赫赫威名，曾经与聂荣臻多次交手的陈诚亦不得不称之为“共军悍将”。

不过，聂帅在生活中倒是耿直忠厚，杨成武曾回忆道，1967 年毛泽东在研究出席八一建军节招待会人员名单时，谈到聂帅时称赞说“聂荣臻是个厚道人”。著名作家魏巍 1985 年在写给聂帅的祝寿诗中也说：“一生厚道人称赞，千秋风流一元戎”，可见聂帅的厚道是公认的。

晚年聂荣臻

力挽狂澜——叶剑英

叶剑英博览群书，熟谙历史，因此进退有节，能上能下，善于顾全大局，且有胆有识，好学深思，毛泽东曾给予叶剑英很高的评价，赠给他一副对联，说他是“诸葛一生唯谨慎，吕端大事不糊涂”。

小档案

姓名字号： 叶剑英，原名叶宜伟，字沧白

籍　　贯： 广东省梅县

生卒年月： 1897.4.28—1986.10.22　卒年 89 岁

毕业院校： 云南讲武堂、苏联共产主义劳动大学

军　　衔： 元帅

最高军职： 中共中央军委副主席

一、金色十月

北京，玉泉山别墅。

一位老人坐在沙发上静静地闭目沉思着，今天，他要去办一件大事。

仔细说来，下定这个决心并不容易，可对手在步步紧逼，老人已无可退让，偌大的中国，政治上的一团混乱必须结束，这个国家也将面临一次新的抉择，已经远远落后于世界的中国，再也没有宝贵的时间来挥霍浪费了。

小客厅里的宁静很快被一阵匆忙的脚步声打破。

他的警卫参谋快步走进来，报告说：“叶帅，车已经准备好了。”

叶剑英终于睁开了双眼，在那一瞬间，他的目光无比凌厉。

很快地，那凌厉的目光又刻意地黯淡下去，这时，叶剑英才轻声道：“走。”

1976年10月6日，业已79岁高龄的叶剑英从玉泉山悄然来到中南海怀仁堂。这位曾在战争年代协助毛泽东、周恩来、朱德运筹帷幄、决胜千里之外的“叶参座”，再次亲临前线。

怀仁堂像往常一样，灯光闪烁，肃穆安谧。只有少数执行特殊任务的人员，担任着内部警卫。叶剑英来到怀仁堂正厅安然端坐，此刻在正厅里的还有华国锋，这位年轻的党和国家领导人，正不安地来回踱步，焦急地等待着来“开会”的另外三个人。而在正厅的屏风后面，汪东兴和几个警卫人员机警地注视着门口，负责“会议”的安全。

叶剑英终于开口了：“华总理，你先坐下吧。”

华国锋醒过神来，苦笑着摇了摇头，他见叶剑英指挥若定，倒也安下心来，坐回到自己的位置上，默默地等待着。

将近晚上8点，“会议”开始。

先来“开会”的是王洪文。这个“大人物”，此刻兴冲冲地来到怀仁堂正厅东侧门，一看到警卫人员冲过来，慌忙叫道：“我是来开会的！你们干什么？”他拳打脚踢，拼命反抗。警卫人员将他摁住，推倒在地，然后押到正厅里。

这时华国锋立起身来，按着事先准备好的“隔离审查”决定，严肃地说：“王洪文，你犯下了反党反社会主义的罪行！我代表党中央宣布，对你进行隔离审查！”

随后，王洪文被押往候审的地方。离开正厅以后，他仍然不服气，自言自语：“没想到有这样快！”

随后张春桥夹着皮包，准时到来。他摇头晃脑地来到怀仁堂正厅东侧门，似乎感到事情不大对头，连声地问：“怎么回事？”还未待他弄清怎么回事，就被两个警卫人员架到正厅华国锋、叶剑英面前。

当华国锋宣布他的罪状和“隔离审查”决定时，这位“四人帮”的“狗头军师”，玩弄什么计谋都不灵了，双腿打颤，浑身只有“筛糠”的份儿。他用手摸了摸眼镜，没有任何反抗，就由监护人员送他到一个候审的去处。

最后姚文元姗姗来迟。这个“四人帮”的“金棍子”，听说中央政治局开会要他修订文献，已是手痒多时，口里骂骂咧咧地说：“早就该开这个会了！”他急冲冲赶往中南海，竟忘了戴上一直不离头的帽子。

姚文元光着秃头，迈着四方步，进入怀仁堂，手里高举着毛选送审本，准备大显身手，没料到等待他的是“隔离审查”。他连声质问：“我是来讨论毛选的，你们胆敢……”警卫人员架住了他，送往另一个地方候审。

在处置王、张、姚的同时，在钓鱼台，有专人到他们的办公室封文件、要钥匙，不过并不顺利，遇到了一些麻烦。

就在怀仁堂“会议”紧张进行的时候，另外一个执行特殊任务的小组，由中央办公厅副主任张耀祠率领，来到了中南海江青住处，向她宣布了“隔离审查”的决定。

江青听罢，又气又慌，连问：“为什么？为什么？”然后要求上厕所。执行小组派一位女同志跟进去。她的神威已经不灵了。待她出厕所后，来人要她交出保险柜的钥匙。她先是拒绝交出，说：不能交给你们！随后气鼓鼓地把钥匙装进一个大信封里，写上“华总理亲启”字样，才交给执行小组人员。

办完这些交接“手续”，执行小组人员“请”她坐上轿车，由两辆警卫人员的轿车“监护”押到一处地下室的一个房间里候审。

“四人帮”同一天被捕，只是被关在不同的地下室里，不过他们自己并不知道，也没有人向他们透露半点消息。

在抓捕江青之前，另有执行小组人员到中南海毛远新住处，对他采取了“保护审查”的措施。对迟群、谢静宜等则由北京卫戍区负责解决。为了控制舆论，耿飚奉命带领部队接管了新闻、广播等宣传机关。

就这样，前后不到一小时，没费一枪一弹，没流一滴血，曾经猖狂一时、阴谋篡国、恶贯满盈的“四人帮”一伙便全部落网。

华国锋这时才松下一口气，扭过头来说：“叶帅，还是你举重若轻、胸有成竹啊！”

叶剑英看着他哈哈一笑，站起身来道：“上一次我掌心冒汗，好像还是在黄埔军校时期，东征陈炯明淡水之战，是我这辈子第一次领导作战，那可比今天紧张多了！”说着他眯起了双眼，和众多平凡的老人一样，瞬间回到了50年前的记忆当中——那是一个苦难重重的时代，也是一个英雄辈出的时代！

云南讲武堂是清朝末年设立的，光绪年间叫过武备学堂、新操学堂、陆军速成学堂、陆军小学堂等名字，宣统元年正式叫云南陆军讲武堂。清廷创办讲武堂的初衷是编练新军，对付民族民主革命，培养维护反动统治的工具，但从这里走出的人，都成了推翻清廷的中坚力量。

叶剑英入读云南讲武堂时，校长蔡锷已经去世，独揽云南省军政大权的是滇系

青年叶剑英

军阀唐继尧。唐继尧表面上拥护革命，背后却向段祺瑞政府妥协献媚，并暗中支持桂系军阀陆荣廷剥夺孙中山的职权。

唐继尧的这一切，都依靠在云南讲武堂培植的亲信和骨干。为了更严密地控制讲武堂，他让亲弟弟唐继虞当校长，打击拥护孙中山的军官和师生，亲手制订校规不许学生阅读其他书籍和报刊，封锁外界消息，禁止谈论政治问题……对这些，心向革命的叶剑英打心眼里不赞成，并慢慢产生了反感。

1920 年，叶剑英从云南讲武堂毕业，他拒绝了云南督军署授予他的炮兵少尉军衔，投奔粤军参谋长邓铿，被邓铿留在司令部做了上士参谋。

1922 年，陈炯明炮击孙中山总统府，叶剑英作为大本营参谋，兼管海军陆战队，护卫转移到永丰舰的孙中山。10 月，许崇智指挥的北伐军打败军阀李厚基，攻克福州，孙中山将北伐军改为讨贼军，许崇智任东路讨贼军总司令，蒋介石为参谋长，下辖三个军 12 个旅。叶剑英离开香港投奔讨贼军，被委任为总部参谋，第 8 旅旅长张民达向许崇智要叶剑英去当他的参谋长。

1924 年，孙中山在广州召开改组国民党的第一次全国代表大会。会后，孙中山下令创办陆军军官学校，因地点在黄埔岛上，故称黄埔军校，蒋介石为黄埔军校校长兼粤军参谋长。时任第八旅参谋长的叶剑英被调到黄埔军校工作，担任教授部副主任，成为当时很有威望的教官之一。就在这时，他接触到了马克思列宁主义的学说与主张。

二、星星之火

1926 年 7 月 1 日，广州国民政府发表《北伐宣言》，随后，13 万国民革命军分为西、中、东三路，浩浩荡荡地向湖南、湖北、江西、福建、浙江出发进行北伐。参加北伐的八个军，分别由何应钦、谭延闿、朱培德、李济深、李福林、程潜、李宗仁、唐生智担任军长。

叶剑英原在第1军的第20师，王柏龄任总预备队指挥官后，又把叶剑英要到总预备队指挥部当了参谋长，由他来协助王柏龄指挥第1、第2两个师，在北伐军激战贺胜桥、夺取汀泗桥后的不到两个月时间里，连续攻克汉阳、汉口，开始了对武昌的围攻。

这时，在南昌的孙传芳集中五个省的联军10万余人到江西，准备与北伐军作战。担负攻打南昌的，是程潜第6军第19师，王柏龄、叶剑英奉命率总预备队的第1师，经浏阳、铜鼓，前往南昌增援。

南昌之战打得格外艰难，因为王柏龄和第1师代师长王俊固执己见，不听取叶剑英劝告，北伐军两次攻占南昌后，又两次失守。直到10月下旬，战局仍然进展不大。蒋介石亲自制订《肃清江西计划》，又调李宗仁第7军与李济深第4军、程潜第6军协同作战，并出动飞机大炮，才于11月上旬占领南昌。

蒋介石的总司令部移驻南昌后，先把王柏龄、王俊等人痛骂了一顿，接着召见叶剑英。

叶剑英连饭也没吃，并做好了挨骂的思想准备，一大早就赶到蒋介石总司令部官邸。

谁知叶剑英一去，蒋介石却很客气，不仅特别允许他佩剑晋见，脸上还露出少见的笑容，亲热地说："我们是老交情了。"

对蒋介石的反常举动，叶剑英一时摸不着头脑，因此没有说话。

蒋介石："两次东征，你在军事上很有见地，由于你的参谋，张民达师多有战绩。"

叶剑英："还是张师长指挥有方。"

蒋介石："张民达故去后，我调你去教导师，这次又到总预备队指挥部。这一路来茂如（王柏龄）不争气，你辛苦了！"

这话并不完全是虚伪，叶剑英劝说王柏龄和王俊的事，蒋介石已经知道了。他欣赏叶剑英的才干，因而才这般器重他。

叶剑英："我只尽了一点参谋之责，不足挂齿！"

蒋介石："你是个很有用的参谋人才。现在第1师没人指挥，你去当师长吧。"

第1师是蒋介石的嫡系，那里的师长是只有亲信才能当的。蒋介石让叶去当师长，一是确实想利用叶的才干，二是王柏龄是他的亲信，早在黄埔军校筹建时，王就对蒋说叶是他的得意门生。王很重视叶，因而蒋也就把叶视作亲信了。

叶剑英自然看到了这些，但他仍然不愿去第1师当师长。他知道那里的军官都是蒋介石的得意门生，不好管束，日后自己与王柏龄、王俊的关系也不好处，因而婉言谢绝说："谢谢校长的栽培，可我的身体不大好，还愿继续当参谋长。"

可是没几天，蒋介石把俘虏孙传芳的万余士兵和数百名军官组成新编军，又下令叶剑英为新编2师的代理师长。这一次，叶剑英不好再拒绝了，走马上任后，叶剑英奉命率2师开赴吉安。

中山舰事件爆发后，国共两党的斗争日趋激烈。

1927年1月，蒋介石在南昌召开军务善后会议，对抗国民党中央，决定中央党部和国民政府暂住南昌，准备另立中央，公开反共。

4月12日，蒋介石在上海发动反革命政变，开始屠杀中国共产党人。

4月16日，周恩来等人建议出师东征讨伐蒋介石。

4月17日，武汉国民政府和国民党中央发表声明，开除蒋介石国民党党籍，免去其所任职务，委任冯玉祥为军队总司令。在南京的蒋介石也公开反对武汉政府。因此，出现了"宁汉分裂"的政治局面。

是归向南京还是归向武汉？两条路摆在叶剑英的面前。

1927年4月，叶剑英毅然做出了他的选择：倒向武汉方面。

选择后的第一个行动，就是通电反对蒋介石。

蒋介石刚刚任命叶剑英做了师长，哪里相信叶剑英会反对他？但是反蒋电文千真万确。蒋介石得到证实后，立即让国民党中央执行委员会永远开除了叶剑英的国民党党籍。

由于蒋介石的叛变，轰轰烈烈的大革命陷入低潮。但革命的火种并未熄灭，犹如星星之火，在中国大地上燃烧。1927年7月上旬，叶剑英在周恩来介绍下加入了中国共产党。为了反抗蒋介石之流的血腥屠杀，中共中央准备发动南昌起义。

一天，汪精卫偷偷上了庐山。他到来之后，立即召集黄琪翔、朱培德等开会。然后，他们秘密策划，决定以第二方面军总指挥张发奎的名义，通知贺龙、叶挺上庐山开会，命令贺、叶部队到九江南昌之间的德安一带集结，阴谋以三个军的兵力围攻贺、叶部队，企图将革命队伍中已燃起的革命火焰一举扑灭。

但是，他们做梦也没有想到，这一阴谋被叶剑英识破了。他连夜下山找到叶挺，然后将汪精卫等人的密谋悄悄告诉他。两人当即商定立刻通知第20军军长贺龙、第四军政治部主任廖乾吾以及高语罕，到甘棠湖烟水亭附近开会。

会议后，部队立即按计划赶赴南昌发动起义，贺、叶从此与国民党反动派彻底决裂，汪精卫的反动阴谋顿成泡影。

但是，汪精卫并不就此罢休，又突然下令要第二方面军实行“清共”，4军参谋长叶剑英又事先得知这一阴谋，便秘密通知廖乾吾、高语罕等人迅速离开了九江。随后，“八一”起义的枪声划破了黑暗的夜空。起义成功后，起义队伍很快就撤离了南昌。

南昌起义后，张发奎召集二方面军的高级军官开会，研究对策。会议气氛紧张，许多人主张派兵尾追，捉拿贺、叶。会上，张发奎大发雷霆：

“贺龙、叶挺完全不顾私情，我非追着他们的屁股打不可！”

他正要下令，一旁沉默多时的叶剑英说话了：“向华公，依我之见，我们还是开往广州不追贺、叶为好。”

众人的目光一下子都瞄准了他，想从参座的脸上找出答案。

叶剑英不慌不忙地从分析面临的战局说起，讲出一篇“力主不追”的道理来：

“总指挥早就想南下广东，重举总理义旗，目前正是时机。广东是李济深的天下，我们原想去，他是反对的。现在我们放贺、叶的部队到广东去，李济深招架不住，必然要请我们回广东相助，这时我们便可打起援师的旗号，直趋广州。这样比跟着贺、叶屁股打，两败俱伤，要胜一筹。如果现在尾追贺、叶，消耗兵力不说，别说不一定能追上，即使捉获他们，而我们在广东仍无立足之地，何谈北伐统一大事！”

张发奎一听，觉得很有道理。他早就想南下重返广东，扩充实力，以图大事。现在经叶剑英这么一说，他马上放弃了追击贺、叶的企图。但是，他怕人误解有通共之嫌，仍虚张声势派小股兵力摇旗呐喊，追了上去。

正是叶剑英的机智，方使贺龙、叶挺免遭暗害，从而保障了震惊中外的南昌起义得以顺利实施。而南昌起义后又是叶剑英的妙计打动了张发奎，才使起义军在没有追兵的情况下，打开了南进的道路，直下潮梅，与彭湃的农民军会合。后来正是依靠这些革命火种，在全国形成了熊熊的燎原之势。

三、九月危机

南昌起义后，叶剑英随二方面军南下广东，不久，叶剑英又参加了张太雷等人领导的广州起义。1928 年，他来到了苏联莫斯科学习。1931 年 4 月回国，进入中央苏区。

回国后，叶剑英被周恩来安排到苏区中央局军委参谋部工作，红色军队刚刚草创，于是叶剑英开始筹建中央军委总司令部的各个职能部门。

总司令部机关组成以后，迅速建立了各项参谋业务工作，与全国各主要战区的红军领导机关沟通了指挥、联络关系，卓有成效。

叶剑英所做的这些在人民军队的司令部建设上是具有开创性的，它不但提高了司令部的工作效率，迅速沟通了与其他战区的指挥、联系关系，更好地为朱德等领导指挥作战服务，而且为中国共产党领导下的人民军队的参谋事业建设打下了基础。后来人民解放军的总参谋部，基本上是在这个基础上充实和发展起来的。

叶剑英的参谋工作，也受到了毛泽东、朱德、周恩来等人的高度赞扬，所以，后来红军——解放军的高级干部都尊敬地称叶剑英为“叶参座”。

第五次反“围剿”失败后，中央红军被迫撤离苏区，开始长征。

1935 年 6 月，中央红军到达四川懋功地区，与红四方面军胜利会师，红军总兵力达到 10 万人。

主力红军会师后，党中央提出北上建立川陕甘根据地，以促进全国抗日形势的发展。这时四方面军领导人张国焘依仗人多枪多，开始闹独立，他过高估计敌人力量，要向川康方向发展。

为统一思想，6 月 26 日中央在两河口召开政治局会议，否定了张国焘的错误主张，通过了《关于一、四方面军会合后战略方针的决定》，要“集中主力向北进攻”。张国焘会上并没反对，但会议一结束，回到住地后立即致电中央，要求南下，改组党中央和中央军委。

中共中央一方面对他进行耐心说服和严肃斗争；另一方面，为了顾全大局和团结四方面军北上抗日，任命张国焘为红军总政委。在此情况下，张国焘方勉强同意四方面军向松潘西部的毛儿盖前进。

这时，四方面军总指挥徐向前看到一方面军兵力消耗大，老干部保存多，就建议从一方面军抽调一批干部到四方面军工作，同时从四方面军抽调几个团补充一方面军。7 月 21 日，中共中央在黑水附近的则格召开政治局会议，决定以原四方面军总指挥部为红军前敌指挥部，徐向前兼总指挥，陈昌浩兼政治委员，叶剑英为参谋长，李富春为政治部主任。叶剑英接到命令后，带领一些同志立即从黑水出发，于月底赶到毛儿盖，准备攻打松潘。

然而，由于张国焘的阻挠和其他原因，红军在这一地区耽误了一个多月，失去了占领松潘、东出四川的机会。与此同时，敌人完成了对红军围追堵截的部署。

在这种紧迫形势下，中央决定把部队混合编成左、右两路军，同时并进。

左路军包括一方面军 5、9 军团和四方面军 9、31、33 军，于卓克基集中，在总司令朱德、总政委张国焘、总参谋长刘伯承率领下，经草地到阿坝，然后向东出墨德，到班佑与右路军会师；总司令部随左路军行动。

右路军包括一方面军 1、3 军团和四方面军 4 军和 30 军，在党中央、毛泽东直

叶剑英元帅

接率领下，由前敌指挥徐向前、政委陈昌浩、参谋长叶剑英指挥，在毛儿盖集中，经草地到班佑，与左路军会师。

8月18日，叶剑英带两个团出发，作为先遣部队，为左路军开路。程世才、李先念率部队跟进。右路军到达班佑之后，为了打开通往陕甘的门户，8月29日发动了著名的包座战斗，消灭了胡宗南守敌一个团和援敌一个师，给胡宗南以沉重打击。这时，已占领阿坝的左路军如能按计划北上，就能顺利进行夏洮战役，迅速占领甘南。

可是，张国焘在阿坝按兵不动。他把自己凌驾于党中央之上，拒不执行中央要左路军全力向洮河以东发展的指示，借口“噶曲河水涨大，不能徒涉”，强令已向班佑进发的先头部队退回阿坝，要求已过草地的右路军即乘胜回击松潘之敌，迅速南下。

9月8日，张国焘背着中央，命令右路军停止北上，准备南下。同日，毛泽东、周恩来、王稼祥和徐向前、陈昌浩等七人联名复电张国焘，指出目前红军正处最严重关头，左路军如果向南行动，则前途将极端不利。然而，张国焘根本听不进中央的耐心说服。就在接到毛泽东等七人联名的电报后，他不但不听劝告，反而恼羞成怒，竟然向陈昌浩发出密电，命令右路军“南下，彻底开展党内斗争”，并阴谋用武力危害中央。

当张国焘的密电发到右路军驻地巴西时，适逢右路军前敌总指挥部正在开会，陈昌浩正在讲话。译电员就把这份电报交给了参谋长叶剑英。叶剑英一看电报内容，大吃一惊，事关重大，觉得应该马上告诉毛泽东。于是，他装作若无其事的样子把电报装起来，然后佯装上厕所，出门后飞跑到中央驻地，将电报交给毛泽东。毛泽东一看，马上把电文抄了下来。这时，毛泽东镇定地对叶剑英说：“你赶快先回去，不要让他们发现你到这来了。”

叶剑英说：“此地有危险，不能留，请主席立即到3军团去。”

秦邦宪插话说：“老叶，你呢？一起走吧。”

叶剑英说：“我不能走，我一动，恐怕你们都走不了啦。”

叶剑英赶快跑回去，会还没有开完，陈昌浩还在讲话，叶剑英把电报交回给他，没有出漏子。

送走叶剑英后，毛泽东立即同张闻天、秦邦宪赶到3军团部驻地，同周恩来、王稼祥等开会研究，果断决定迅速离开巴西，脱离险境，率1、3军团单独北上。9

月10日凌晨，中共中央和3军团部队离开巴西北上。

中央负责同志走后，叶剑英决定把军委直属队也带走。但是，究竟怎样能把直属队带走呢？叶剑英急中生智，决定利用张国焘的南下电报，以“打粮”为名，设法带走部队。

得到陈昌浩同意后，他立即召集直属队的领导干部开会，到会的有林伯渠、杨尚昆、李克农、萧向荣等。他通告了紧急情况，确定10日凌晨两点出发，以“打粮”为名撤回3军团。与此同时，叶剑英还到前敌总指挥部作战科，找到吕继熙要了一份十万分之一的甘肃地图。

9月10日凌晨两点，军委直属队出发“打粮”了。叶剑英与杨尚昆在前敌指挥部附近的水磨房会面，追赶上了已出发的部队。

叶剑英和直属队从潘州到阿西，由于夜黑路不熟，20多里路足足摸索了六个小时，赶上3军团又是拂晓时分了。毛泽东、周恩来、王稼祥正在焦急地等他。

见了面，毛泽东高兴地说：

“哎呀！剑英同志你可出来了。好！好！”

10日，党中央公布《中央为执行北上方针告同志书》，向全军提出，应继续北上，南下是没有出路的，并命令军委直属队和3军团立即向拉界、俄界开进。

12日，中央在俄界召开政治局扩大会议，通过了《关于张国焘同志的错误的决定》，还决定将红一方面军主力和中革军委纵队改编为中国工农红军陕甘支队，彭德怀任司令员、毛泽东任政治委员，叶剑英任参谋长，率领部队继续北上。

叶剑英在反对张国焘的斗争中，冒着生命危险及时揭露了其妄图危害中央和分裂红军的阴谋，巧妙地率领军委直属队北上，使党中央和中央红军脱离险境。此后，毛泽东曾多次提到这件事，他高度赞扬了叶剑英，其中有句著名的话是：“诸葛一生惟谨慎，吕端大事不糊涂。”

四、一路向南

1937 年 7 月，全国抗日战争爆发。

同年 8 月，叶剑英与周恩来、朱德一起到南京参加蒋介石召开的国防会议。红军改编为国民革命军第八路军，叶剑英任参谋长。10 月，叶剑英任八路军驻南京代表，在国民党统治区积极开展抗日民族统一战线工作，协助周恩来先后营救出许多被国民党监禁的革命同志，不少人后来成为党的领导骨干。

1937 年至 1941 年期间，叶剑英先后担任中共中央长江局委员、南方局常委，多次参与同国民党谈判。1940 年 3 月，他出席蒋介石在重庆召开的全国参谋长会议，作了《作战与磨擦问题》的长篇发言，用大量事实宣传八路军抗日的业绩，驳斥国民党顽固派对八路军的种种污蔑，取得了广泛同情，被誉为“舌战群儒”。

1941 年 2 月，叶剑英返回延安，继续担任中央军委参谋长兼十八集团军参谋长。他审时度势，精心运筹，协助毛泽东、朱德指挥八路军作战。

1945 年 12 月，叶剑英再次加入以周恩来为首的代表团，到重庆进行停战谈判，并出席政治协商会议。

全面内战爆发后，叶剑英担任中共中央后方委员会书记，积极协助中央领导全国范围的解放战争，为保证党中央和毛泽东等同志转战陕北、指挥全国作战作出了贡献。

1949 年初，任北平市军事管制委员会主任兼市长的叶剑英和聂荣臻、彭真一起，促成了北平和平解放，在这一年的 8 月，叶剑英被任命为中共中央华南分局第一书记、广东军区司令员兼政治委员。其后，他和陈赓率领部队一路向南，从北平到广东，直奔故乡而去。

1949 年 8 月 24 日，蒋介石飞抵重庆，部署“以四川为核心”的西南保卫战。11 月 14 日，又自台北飞抵重庆。29 日，蒋介石在住所附近听见枪声，匆忙于第二天逃到成都。12 月 10 日，成都市内也时有枪声，甚至蒋介石的住所中央军官学校附近陆续出现“可疑人物”，于是他在恐慌中登机升空。

这时，解放军 15 兵团已经解放广州，并且接管了广州飞机场，但飞机场仍留有国民党人员。蒋介石从成都凤凰山机场起飞前，成都机场人员与广州机场联系，了解广州方向的天气情况，由于他们过去在一个系统，彼此非常熟悉，广州的机场问：“是谁的飞机呀?”

成都方面说：“是蒋总裁的，下午 2 时从成都起飞，大约 3 时左右到广州上空，直接飞往台北。”

白云机场问：“坐什么飞机?”

成都方面说：“三架运输机，总裁在第二架上。”

白云机场得到这个情况，立即报告给 15 兵团副司令员兼参谋长洪学智。广州白云机场解放军接管负责人意见，一是用战斗机把蒋介石座机迫降下来，二是干脆打下来。洪学智把他们找来，问他们把握性如何。

他们说：“机场现有战斗机，而且有好飞行员。飞行员中有一个原来是国民党空军中的‘四大金刚’之一，飞行技术很好。已征求过他的意见，他说不成问题，积极要求执行这次特殊任务，争取立功。如果拦截不成，我们就用高射机关炮将它打下来。”

洪学智问：“你们觉得把握大吗?”

他们说：“没问题。”

“军中无戏言，你们把准备工作做扎实，我去请示叶参座。”于是，洪学智到了叶剑英住的小楼。

叶剑英正在找人谈话，洪学智把他叫出来，报告了情况。

叶剑英沉吟了一会儿，他问：“我们有这个能力吗?”

洪学智说：“有一个解放过来的飞行员，原来是国民党空军的‘四大金刚’之一，飞行技术不错，他愿意执行这个任务。”

叶剑英说：“这是大事。”

洪学智说：“有点像西安事变。”

叶剑英说：“倒是应该让他下来看看。”

洪学智说：“那就这样办吧。”

叶剑英说：“得请示中央。这样，你把此事报告中央。我们的意见是用战斗机迫降，或者打下来。”

洪学智说了一声“好”，立刻用电报报告北京。

可是中央的指示左等也不来，右等也不来，眼看飞机要飞过来了，机场不断打电话催问。洪学智也很着急，就去同叶剑英商量。

叶剑英先问洪学智：“北京有回音了吗?”

洪学智说：“没有呀。”

“没有，就不能干。”

“干脆先斩后奏，先打下来再说。”

“那样也不能干。”

“让头号战犯跑掉，太可惜了。”

“可惜也好，不可惜也好，反正中央没有批准就不能干。”

“我们只是拦截下来，不伤害他。”

叶剑英还是摇头说：“这也不能干。”

没有得到中央批准，叶剑英坚决不同意打蒋介石的座机，于是，洪学智只好放弃了打蒋座机的方案，蒋介石终于逃了一命。

五、中流砥柱

1976年7月以后，毛泽东病情恶化。9月5日，毛泽东开始进入病危期，华国锋、王洪文、张春桥、汪东兴四个政治局委员担任常务看护，轮流守候在毛泽东的住处。

9月8日，毛泽东垂危，政治局委员都聚集到毛泽东卧室。

中共中央副主席、中央军委副主席叶剑英迈着沉重的脚步走到毛泽东面前，心里十分难过。

此时的毛泽东还是清醒的，当他看到叶剑英时眼睛一亮，睁得大大的，想抬起手臂，可是没有抬起来。

叶剑英泪水模糊，没有看到毛泽东的这一异常举动，站一会儿就走出病房，来到外面休息室。

这时，毛泽东仍然以手示意，招呼叶剑英。一位工作人员马上跑到休息室，对叶剑英说："首长，主席在招呼您呢！"

叶剑英急忙转身回到病房，见毛泽东睁着眼睛，嘴唇抽搐着，想要说什么，可什么也没有说出来。叶剑英仔细辨别着从毛泽东口中吐出的每一个音节，但是还听不出他要说什么。

离开病房后，叶剑英的眼前还晃动着毛泽东微微张开的嘴唇：他到底要说什么呢？他还有什么要嘱托吗？……然而，由于毛泽东已说不出话，这一切成为了谁也解不开的谜团，给历史留下了一个悬念。

9 月 9 日零时 10 分，一颗伟大的心脏停止了跳动，毛泽东溘然去世了。自从毛泽东逝世后，中共中央政治局的会议几乎每次都成了争吵的会议。

一天傍晚，陈云来到叶剑英住处。陈云问叶剑英："现在这个局势怎么办啦?"

叶剑英向陈云概略地介绍了一些情况，然后拿出一份两年前毛泽东在中央政治局会上批评"四人帮"的谈话记录给陈云看。

陈云看得很仔细。

粉碎『四人帮』之后的叶剑英

最后，叶剑英说："时间紧迫，不能再拖了。毛主席生前就要解决，没有解决，现在到了该解决的时候了。"

陈云知道叶剑英在询问自己的意见，他说："我赞成尽快解决。看来这场斗争是不可避免的。但要采取什么办法，还要再仔细琢磨琢磨。"

叶剑英清楚陈云是指用"合法"的方式解决，他点了点头。

接着，叶剑英又和华国锋商讨了处理"四人帮"的决策。

华国锋提议召开中央政治局会议来解决。叶剑英认为对付这个反革命集团靠党内斗争不行，因为"四人帮"已经形成一定势力，他们想篡夺最高领导权，这已经是一场你死我活的斗争了。那么，采取武力呢？

叶剑英认为也不妥。毛泽东刚刚去世，中国的高层就动用武力将他的夫人关押起来，似乎让人觉得太不讲情面。另一方面，尽管"四人帮"没有控制军队，但仍然有一些"效忠"人物，尤其是上海的"第二武装"，更是不能轻视，如果真动用武力，必将出现一个残酷的局面。他不想看到这个局面的出现。

忽然，叶剑英想起林彪叛逃后处置黄永胜等人的办法。于是他提出以召开会议的方式，"请"他们到会，临时宣布对他们实行"隔离审查"。

这个办法得到了华国锋的赞同。

随后，叶剑英又将和华国锋商定的计策告诉了汪东兴。

汪东兴说："我坚决拥护华总理和叶副主席，你们怎么领导，我就怎么干。" 10月4日，江青等人在《光明日报》头版头条位置发表署名"梁效"的文章《永远按毛主席的既定方针办》。

毛泽东逝世后，"按既定方针办"就作为毛泽东的"临终嘱咐"广为宣传。但是，10月2日，华国锋在外交部长乔冠华送审的《中国代表团团长在联合国大会第31届会议上的发言》上批示："引用毛主席的嘱咐我查对了一下，与毛主席亲笔写的错了三个字。毛主席写给我的和我在政治局传达的都是'照过去方针办'，为了避免再错传下去，我把它删去了。"

对此，"四人帮"不愿意，张春桥不让传达华国锋的批示，江青让人找根据，如今又发表了这篇文章，说："篡改毛主席的既定方针，就是背叛马克思主义，背叛社会主义，背叛无产阶级专政下继续革命的伟大学说。""任何修正主义头子胆敢篡改毛主席的既定方针，是绝对没有好下场的。"

叶剑英也仔细读了那篇文章，觉得一阵寒气袭过来。看来战斗已经打响了，不能再拖延了。若再耽误下去，不是我们解决他们，而成了他们解决我们了。叶剑英找来军事科学院领导人粟裕、宋时轮，要他们注意掌握动向，提高战备观念；然后又打电话告诉杨成武和北京军区、北京卫戍区及海军、空军、各大军区，要切实加强战备；吩咐办公室主任王守江到空军医院，对住院的空军司令员张廷发说：“病要治，部队也要管。”

做完这一切，叶剑英又来到东郊民巷15号院门前。华国锋正在被江青的那篇文章困扰着，见叶剑英突然到来，精神立刻振奋了许多。落座后，叶剑英把近几天从各个渠道了解到的情况，尤其是“四人帮”派人到北京郊区部队活动的情况告诉华国锋。同时，华国锋也将了解到的情况告诉了叶剑英。

叶剑英：“国锋同志，看来事态的发展已经到了刻不容缓的地步，他们就要下手了，我们不能再等待了，必须当机立断！”

华国锋：“是啊，原来还想再过几天，恐怕来不及了。”

叶剑英：“军事家最忌讳的是贻误战机。现在要根据情况改变原来的部署，要提前采取行动，我们要‘先发制人，以快打慢’！否则会坐失良机，陷于被动。要以快打慢！”

华国锋完全听明白了叶剑英的意思，又询问了一些关于各大军区的情况，说：“叶帅，你看哪一天动手好？”

叶剑英：“根据准备的情况，我提议6日或7日下决心，一破一立除四害，你看怎样？请你最后下决心！”

华国锋：“那就这样吧。”

叶剑英：“我这就去东兴那里。”然后，他和汪东兴决定10月6日动手，华国锋作为党和国家最高领导人也同意了。

10月6日，日历上极普通的一天。叶剑英像往常一样，起床、用餐、散步、看报、读书。

下午3时30分，电话铃突然响了起来，警卫参谋接过电话后，报告叶剑英：“晚上8时政治局开常委会，两个议题，第一审议《毛泽东选集》第五卷的清样，第二研究毛主席纪念堂的方案和中南海毛主席故居的安置。请您提前一小时到怀仁堂。”

6点15分，叶剑英穿上灰色的军便服，坐上黑色的红旗轿车直奔中南海。傍晚7时整，他乘坐的红旗轿车准时停在了怀仁堂门前。

一个小时后，一个崭新的时代到来了……

六、拨乱反正

解决“四人帮”之后，当天夜里不到10点钟，叶剑英同华国锋一起回到玉泉山9号楼，出席中央政治局会议。

玉泉山9号楼的会议室灯火通明。叶剑英和华国锋笑容满面，手挽着手走进大厅。中央政治局会议从晚上10点开到第二天早晨4点多，整整开了一个通宵，商讨粉碎“四人帮”后党和国家面临的重大问题。

会议由华国锋主持，与会同志听取了华国锋、叶剑英的报告，完全赞同处置“四人帮”反革命集团所采取的果敢行动。由于紧急开会，到会多数同志事先并不知道发生了什么事，开会解决什么问题。甚至连李先念也不知道“四人帮”已被解决。他到来之后在走廊里还关切地问接待人员：“开什么会呀？叶帅的身体怎么样？”待听完报告后，他十分高兴。

当时不在京的政治局委员韦国清、许世友、李德生、赛福鼎等，当夜未得出席会议，会议结束后，由汪东兴向他们逐个电话通报政治局关于处置“四人帮”的决定，而叶剑英做的第一件事，就是把粉碎“四人帮”的喜讯迅速透露给一直被“软禁”的邓小平和其他被迫害的老同志。

邓小平对这个伟大斗争的胜利，由衷地感到喜悦。聂荣臻、徐向前两位老帅表示完全支持对“四人帮”所采取的果敢措施。陈云高兴地说，叶剑英同志是一个真正的共产党员。胡耀邦和许多老同志激动地说，叶老帅在关键时刻，又一次为我们党和国家立下了不朽的功勋！

当叶剑英回顾这场斗争时，他说，后人想问党的这段历史，可以用一句话来回告：“无限风光在险峰！”

粉碎“四人帮”的伟大胜利，结束了长达10年的“文化大革命”。从此，党和国家进入了一个新的历史发展时期。

1976年冬，中共中央先后召开一系列有各省、市、自治区和大军区负责人参加的打招呼会议，稳定局势，揭发、批判“四人帮”的反革命罪行，统一高级干部的思想，布置开展各方面工作。

叶剑英日夜操劳国家大事，同各条战线的领导同志交谈，寻求解决各种难题的途径和办法。他出席中央召开的各次会议，发表了许多重要讲话。在这些讲话中，他着重强调深入揭发批判“四人帮”反革命罪行的重要意义，使大家从思想上对“四人帮”有深刻、清醒的认识，与“四人帮”划清界限。

经过一系列的打招呼和各方面的工作，党和国家的局势基本上得到稳定。叶剑英开始考虑党的组织路线方面的拨乱反正问题。他首先考虑到，在党和国家的各级领导岗位上，一定要将追随林彪、“四人帮”干坏事的人清除出去，让真正的马克思主义者掌握领导权。为此，必须平反冤、假、错案，把大批久经考验的领导干部赶快解放出来。

为了恢复邓小平在党中央的领导职务，叶剑英做了大量工作。他多次找华国锋谈话，建议请邓小平出来参加党中央的领导工作。

1977年7月16日至21日，中共中央召开了十届三中全会，会上，正式通过《关于恢复邓小平同志职务的决议》。邓小平恢复党中央和中央军委的领导职务以后，在指导和推动全党进行拨乱反正，重新确立马克思主义的思想路线、政治路线和组织路线的过程中，发挥了关键性的作用，做出了卓越贡献。

1980年底，叶剑英在中央政治局的一次重要会议上，再次对邓小平的功绩作了高度评价。他说：“大家知道，小平同志在历史上对党做出过杰出的贡献。粉碎‘四人帮’以后，在每一个重要关头，他都敏锐、果敢地提出一些正确的决策和主张。在我看来，小平同志具有安邦治国的卓越才能，他当全党的‘军师’和全军的统帅，是当之无愧的。”

在中央政治局领导下，叶剑英同邓小平一起，为恢复中央其他老同志的工作，荐引年富力强的同志担任党和国家的领导职务，做了大量工作，使党和国家有了一个坚强的领导核心。

叶剑英对党中央领导核心逐步形成，党和国家开始出现新的局面而由衷感到喜悦。他在《八十书怀》诗中满怀激情地写道：

八十毋劳论废兴，长征接力有来人。

导师创业垂千古，侪辈跟随愧望尘。

亿万愚公齐破立，五洲权霸共沉沦。

老夫喜作黄昏颂，满目青山夕照明。

七、婚姻之路

1924年初，叶剑英在广州与医务工作者冯华结婚。当年11月，生下长子叶选平，后又生了长女叶楚梅。叶剑英不愧是毛泽东都称赞过的大才子，儿女们的名字都取得很漂亮。那时候叶剑英追随孙中山，在国民党内和黄埔军校担任要职，当过国民革命军整编第2师师长及第4军参谋长等。

1927年，30岁的叶剑英加入中国共产党，当蒋介石发动反革命政变之后，叶剑英的人生也经历了极其重大的转折，其妻冯华也在动荡中下落不明。

1927年底，叶剑英率领教导团进行了广州起义。就在这一年，他娶了不到18岁的教导团女战士曾宪植（1910—1989）。曾宪植是名门之后，她的高祖曾国荃是曾国藩的弟弟，率领湘军攻破天京的“九帅”。曾宪植年轻时就被人誉为“美若天仙”，也是曾国藩家族中第一个共产党员。二人生有一子，即叶选宁将军（曾任解放军总政联络部长）。因为战争年代的特殊环境，两人最终离异。

1937年，40岁的叶剑英担任八路军参谋长，在延安与长征女干部、32岁的危拱之（1905—1973）结婚。危拱之出身于河南信阳的书香门第，多才多艺，革命资历很深，1927年广州起义时就曾率领黄埔军校女生跟随叶剑英的教导团一起战斗。二人婚后没有子女，各自忙碌，危拱之四处奔波，因工作关系而长期分居，他们的婚姻显然无法维系，不久便离婚了。

1939年1月，叶剑英任南方局常委。1940年，与南方局机要员吴博结婚。吴博毕业于吴淞中学，原来在新四军军部工作，因为南方局缺少速记员，1939年2月周恩来到安徽云岭新四军军部视察后，特意从新四军速记训练班要了两人带回重庆红岩办事处，其中一个就是吴博。叶帅与吴博结合后，日子过得紧张而愉快。在

晚年叶剑英

他们的婚礼上，叶剑英曾亲自下厨，做了他拿手的广东狗肉来招待工作人员。1941年，吴博给叶帅生下了女儿叶向真，即著名影片《原野》的导演凌子。也许是叶帅的婚姻之路注定坎坷，他们最终也没能走到最后。

1948年末，蒋家王朝大厦散架，林彪、聂荣臻百万大军把北平围得风雨不透。叶剑英抵达北平南面的房山县良乡，准备接管北平。就在这里，叶剑英与华北“军大”学员李刚结婚，生子叶选廉，女儿叶文珊。1955年因感情不和，二人宣告离异。从此，叶帅没再结过婚。

历史评说

叶剑英是中国人民解放军杰出的战略家、军事教育家和现代军事科学研究的开拓者，他的老对手何应钦就曾经称许他是“中共军队参谋制度和军事教育制度的缔造者”。

不过，相对于叶剑英的军事生涯，人们更关注他在“文化大革命”和粉碎“四人帮”的历史进程中所发挥的重要影响。人们不会忘记，在那个金秋十月，叶剑英和党中央政治局其他同志一道，毅然粉碎了江青反革命集团，从危难中挽救了党。在那场关系党和国家命运的斗争中，叶剑英力挽狂澜，起到了决定性的作用。

叶剑英纪念馆雕塑

足智多“谋”——林　彪

从百战沙场、功勋赫赫的共和国元帅到呼风唤雨、篡党夺权的野心家，从党章上“毛泽东同志的亲密战友和接班人”到阴谋败露、外逃身亡的叛国罪人，林彪的人生之路只有64个年头，却是那样的跌宕起伏。

小档案

姓名字号：林彪，原名林祚大，字阳春，号毓蓉

籍　　贯：湖北省黄冈县

生卒年月：1907.12.5—1971.9.13　卒年64岁

毕业院校：黄埔军校

军　　衔：元帅

最高军职：中央军委副主席

一、最后一战

这是一间设备齐全却光线昏暗的办公室。

它的前任主人，是一位威名赫赫的国民党将军。

而到了今天，这间办公室的主人叫林彪。

虽然是白天，林彪却有意用厚厚的窗帘遮住了阳光。

收音机在那里“沙沙”作响了很久，总算传来了一个洪亮的声音：“中央人民广播电台——现在是……”

广播电台播送的新闻，未能让林彪回头停顿片刻，他的目光，紧盯在了五万分之一的湖南、广西地图上，那里，有着他此次大战的军事目标和老对手，容不得他有半点分心。

一想到这间办公室的前主人，林彪便皱起了他浓黑的双眉，伸手抓过几粒炒黄豆，逐个填入嘴里，那“嘎嘣嘎嘣”的咀嚼声，仿佛是他在剧烈撕咬着对手。

几日前开国大典雄壮的国歌声，如电光石火般在林彪的心头一闪而过，中华人民共和国成立了，这次战役应该就是自己的收官之战，愈到最后关头，林彪愈加小心。

最后一战，不容有失。

因为，他的对手，叫白崇禧。

1949 年 5 月，人民解放军第四野战军以苍鹰搏兔、饿虎噬羊的凌厉攻势扑向荆楚大地，国民党华中军政长官白崇禧被迫从湖北撤退至湖南。8 月 4 日，国民党长沙绥靖公署主任、湖南省主席程潜及第一兵团司令官陈明仁率部起义，长沙宣告和平解放。

白崇禧见势不利，又撤退到以衡阳为中心的湘南地区，将其指挥下的桂系部队主力张淦、徐启明、黄杰、鲁道源及刘嘉树五个兵团 20 余万人，重点部署在衡宝公路两侧和粤汉铁路衡山至郴州一线，依托湘江、永乐江、资水，背靠滇、桂、黔，在湘南地区构成一条东起粤北之乐昌，与盘踞广东之余汉谋集团相联结，西至芷江、沅陵，与扼守鄂西、湘西北之川湘鄂绥靖公署宋希濂集团相呼应的半弧形的“湘粤联合防线”，继续阻止中国人民解放军前进。

在汉浔渡江、宜沙和湘赣战役后，四野虽然攻占了武汉、长沙等大中城市，争取了张轸、陈明仁两个兵团起义，但始终未能抓住白崇禧的主力，与之决战。为此，林彪怅惘不已……

白崇禧向以机变多谋著称，被时人称为“小诸葛”。此时的白崇禧集团，是国民党残留在大陆上的一支战斗力较强、建制较完整的军事力量，士兵多为广西人，具有山地和水网地带作战的经验，尤其是桂系麾下第 7 军，号称“钢 7 军”，是毛泽东眼里唯一能与国民党五大王牌军相媲美的部队。到了 1949 年底，第 7 军已经是国民党军队仅存的一支精锐之师了。

既然以桂系第 7 军为主力的白崇禧集团，是解放军进军南方的最后障碍，那么，此刻林彪的唯一目标就是打掉它。

“小诸葛”的心态与林彪一样，他昼夜不眠地关注着对手，琢磨着对方的排兵布阵，并小心翼翼地保护着自己最后的主力兵团，一有风吹草动，立即拔营起寨远飙千里。

在林彪的命令下，四野兵分东、西、中三路，向南兜击，通过试探性的进攻，寻找白崇禧主力兵团的位置。其中，林彪亲自指挥由六个军 19 个师组成的中路军。

天安门上的毛泽东与林彪

根据他要“敢于奔袭作战”的指示，第49军推进速度惊人，把友邻部队落下了两天的行程，成为中路军的箭头部队。

这是一着暗棋。林彪有意露出孤军深入的破绽，希望能以最小的代价吸引白崇禧的主力反噬，从而露形。

但这又是一着险棋。第49军乃是久战疲师，渡江以来，一直穷追不舍地撵着桂军屁股打，早有疲惫之态，该军主要由东北子弟兵组成，深入南方，水土不服，酷热难耐，又不熟悉地形，而且部队过于前出，与后续兄弟部队脱节，一旦遭到优势兵力围攻，处境将十分危险。

白崇禧终于被林彪的骄纵之气所激怒，他召集各兵团司令、军长开会，分析道：“共军疲师远征，极度自信，看来大战连捷之下，林彪已经忘乎所以了，他大概认为连连败退的我军已无还手之力、不堪一击了，以为有陈明仁部下带路就能轻车熟路、万无一失，竟敢轻兵冒进，在不知我方部署的情况下出险招走捷径。林彪的算盘打得精啊，他的计划是一下穿越我衡宝防线，直取衡阳，歼灭我军主力，然后直扑湘桂边境，端掉我们的老窝。他太小看我白崇禧和20万精悍的广西子弟兵了。我们要在青树坪给他埋下绊马索。”

青树坪，位于湖南湘乡县西南140里的群山之中，它也是湘中通往湘南的必经之地。白崇禧先在湘乡作出大撤退的假象，然后命令已退守湘桂边境的桂军第3兵团乘夜色北进，在青树坪埋下口袋阵。白崇禧将前线指挥权交给桂军名将、第3兵团司令张淦，告诉他：“张司令官，请你牢记‘快、猛、狠’这三个字，这是当年四平血战制服林彪的要诀。”

第49军狂飙猛进，结果“毫无防备”地闯入了桂军在青树坪的口袋阵，遭到桂系第7军和第48军的围攻，一下子处于四面受敌的被动状态。中伏的报告传到四野指挥部，参谋人员大惊失色，唯有林彪神色不变，胸有成竹。这一次，钟伟和49军扮演了鱼饵的角色，钓鱼的人却是林彪。

青树坪之战空前惨烈。在桂军疯狂反扑下，钟伟和他的第49军全体将士在极端不利的条件下浴血奋战，在付出重大伤亡后，安全转出。桂军虽然取得了局部战斗的胜利，但终于暴露了其主力位置，更加危险的是，白崇禧经此一战，自满地认为自己逆转了战役的形势，更坚定了他死守湘桂门户的决心。在这种心态下，白崇禧下令麾下20万大军于衡阳、宝庆两地之间集结待命，准备与四野正面会战决一雌雄。

"'小诸葛'上当了!"林彪大喜过望，急令以第13兵团主力组成的西路军和以第4兵团、第15兵团组成的东路军分别占领芷江、粤北，从两翼突破敌"湘粤联合防线"，切断白崇禧集团逃往贵州、云南的退路，同时令中路五个军靠拢作战，准备一举歼敌于衡宝战役之中。

10月5日下午，中路军一部插入衡宝公路以南的灵官殿，东路军逼近韶关，合围即将形成。就在这时，白崇禧发现了四野迂回部队，如梦方醒，他慌忙下令所部全线向广西方向撤退。战机稍纵即逝，林彪命令部队急速穷追，于祁阳以北包围了桂系第7军和48军大部。

至11日下午，在解放军强大攻势下，白崇禧部队溃不成军，第7军军部及第171师、第172师和第48军之第176师全数被歼，后经两昼夜的追击战，解放军各参战部队再次扩大了战果。

从9月13日开始的衡宝战役，于10月13日胜利结束，解放军共歼敌4.7万余人，俘敌将官18名，解放了湘南、湘西共28个县市，此次衡宝战役林彪虽然未能如愿全歼白崇禧集团，却成功歼灭了桂系最精锐的四个美械主力师，大大震动各线敌军，为日后轻松拿下广西、广东，顺利解放华南、西南，创造了极为有利的军事和政治形势。

二、娃娃军长

1928年4月28日，是中国革命史上的一个神圣日子。就在这一天，朱德率领的南昌起义部队与毛泽东领导的秋收起义部队胜利会师了。

5月4日，两支革命武装举行了会师庆祝大会。一万多红军指战员把会场挤得水泄不通。在热烈的气氛中，毛泽东、朱德都上台发表了演讲，并由陈毅宣布两支武装合编为中国工农红军第4军，朱德任军长，毛泽东任党代表。

而此时的林彪，只是个20岁出头的营长，论资历、声望都不出众，加之性格内向，拘谨腼腆，在会师过程中并没有引起人们的注意。

朱毛会师后，红4军很快就取消了师的番号，缩编为第28、第29、第31、第32四个团，由军直辖团，在这次缩编中，林彪调任第28团第1营营长。

有一次，红4军在茨坪开会，林彪在会议上慷慨陈词：“敌人来进攻，红军集中打敌人；敌人打走了，消灭了，红军就分散做群众工作，打土豪分田地，组织赤卫队，建立苏维埃”，“红军就是要同群众一起红。”

毛泽东那时还不认识林彪，他就问陈毅这是哪个，陈毅告诉他这是第28团1营营长林彪，时隔不久，毛泽东、陈毅在28团团长王尔琢陪同下来看望1营指战员。王尔琢指着正在集合部队的林彪说：“毛委员，这就是我给你说的那个林彪。”

林彪跑过来向毛泽东等行军礼，毛泽东问林彪：“你有多大岁数了?”林彪抖擞精神回答：“报告首长，21岁。”

“不大，不大，还是个娃娃嘛。”毛泽东顿了一下又问：“你带得了这一个营的兵吗?”

“报告，只要首长交给我，我一定会带好!”

陈毅在一旁笑着说：“毛委员，他是黄埔四期的学生，打过好多次胜仗。”

“好，好，又年轻，又能打仗，就让他好好干吧。”毛泽东看着情绪饱满、训练有素的部队，对这个年轻精干的娃娃营长点头表示首肯。

其后在井冈山的反“围剿”斗争中，特别是在毛泽东亲自指挥的三打永新和龙源口激战中，林彪机智灵活、善用疑兵的战术风格赢得了毛泽东赏识。毛泽东开始关注这位年仅21岁的营长。

1928年7月下旬，中共湖南省委为了执行上级的“左”倾盲动政策，派杜修经以“特派员”身份来井冈山传达省委指示，欲调部队南下湘南作战。杜修经等人在毛泽东没有到会的情况下，利用29团中湘南籍战士思乡心切的情绪，擅自决定井冈山红军主力南下。在决定部队行动的会上，红4军参谋长兼28团团长王尔琢和1营营长林彪等人都提出反对意见，但未被会议接受。

7月24日，红军在攻打郴州城的战斗中先胜后败，对此负有主要责任的28团2营长袁崇全惧怕追究失败之责，战斗还未结束即率部叛逃。

革命力量来之不易，团长王尔琢情急之下，单枪匹马追赶袁崇全，对他进行劝阻。林彪也奉命率部疾追，很快便追赶上了2营，并包围了2营驻扎的恩顺圩。

袁崇全见事已败露，恼羞成怒，举枪对准王尔琢就是一梭子，然后遁逃投敌。

红军时期的林彪

王尔琢当场牺牲，红军从此损失一名大将，毛泽东、朱德思虑再三，决定由林彪接任王尔琢的职务，担任红28团团长的重任。

28团，是叶挺独立团的老底子，并补充了南昌起义、湘南起义的精干力量。全团1900多人，战斗力最强，是红4军中有名的“钢铁团”，一个团可以与国民党军一个师抗衡。委派年轻的林彪任此重职，表明了毛泽东对林彪的器重和希望。

毛泽东用人选将的重要原则是：用人不疑，疑人不用，用人放手，纵横自由。既然他欣赏林彪并放手使用，林彪便从此得以充分施展手脚，发挥聪明才智，创造出了一流战绩。

1929年春，红4军再次整编，下分三个纵队，由林彪担任主力纵队——第1纵队司令，与伍中豪、黄公略并称为毛泽东手下的“三骁将”，深受毛泽东器重。

这时，林彪年仅22岁。

为了把林彪培养成为搏击苍穹的雄鹰，毛泽东不仅要为林彪讲解自己关于中国革命的战略战术，还要精心为林彪挑选合适的副手。

从性格上来说，林彪并不是一个讨人喜欢的人。朱德、陈毅就很反感他，用聂荣臻的话讲，林彪“独断专行，排挤同级政工干部，当连长时看不起营长，当营长时又反对团长，有非常浓厚的个人主义”。

从林彪担任红28团团长起，由于偏狭古怪、猜忌疑心的脾气，他同历任团党代表都搞不好关系，难以共事。下井冈山时，28团党代表何挺颖负重伤后因林彪不予理睬、抛下不管而惨遭敌人杀害。28 团改称第 1 纵队后，党代表由谢唯俊继任。谢唯俊就是王明批判中央根据地所谓富农路线执行者“邓毛谢古”中的“谢”。林彪对谢唯俊也看不顺眼，经常跑到毛泽东那里告状，硬是把谢唯俊挤走了。

派谁给林彪当政委呢？毛泽东颇觉踌躇，他考虑，红 4 军政委除立场坚定、观念正确，有丰富的政工经验外，还要有宽广的胸怀，容人的度量，善于忍让、谅解，以利于搞好和林彪的团结。挑来挑去，毛泽东看中了罗荣桓。

罗荣桓出任红 4 军政委后，一心扑在部队建设上，把军中政治工作、宣传教育、军事训练和后勤保卫等各项工作安排得井井有条，连林彪也觉得无可挑剔。因此，林彪除了负责指挥打仗和钻研战术外，对部队日常工作索性不管了，一时间，林罗之间倒也相安无事。毛泽东得悉这些情况，十分高兴，他对身边的同志说：

“谁说林彪难缠？罗荣桓在 4 军，不是跟林彪团结得很好吗？”

1930 年 2 月，中央革命根据地红军武装扩编成立红 1 军团，朱德、毛泽东就任军团首长，不再兼任红 4 军职务。在毛泽东提名下，时年 23 岁的林彪出任红 4 军军长，从此进入了红军最高领导层。

自 1930 年至 1932 年，在三年时间内，林彪率领的红 4 军纵横驰骋，战功卓著，声名鹊起。他善于声东击西和隐蔽自己，善于奇袭和伏击，善于从侧翼和敌后发起进攻和使用计谋。林彪的声望也已超过一般军事将领，几乎与号称为“红军之狮”的彭德怀并驾齐驱。

1932 年 3 月，中央军委决定重建红 1 军团，任命林彪担任军团长。这一年，林彪 25 岁。

1933 年 2 月，林彪在黄陂、草台岗战役中共歼敌三个师，俘获 2.5 万余人。这样的战绩，使林彪善于组织大部队、大兵团作战的才能更加为人们所折服，“常胜将军”的美名开始不胫而走。

很多年后，当林彪的老部下吴法宪向他请教作战要诀时，林彪以黄陂、草台岗伏击战为例，对吴法宪道：我有“常胜将军”的美名，这并不是我有什么特别的才能。事实上，我只有一种才能，我绝不把打赢一场战役的机会搞砸，战场上的机会绝对不能放过。机会一旦失去，就永远不会回来。

三、长征风云

在四渡赤水过程中，林彪虽然忠实执行了军委命令，但他对翻来覆去走路的行军方式尤为恼火。行军途中，他对聂荣臻抱怨道："尽走弓背！尽走弓背！不会走弓弦吗？这样会把部队拖垮的……"

聂荣臻和林彪共事有一条原则：大事不含糊，小事装糊涂。只要涉及原则问题，宽厚随和的政委立即变得严肃认真起来。他对林彪说："我不同意你的看法。我们好比落在敌人的口袋里，如果不声东击西，如何出得去？"

林彪见聂荣臻不同意他的观点，却没有就此罢休。几天后，他写了一封给中央三人指挥小组的信，要求朱毛随军主持大计，让彭德怀指挥作战，迅速北进与红四方面军会合。很明显，这封信的中心意思，就是要毛泽东下台。林彪把信交给聂荣臻看后，请他签名。

聂荣臻看完信，拒绝签名。他十分严肃诚恳地对林彪说："革命到了这样的紧急关头，你不要毛主席领导，谁来领导？你刚刚参加了遵义会议，现在又反对遵义会议，这个态度是很错误的，是违反纪律的。况且你跟毛主席最久，现在你应该相信毛主席，只有毛主席才能挽救危局。我不能签这个名，我也坚决反对你签名上送这封信。"

"天马行空，独往独来"的林彪没把聂荣臻的劝告记在心里，他最终还是发出了这封信件。接到林彪的信件，阅毕全文，毛泽东吃了一惊，但很快便镇定下来。他又一次宽恕了林彪。毛泽东断定这封信是林彪的语言、彭德怀的思想，认为林彪是在比他年长八岁的彭德怀煽动下写成这封信的。

于是，5 月 12 日，毛泽东在会理城外一个铁匠铺里召开了中央政治局扩大会议。会上，毛泽东严厉批评了彭德怀对中央"不满"的错误。彭德怀对这飞来之祸采取了不抗辩、不申明、日久自然明的态度。他当然不会想到，毛泽东对此事却是耿耿于怀，在以后的 24 年之中讲了四次，并在庐山会议上成了罪状之一。

不过，毛泽东批评林彪的口气并没有批评彭德怀那么严厉。他对林彪说：

“这段时间我们的战略方针是对的，毋容置疑。渡过金沙江后，我们不是摆脱国民党的追兵了吗？不是实现了原定的计划渡江北上了吗？下一步棋，就是研究如何同张国焘、徐向前的部队会合了。为了实现总的战略目标，我们多跑点路，走了一些弓背路，这又有什么关系呢？打仗就是这样，为了进攻而防御，为了前进而后退，为了正面而向侧面，为了走直路而走弯路。这值得发什么牢骚？讲什么怪话？天下的事，有时是不以人的意志为转移的，你想这样做，却偏偏一下子办不到。但转了一个圈，事情又办成了。总之，遵义政治局会议后，中央的领导是正确的，要相信，不能有丝毫的怀疑和动摇。”

林彪闷坐在条凳上，斜瞄了毛泽东一眼，“我给中央写信，没有其他想法，主要是心里烦躁……”

没等林彪继续讲下去，毛泽东说：“你是个娃娃，懂得什么?”

在毛泽东面前，林彪的确是个娃娃!

1935年5月，在国民党围追堵截中央红军的严峻形势下，毛泽东凭借自己超人的智慧和胆略，接连下了几着险棋，把长征史诗般地推向高峰。

出会理，过彝族区，到大渡河有两条路可走：一条是从泸沽越小相岭，经越西，到大树堡，渡大渡河可直抵成都，这是一条大路；另一条是从泸沽，经冕宁，过拖乌，到安顺场渡过大渡河，这是一条崎岖不平的山路。

面对两条路的选择，毛泽东决定走小路，派刘伯承、聂荣臻率红1军团1师为先遣队直奔安顺场。可是，安顺场渡口只有一条小船，最多一次可渡40人。若如此，全军渡江需半月之久，敌人就极有可能赶至江边，置红军于死地。

5月26日，毛泽东、林彪率后续部队来到渡口。经过一番慎重权衡，毛泽东决定迅速北上抢占泸定桥。毛泽东沉重地说：“情况十分危急。抢占泸定桥，这是一个战略措施。只有夺取泸定桥，我军才能渡过大渡河，才能避免石达开全军覆灭的命运，才能到川西与四方面军会合。各级军政首长务必重视问题的严重性。一着不慎，满盘皆输。”

根据毛泽东的意见，红军兵分两路，林彪率红1军团司令部、2师和5军团沿大渡河西岸赶赴泸定桥，毛泽东随1军团行动，刘伯承、聂荣臻率已经渡河的1师和干部团沿大渡河东岸前进。

从安顺场到泸定桥，直线距离为170公里。林彪决定派2师4团，即威名远扬的王开湘、杨成武团为全军前卫团，于三天之内夺下泸定桥。

28日清晨5时，4团政委杨成武接到军团通讯员飞马送来的林彪的命令：

军委来电，限左路军于29日以前夺取泸定桥。你们要用最高速度的行军力和坚决机动的手段，去完成这一光荣伟大的任务。

看罢命令，杨成武差一点惊懵了。这意味着两天的路程要作一天赶。杨成武怀疑军团长林彪的命令把日子算错了。但是，“军令如山倒”，不能有一分一秒的拖延。4团立即出发，日夜兼程，终于在29日晨6时以前赶到泸定桥边。

泸定桥，流水湍急，巨浪拍岸，徒涉和船渡根本不可能。在大河之上，只有一座铁索桥，由13根碗口大的铁索组成。两边各有两根作桥栏，底下并排9根做桥面，铁索上的木板已被敌人抽走，只剩下滑溜溜、光秃秃的几根铁索。

4团22位突击勇士，手持枪，背挎刀，腰缠手榴弹，冒着敌人密集的枪弹，攀着桥栏，踏着铁索向对岸冲击。黄昏时分，英雄的红4团牢牢控制了泸定桥。

随后赶到泸定桥的林彪向红4团表示了祝贺。他决定发给每位参加飞夺泸定桥的英雄一套列宁服、一本笔记本、一支钢笔、一个搪瓷碗、一个搪瓷盘和一双筷子。在当时，这是红军战士能够得到的最高奖赏。

半个多世纪过去了。回想起来，聂荣臻仍是心有余悸，他说：如果不是有1师渡江，与2师4团夹江而上，飞夺泸定桥是否能够那样得手，也很难预料。如果我们当时夺不到泸定桥，我军又是一个怎样的处境呢？也许历史就要重写或另辟篇章了。

飞夺泸定桥的壮举，给林彪率领下的红1军团战史增添了一道永不褪色的光彩。

四、平型关大捷

1937年7月7日凌晨，随着卢沟桥畔的隆隆枪炮声，中国抗日战争全面爆发。

中共中央从抗日大局出发，主动请缨出战，8月上旬，国民党政府同意将陕北红军改编为国民革命军第八路军（简称“八路军”），开赴第二战区山西前线作战。

根据国共双方达成的协议，八路军下辖115、120、129共三个师，由朱德任总司令，彭德怀任副总司令；林彪、刘伯承、贺龙分别担任这三个师的师长。

三个师中，林彪率领的115师是由原红1军团和红15军团改组而成，人数最多，战斗力最强，下辖343、344旅，另外还有一个独立团、一个骑兵营的建制，总兵力达1.5万人，超过了120、129师的总和（两师总兵力1.4万人），在八路军战斗序列中可谓是一枝独秀。

洛川会议结束后，林彪和新任115师政委聂荣臻立即赶赴部队。8月下旬，115师分为两个梯队进入山西境内，展开对日作战。

9月23日，115师抵达平型关东南的上寨镇，林彪指着一道道山壑，说道：“可以在这里打一仗!”

平型关位于山西东北部古长城上，自古以来是晋、冀两省的重要隘口。关内关外，群山峥嵘，层峦叠嶂，沟深谷幽，阴森邃静。从平型关山口至灵丘县东河南镇是一条由东北向西南伸展的狭窄沟道。地势最险要的是沟道中段，长约五公里，沟深数十丈，沟底通道仅能通过一辆汽车，南北两头沟岸却是比较平坦的山地。这正是一个打伏击的好地方。

在选择作战地形上，林彪的眼力是非常敏锐的。历史又给了他一次成功的机会。

为了打好115师出征后第一仗，林彪、聂荣臻召开了干部会。林彪命令独立团和骑兵营插到灵丘与涞源之间、灵丘与广灵之间，切断敌人交通线，阻止敌人增援；命令343旅的两个团为主攻，344旅一个团到平型关北面断敌退路，一个团作师部预备队。全部攻击部队埋伏于平型关东侧山地。当夜，115师主力赶往距平型关15公里的冉庄待命。

24日，东面灵丘方向传来断断续续的枪声。前沿部队报告，敌人有可能翌日大举进攻。傍晚时分，林彪打电报给各旅首长，下达了出击命令：343旅本日晚0点出发进入百崖台一线埋伏阵地，344旅随后开进。

百崖台一线，距预计敌人要经过的汽车路仅一两公里。当夜，大雨陡降，风声、雨声、脚步声交合在一起，战士们既无雨衣，又无御寒衣物，单衣单裤，浑身透湿，沿着崎岖的山道艰难前进。

暴雨导致山洪暴发。陡然涨起的溪水疯狂地冲撞着沟谷峡底，发出轰轰的巨响。战士们只得把枪和子弹挂在脖子上，手拉手结成一道人墙，或者拽着骡马的尾巴从激流中蹚过去。343 旅抢在山洪暴发前过去了，徐海东带领的 344 旅被山洪阻挡，只过去了一个团，另一个团的部分战士急着过去，结果被越来越凶猛的洪水裹挟而去。

聂荣臻说："洪水太急，强渡可能会造成不必要的牺牲。让剩下的部队作为预备队，缓行待进吧。"林彪只得同意聂荣臻的意见。

天亮前，115 师终于到达指定阵地。按照作战计划，115 师大部分兵力隐蔽于东南山地，同时派一支部队穿过沟底通道，占领河南镇以北的一处高地，造成居高临下、两面夹击之势。林彪将师指挥所设在沟道东南的一个山头上，在那里，通过望远镜，可以鸟瞰战场全景。

清晨，大雨初歇，群山一片寂静，几株孤零零的小树在秋风中冷得发抖。7 时左右，沟道上传来隐隐约约的马达声。不一会儿，100 多辆汽车隆隆地开进沟道，汽车后又是 200 多辆大车，再后面是驮着炮弹的骡马和骑兵。总共 4000 多名日军士兵在太阳旗的引导下，大摇大摆地走进林彪布下的口袋。

这时，伏击部队的报告不断传进师指挥所。当日军已全部进入 115 师的埋伏圈后，林彪立即下令："攻击开始!"

随着林彪一声令下，顿时，机枪、步枪一齐开火，枪炮声响彻山谷。八路军的突然发起攻击，使日军措手不及，指挥系统一时失去指挥，只得仓促应战。

进攻平型关的日军，是有"钢军"之称的坂垣第 5 师团 21 旅团，在日军战斗序列中是一支有丰富战斗经验的部队。他们很快从懵懂中清醒过来，疯狂进行反扑。日军官佐举着军刀拼命嗥叫，试图组织反冲锋抢占高地。双方展开了血战，白刃对刺，刀光血影，不断有人倒下。他们用拳头，用牙齿，用石头，拼命想消灭对方，直到力尽命殒。

残酷的战斗一直持续到当日正午。日军终于抵御不住从未遇过的八路军的猛烈攻击，弃下 1000 多具尸体，落荒而逃。

平型关战斗，八路军 115 师歼敌坂垣师团第 21 旅团 1000 余人，炸毁日军汽车 100 余辆，大车 200 多辆，缴获炮弹 2000 多发，机枪 20 余挺，战马 50 多匹，步枪 1000 余支，其他辎重物资不计其数，取得了抗战以来第一次对日作战的辉煌胜利。115 师的胜利，打破了日军自甲午战争、日俄战争以来"不可战胜"的神话。

平型关之战获得重大胜利的消息，很快传遍全国各地。各党派、各阶层发来的贺电、贺信如同雪片一般飞来，以"抗战领袖"自居的蒋介石也致电表示庆贺。

八路军时期的林彪

一夜之间，林彪的名字家喻户晓。“抗日名将”“民族英雄”“常胜将军”等桂冠挤满了全国各大报刊的头版头条。从此以后，伴随着更多的胜利，林彪这个名字，真正响彻长城内外、大江南北。

五、辽沈大战

1945年8月15日，日本宣布无条件投降，中国人民的抗日战争终于宣告结束。

日军原先占据的东北地区，既是中国重工业最发达的地区，也是最大的产粮区，因此，东北立即成为国共两党两军争夺的焦点。为了接管东北，蒋介石在10月30日任命杜聿明为东北国军统帅（其后陈诚、卫立煌相继接任），并陆续调来经过对日作战的中国远征军及其他国军精锐进军东北。这些国军大部分美式装备，经过美军训练，他们摩拳擦掌，磨刀霍霍。

几乎与此同时，10月31日，来到东北的中共部队和当地的东北抗日联军等整编为东北人民自治军（后称东北民主联军），由林彪出任总司令。一时间，东北大地上风雨欲来，阴云密布。

1946年6月16日，中共中央决定加强东北地区党的领导，以林彪为东北局书记、东北民主联军总司令兼政治委员，彭真、罗荣桓、陈云、高岗为东北局副书记、东北民主联军副政治委员。这一决定赋予了林彪在东北地区最高指挥者的权力，他在东北地区的地位和声望也迅速提升。

1946年6月26日，国民党军队向共产党的中原解放区发起进攻，国共内战全面爆发。

在东北战场上，林彪充分显示出了他杰出的指挥才能，他总结出“一点两面”“三三制”“三猛”等战术原则。“一点两面”就是在进攻敌人时集中力量突破一点，得手之后迅速扩大战果，正面进攻与侧面迂回包围、分割、穿插相配合；“三三制”即每班分成三个战斗小组，每个战斗小组三至四人，进攻时以小组为单位，队形疏散可减少伤亡，容易聚拢便于形成战斗力；“三猛”即猛打、猛冲、猛追。林彪把复杂的战术问题用几个字简练地概括，好学好记，便于推广，这些战术原则，在东北野战军中推广很普通，应用也很广泛。

这个时候，林彪带兵只管打仗，别的事几乎不问。在指挥东北战场的各战役、战斗的过程中，林彪差不多终日倒骑着椅子面对墙上的地图，长时间不许别人打扰，一个人面朝地图观察和思考。林彪布置战役计算十分精确，可以说他精于运筹。他不善于与别人交流和讨论，而喜欢一个人默默地想。一旦他开口布置任务，那就是命令，别人只能是听命和执行。他对战场兵力的计算可以精确到一个营甚至一个连。他不打无把握之仗，每仗都留有余地。在进攻时他要计算到有全胜的把握，在此基础上还要留出退路。

在东北辽阔的黑土地上，林彪几乎打败了蒋介石麾下的所有名将：熊式辉、杜聿明、陈诚、卫立煌。白山黑水之间，竟成了这些国军名将身败名裂的滑铁卢。

1948年7月初，国共双方兵力的对比，已由战争爆发时的3.14：1，变为1.3：1。同年9月，中共中央在西柏坡召开政治局扩大会议，决定抓住有利时机，与国民党进行战略决战，决战方向首先指向形势于己有利的东北。

1948年8月，人民解放军东北野战军已控制了东北97%的土地和86%的人口。

国民党军队虽然仍有四个兵团 14 个军 44 个师（旅），加上地方保安团共约 55 万人的部队，但被分割、压缩在沈阳、长春、锦州三个互不相连的地区内。

由于部分北宁铁路为人民解放军所控制，长春、沈阳通向山海关内的陆上交通被切断，补给全靠空运，物资供应匮乏。当时东北是全国唯一一个人民解放军军力超过国民党军队的地区，因此中共中央军委把决战的第一个战场选在了东北，选在了锦州。

不过，整个辽沈战役的关键不在于能否攻下锦州，而在于能否阻止住国民党在锦州西部云集的东进兵团。此时蒋介石已经在葫芦岛集结了 11 个师，准备增援锦州。而东北联军担负阻击敌增援部队的兵力只有八个师。一旦锦西防线被突破，国民党东进兵团便可与近在咫尺的锦州守敌夹击处于坚城之下的攻锦部队。

为确保夹击取得成功，蒋介石带着空军司令周至柔、海军司令桂永清、联勤司令郭忏亲临葫芦岛指挥，他含着泪对部下说：“万一你们这次打不过去，那么，只好来生再见了。”

因此，塔山一线成了交战双方的生死线，也是林彪最放心不下的软肋。攻城前夕，林彪还在强调：“攻击锦州最重要的保证，是要把锦西方面的敌军挡住。据报告，葫芦岛早先只有二个师，后来增加了四个师，现在又新添了五个师，总共有十一个师。在如此短促的时间内，能火速集结如此之多的兵力，葫芦岛一定有大人物。如果我分析的不错，蒋介石可能就待在那里。两锦相距五十多公里，机械化部队一个冲锋就可以洞穿，一定不能让他们合拢。”

塔山阻击战率先打响，而战局的发展，正如罗荣桓事先所说，是尸骨成山，血流成河。整个辽西防线，特别是塔山防线，都被鲜血重新浆洗了一遍。国民党军队整团、整师，甚至整个集团军发起一波波成建制的冲锋，满山遍野都是人的海洋，阵地反复易手，有的阵地，反复争夺达十次之多。在六天六夜的苦战中，仅塔山一地，国民党军队就遗尸六千多具。无论战争何等艰险，东北联军最终守住了阵地，从而也就宣告了攻锦战役的胜利。

10 月 14 日，林彪登临锦州城北四五九高地附近的帽儿山。他一声令下，总指挥部的总攻信号马上响起。攻击锦州的战斗终于打响了。经过 31 小时的激战，到 15 日下午 6 时，全歼国民党锦州守敌 12 万人，人民解放军付出了伤亡 2.4 万余人的代价。

攻锦战斗的胜利，实现了中央军委和毛泽东的战略意图，把蒋介石在东北的反动统治的“生命线”（沟通华北的咽喉）一举切断。诚如毛泽东 10 月 3 日电报所称：即使一切其他目的都未达到，只要攻克了锦州，你们就有了主动权，就是一个伟大的胜利。

10月17日，被长久围困的长春守敌60军宣告起义；19日，包括一个兵团部又一个军的守敌余部全体投降。曾经是伪满洲国首都的长春获得解放。

21日，从沈阳出动后一直迟疑逡巡的敌军“西进兵团”即廖耀湘兵团由彰武南下，从23日开始与人民解放军接触，无论哪个方向都遭到英勇顽强的阻击。在林彪指挥下，攻锦主力部队迅猛回师，其他各路也作向心集中，约50万大军26日将廖耀湘兵团合围在黑山、大虎山的约120平方公里的地域内，展开了前所未有的大歼灭战。

廖耀湘兵团是蒋介石最精锐的王牌部队，主要由新1军和新6军组成。国民党有五大美式机械化主力军，新1军和新6军就是其中两支。一时间，辽西平原烟尘蔽日，吼声震天，几十万大军南北奔逐，鲜血再次浆洗着这片黑土。

经过两天一夜的战斗，廖耀湘兵团十余万人全部被歼。蒋介石在北平得知廖耀湘兵团覆灭的消息后，气得吐血不止，沮丧地在日记中写道：东北全军，似将陷入墨尽之命运，寸中焦虑，诚不知所止矣!

11月2日，人民解放军乘胜直下沈阳、营口，历时52天的辽沈战役，至此画上了圆满的句号。

六、转战平津

1948年11月1日，中共中央军委发出通令，对全军的组织编制、番号作出统一规定。人民解放军分为西北、中原、华东、东北四个野战军。

17日，军委又发出进行平津战役的指示电，指出：从全局看来，抑留蒋系24个师及傅系步骑16个师于华北来消灭，一则便利于东北野战军入关作战，二则将加速蒋匪统治的崩溃，使其江南防线无法组成，华东、中原两野战军既可继续在徐、淮地区作战，也便于东北野战军将来沿津浦路南下，直捣长江下游。

16日、17日、18日，中央军委连续电示东北野战军司令员林彪，令东北野战军迅速隐蔽入关。

1949年1月中旬，中共中央和中央军委决定由林彪、罗荣桓、聂荣臻三人组成总前委，由林彪担任总前委书记，统一指挥东北野战军和华北军区所有参战部队。

80万人之众的东北野战军突抵华北和林彪等人在通县露面，使蒋介石大吃一惊，更是出乎华北“剿总”总司令傅作义的意料之外。

辽沈战役硝烟未散，老谋深算的傅作义就已估计东野将要入关。但他认为大战刚刚结束，东北共军至少需要三个月休整才能开拔，同时由于他和蒋介石之间的矛盾关系，南逃、西遁还是死守，他还一时下不了决心。

最后，傅作义采取了“暂守平津，保持海口，扩充实力，以观时变”的权宜之计，将他所辖的60万部队集中在北平、天津、张家口、唐山、塘沽等地，组成长约1200公里的防线。

根据毛泽东的指示，以林彪为首的总前委决定以迅速奔袭的行动，大胆插入北平、天津及其外围各点之间和侧后，完成对敌人的分割和包围，并以主力指向天津、塘沽、唐山地区。

从12月12日至24日，东北野战军和华北军区展开了一系列眼花缭乱的攻势和穿插动作。

首先，3纵、5纵、11纵于17日包围北平，1纵、6纵、10纵和华北7纵切断了平、津之间的联系，2纵、7纵、8纵、9纵、12纵共五个纵队完成了对天津的包围；其次，华北19兵团攻占新保安，消灭了傅作义的摩托化“王牌军”35军，华北20兵团和东北4纵攻克张家口，把傅作义的11兵团聚歼于风雪荒野之中。

待到平、津两地只剩下“一片孤城万仞山”时，傅作义才从噩梦中醒来，发现自己中了计。新保安、张家口之战切断了傅作义西逃之路，但增大了敌人从天津方向海上东逃的可能性。林彪决定派刘亚楼再率五个军22个师，从速攻占天津。

他先是利用刘亚楼与国军守军将领陈长捷的代表谈判的机会，制造攻城指挥部及主力部队都在城北的假象，诱使陈长捷将主力部队调往天津城北，使天津中部城防空虚，再利用天津沿铁路南北走向的特点，指挥各主力部队在天津中部东西对进，对天津发起两面夹击。

中央军委要求四野三天攻下天津，林罗限令两天拿下天津，刘亚楼笑立军令状：“30个小时足矣。”

1月14日，解放军以强大兵力发起对天津的总攻，东北野战军集中五个纵队22个师34万人在刘亚楼指挥下，经过29个小时激战，一举攻克了这座坚固设防和重兵守备的大城市，天津国民党守军10个师13万人全部被歼，天津警备司令陈长捷被俘。

天津易手，北平就陷入四野百万大军的重重包围之中。战争的进展向傅作义提出了同样一个问题：是战？还是和？

北平之战从军事意义上来说已经没有任何悬念，它注定是一面倒的结局。但是，对于如何解决坐困守死的几十万国民党军队，平津战役前线指挥部有不同看法。

为了使北平这座举世闻名的古都免遭破坏，几百万居民免遭战火，聂荣臻力主和平谈判，通过改编的方式解决北平问题。他认为：“天津是北平唯一的海上退路。现在天津已被攻克，北平之敌成了困在陆地上的旱龙，饥馁疲惫，没有转机。根据北平地下党组织提供的情报，傅作义在严峻局面的压迫下可能考虑和平解决北平的问题。”

在这个时候，北平的地下党组织，在刘仁领导下，对傅作义做了大量工作，他们甚至通过傅作义的女儿、地下党员傅冬菊了解掌握了傅作义的各方面动态，劝傅作义不要跟蒋介石走。

由于解放军力量的强大和作战部署的迅速完成，由于中共的耐心工作和各界人士的敦促，1949年1月25日，傅作义终于决心顺应人民的意愿，率北平守军52万人马开出城外，接受人民解放军和平改编，北平从此宣告和平解放。

以人民解放军进入北平为标志，历时64天的平津战役宣告结束。这次战役，在以林彪为首的总前委领导下，人民解放军以3.9万人的伤亡，歼灭和改编国民党军一个总部、一个警备司令部、13个军部、50个师（内含两个骑兵旅），共52万人。至此，除太原、大同、新乡、安阳以及有意暂时保存下来的归绥（今呼和浩特）外，华北地区全部解放。

辽沈、平津、淮海三大战役之后，国民党主力部队已被消灭殆尽。剩下的107万部队分布在新疆到台湾的广大地区内和漫长的防线上，在战略上已经丧失了实施有效防御的能力。

1949年3月11日，东北野战军改称中国人民解放军第四野战军（简称“四野”）。为了加速解放战争在全国胜利的进程，1949年4月，林彪继续率部南下，

林彪元帅

进军中南。他6月率四野主力渡过长江，先后指挥了安新战役、宜沙战役、湘赣战役、衡宝战役、广东战役、鄂西战役、广西战役、海南岛等战役，共歼国民党军43万余人，解放了湖北、湖南、江西、广东、广西五省。

军事家运筹帷幄的方式差别极大，各野战军指挥部的气氛也各不相同。动静最大的一野指挥部，无论何时都能听见彭德怀旱雷般的声音，从指挥人员到机要参谋都显得紧张严肃。相比之下，二野的指挥部则平和得多，刘伯承、邓小平两人都是举重若轻的性格，加上合作十余年，做到了心领神会、水乳交融，手下的参谋也都成竹在胸、有条不紊。三野指挥部总是笑声不断，陈毅妙语连珠的俏皮话层出不穷，连一向不苟言笑的粟裕都忍不住开怀大笑。而最神秘、最安静的就是四野指挥部。

一位随军记者曾反复央求参观四野指挥部，参观后他大惑不解，在报道中写道：“人们难得看见前线最高司令员——林彪那白皙清瘦的面庞，他足不出户，日夜隐居在四壁挂满了作战地图的斗室里，在躺椅上目不转睛地审视那无言地图，一坐就是一天。”

足不出户而能算无遗策，这就是林彪的神奇之处。在解放战争的五年征战中，林彪指挥大兵团作战，其战争规模最大时可集结近百万人。在数十次战役、战斗中，由于他谋划准确，决策果断，指挥得力，终于成就了他“无敌元帅”的美名。

七、婚姻之路

1914 年，林彪年仅 8 岁，父母就为他订下了亲事，找了一个比他大三岁的小姑娘做童养媳，这个小姑娘，就是本镇汪家的二小姐。

1927 年春节前夕，投身革命并跟随北伐军进驻武汉的林彪收到家中来信，信是林父写的，信中写道：

“育蓉吾儿：时光过得真快，转眼你离开家又有一年多了，前不久听人说，你参加了北伐军，而且已到了武昌，所以，特地写封信给你。父已年老，近年来更是一天不如一天。特别近月来，父已病入膏肓，至今再也不能下床行走了。望吾儿能在繁忙中抽空回家一趟，看一眼你这可怜的父亲……”

林彪是个孝子，父亲的信使他潸然泪下，他当即请假，马不停蹄地往家里奔去。

除夕之夜，林彪回到家。一踏进家门，林彪就怔住了：自己的父亲毫无病态，正坐在火炉前与家人谈笑风生。这是怎么回事呢？

原来，父母是要为他回来和汪小姐完婚。林彪得知事情真相后，十分恼火。这时他已接受了新思想，早就不满意童年那桩没有一点感情基础的亲事，可是在父母的苦苦哀求下，林彪不忍伤老人的心，无奈地答应下来。

回到部队后，林彪赶紧给父母和汪氏写了一封信。信的大意是：我已投身革命，不知何时会身首异处，前途实在未卜，请汪氏不要再耽误自己的青春年华，另寻个好人家吧，原谅我不仁不义，请父母原谅我不孝。

父亲看林彪的信后，气得破口大骂，可又无可奈何，汪氏在家痛哭了好几天，然后当众发誓：此生不再二嫁。果然，以后任凭父母、亲友怎样劝说，汪氏对别人的提亲一概拒绝，终身未再婚，始终在林家侍奉林家老少。

1937 年，林彪在延安和张梅结婚。张梅的真名叫刘新民。米脂虽穷，但水土好，自古就有“米脂的婆姨绥德的汉”的民谚。而张梅在米脂又算是一个出类拔萃的美人，人称“陕北一枝花”。然而，真正打动林彪的并非是张梅俊俏的外貌，而是张梅活泼开朗、爱笑爱唱的个性。一年后，他们有了自己的孩子——林小琳。

1938年冬，经党中央批准，被阎锡山的晋军士兵误击受伤的林彪由张梅陪同，赴苏联养伤。这一去，林彪在苏联待了三年。

在苏联，林彪夫妇受到热情接待。他们被安排在莫斯科郊区一幢舒适的房子里。林彪戎马征战多年，看惯了刀光剑影，现在过上了安宁的生活。然而，就在这时候，林彪和张梅性格上的冲突日益显露出来，感情开始出现裂痕。

林彪性格孤僻，内向，沉默寡言，除研究军事外没什么别的业余爱好；而张梅性情活泼好动，个性强。这种性格气质上的反差，在两个人相识之初，是一种神秘的吸引力，但随着从恋爱走向婚姻，激情被平静的家庭生活代替，就产生矛盾了。

林彪是个夫权思想很重的人。在苏联时，他自己不爱出门，也不喜欢社交活动，也不许张梅与外界接触，不许她参加政治、文化活动，要张梅整天在家陪他。张梅本来就活泼如一只小鸟，现在让她整天待在屋子里陪少言寡语的林彪，她觉着简直像是在坐牢，哪受得了这些？所以，林彪越是不让她出去，她越要出去，甚至在星期天也不和林彪在一起，两人越闹越僵。

1942年林彪从莫斯科回来，只身返回延安，张梅留在了苏联。

林彪一生中的最爱是孙维世。虽然，在很大程度上，这种感情只是林彪的单相思，但这是林彪心底最持久的爱。

孙维世是烈士孙炳文的女儿，孙炳文于1922年和朱德一道赴欧洲，认识了周恩来，并且与他结为挚友。孙炳文牺牲后，周恩来和邓颖超把这个烈士的遗女当作自己的女儿来抚养。

在延安，孙维世先后就读于抗大、中央党校和马列学校，接受了系统的革命理论和文化教育。1938年，她年仅18岁时，就加入了中国共产党。

这时，孙维世成为了陕北一颗闪亮的星，她天生丽质，又聪明伶俐、富有教养，深得大家喜爱。她早年曾在艺术团体中工作过两年，所以，有着一种俏丽的艺术风采，好似涓涓清泉，给延安带来一阵阵欢快的气息。

孙维世在延安时，林彪是抗大校长。虽然孙维世如此出众迷人，但林彪并未过多地注意她，因为那时林彪刚与张梅结婚，感情甚笃。

爱上孙维世，是林彪到苏联养病、与张梅感情破裂以后的事。不过孙维世最终拒绝了他，林彪的这段感情并没有修成正果，这不但成为了林彪本人一生的遗憾，也酿成了日后孙维世遭受叶群疯狂报复的人生悲剧。

叶群原名叶宜敬，1919年生于福建福州。在福州，她的家里虽然称不上第一

林彪与叶群夫妇

流豪门，但也是妻妾、仆人成群的家庭。父亲叶琦是国民党少将，有三房老婆。第三房小老婆更是聪明伶俐，长得风流，会察言观色，很会行事，颇得叶琦的宠爱。叶宜敬便是这位小老婆的爱女。

叶宜敬从小就像她妈一样，聪明伶俐，见什么人，说什么话。她聪明，爱逞强好胜，爱赶时髦。中学毕业后，叶宜敬考取了国民党控制的电台，担任广播员，并在国民党 CC 系学生组织举办的“演讲比赛”中获得头名。在抗日救亡的潮流中，不知道她是通过什么途径，参加共产党领导的革命阵营，也不知道通过什么途径，又来到了延安。

叶宜敬来到延安后，便改名为叶群。她只有 1.55 米的个头，但是五官端正，身材苗条，性格活泼，常常未语先笑，说出话来，总是甜滋滋的，当时在延安这个弹丸之地，她是“八美之一”。

偶然的一天，叶群听说平型关大捷的英雄林彪从苏联养病回来了，年龄还不算大，才比自己大十几岁。叶群表面上不露声色，但心里打定了主意，她要在适当的机会，向林彪发起攻势。就这样，在叶群有意识的接近下，不久林彪便和叶群结了婚。

1944 年，叶群给林彪生了个女儿，起名叫豆豆，即林立衡。1945 年，叶群又生了一个男孩子，小名叫老虎，即后来“571 工程”的直接黑手和指挥者林立果。林彪为人性格孤僻，晚年更是野心膨胀，阴谋篡党夺权，1971 年 9 月 8 日，林彪下达了反革命武装政变手令，企图谋害毛泽东，另立中央。在其妄图策划反革命政变、谋害毛泽东的阴谋败露后，于9月13日0时与妻子叶群、儿子林立果等从山海关机场强行乘飞机外逃，凌晨3时在蒙古人民共和国温都尔汗肯特省贝尔赫矿区南10公里处机毁人亡，最终落得了万人唾骂的下场。

历史评说

林彪为人性格孤僻，内向，沉默寡言，除研究军事外没什么别的业余爱好，留下的直接资料很少，晚年更是野心膨胀，阴谋篡党夺权，最终落得身败名裂。但同样不可否认的是，林彪在其军事生涯中的成就非常辉煌，蒋介石更是痛斥他为“战争的魔鬼”，作为一个军人，被昔日的黄埔校长、敌人的最高领袖如此评价，想来也是林彪个人的荣光吧！

谈笑用兵——陈　赓

在解放军将领中，陈赓名列“黄埔三杰”，是传奇色彩最多的一位。这同他活泼好动、幽默风趣、喜欢开玩笑的性格有着很大关系。他在中央特科的神秘经历、被捕两个月却又逃出生天的神奇手段、屡屡击败国军名将的赫赫功勋，甚至因为抗法援越和抗美援朝战争的关系，在国际上，陈赓也享有很高知名度。

小档案

姓名字号：陈赓，原名陈庶康

籍　　贯：湖南省湘乡市

生卒年月： 1903.2.27—1961.3.16　卒年 58 岁

毕业院校：黄埔军校

军　　衔：大将

主要军职：中国人民解放军副总参谋长，中央军委委员。

一、救蒋、反蒋

1955 年 3 月 19 日，美国《纽约时报》记者苏兹贝格在台北访问了蒋介石。蒋介石在回忆到黄埔军校时说：“黄埔时期，我有许多杰出的学生”，他指着身边的“交通部长”贺衷寒说：“他就是当时的黄埔三杰之一。”

苏兹贝格问：“另外两杰是谁呢?”

“那两个是共匪。”贺衷寒似乎有些焦躁不安，他在座位上转动了下身子，“他们背叛了孙总理的三民主义，也背叛了校长。”

“能说说他们的名字吗?”

“蒋先云”，贺衷寒不耐烦地说，“北伐战争中被打死了。”

“他是我最得意的学生，奇才。是共产党害了他。”蒋介石接过话题，“另一个叫陈赓，当年我也很喜欢他，在战斗最危急的时候，他救过我的命，可惜中共产党的毒太深，处处和我作对。这个人你们美国新闻界应当知道，不久前他还和你们在北越和韩国打仗!”

18 年后，也就是 1973 年 9 月，苏兹贝格在北京访问了周恩来，其中也谈到了这个问题。苏兹贝格说：“我在台湾见到一个黄埔学生叫贺衷寒，听说他还是黄埔三杰之一?”

周恩来耸耸厚重的眉毛，嘴唇抿成一条缝，过了一会儿，若有所思地动了动嘴唇：“他是黄埔军校时期孙文主义学会的头目。后来在政训处培养了一批军队特务，解放前夕跟蒋介石跑到台湾，但蒋知其有野心，并未重用他。在我们中美建交之时，他忧郁而死。你说的黄埔三杰，另两位是共产党员。‘三二〇’事件之后，蒋介石最得意的学生蒋先云同志，他第一个声明退出国民党。另一个是陈赓同志，是我们国家的大将，是我很喜欢的知识分子出身的战将。他在第二次东征时救过蒋介石的命，又在长征中救过我的命……”

黄埔军校学生那么多，为什么只有“三杰”呢？这主要是因为他们学习成绩出类拔萃，作战身先士卒，并且是大家公认的军校生领袖。但当时人们认为“三杰”也各有特点，顺口溜编的是：“蒋先云的笔，贺衷寒的嘴，灵不过陈赓的腿。”主要是说他办事手脚灵快。

1925年10月1日，国民革命军举行第二次东征。蒋介石任总指挥兼第1军军长，周恩来任总政治部主任兼第1师党代表，第1师师长是何应钦。这一次，革命军的实力比上一次东征时更为强大，然而，打到惠州时却久攻不下。

10月11日，东征军第4团连攻两天，伤亡惨重，未能攻下。在议论纷纷声中，蒋介石提出撤军的主张，周恩来坚决反对，提出三面攻击、网开一面、诱敌出逃、再聚而歼之的作战计划，并派蒋先云组织共产党员和青年团员的敢死队登城。

结果，周恩来亲临前线指挥，陈赓在担负攻城任务的第4团当连长，首先率领部队攻上城头。敌人子弹打中他的右脚，他忍着伤痛像没事人似的继续冲杀。浴血奋战到第二天傍晚，终于全歼陈炯明精锐的守城部队。

此后，东征军长驱直入，进军潮州、梅县地区追击残敌。蒋介石看中陈赓作战勇敢，就下令调他带领他的连队到总指挥部担任警卫任务。

惠州攻克后，国民革命军分两路进军：第1师沿着海岸继续东进，于20日攻克海丰县城，总指挥部则跟着第3师向广东省东北的梅县方向前进，10月27日在华阳镇与敌军遭遇。

第3师是一支才收编的旧军队，组织涣散，士气不高，没有什么战斗力，与敌军一交火，敌军的兵力、火力都大大超过了第3师，结果，战死了一个团长和两个副团长后，部队马上败退下来。

蒋介石闻讯急忙赶到华阳督战，可第3师已像潮水一般溃退下来。有些溃兵竟肆无忌惮地从蒋介石面前飞快地掠过。蒋介石再也无法忍受，他大声喊叫道：“陈赓!”

陈赓马上跑过来。

蒋介石下令道：“陈赓，你是黄埔的好学生，现在革命危在旦夕，你赶快下山，传达我的命令，不准退却！临阵脱逃一律枪毙!”

陈赓拔出驳壳枪，冒着炮火，飞奔到前沿阵地，找到第3师师长谭曙卿，传达了蒋介石的命令。谭曙卿面对自己部队的溃退，既无可奈何又恼怒不已，他用衣袖揩干脸上的汗污，抽出军刀狠狠挥舞几下，说道：“我再冲一次!”

然而，兵败如山倒，任凭他怎么呼喊，也没人上前。陈赓对这支溃军也无能为力，他再度跑回山头，向蒋介石报告军情。蒋介石暴跳如雷："娘希匹，谭曙卿是毁我国民革命，我要枪毙他！"

此时陈赓清醒地知道，危局一时难以扭转，便对蒋介石说："校长，指挥部该撤退了！"

"撤退？现在怎么能撤退？打到一兵一卒也要坚守阵地！"蒋介石还强撑着面子。

"我们已经落入环形包围圈，不转移个地方，无法反击！"陈赓着急地说。

蒋介石环顾四周，只见周围不断有人中弹倒下，敌军的喊叫声愈来愈近。他这时才感到危险逼至身边，陈赓见情势危急，上前一把架住蒋介石，就朝山下跑。

跑到山下，蒋介石忽然不走了，一屁股赖到地上，颓然道："我不走了！我堂堂总指挥落到这步田地，还有什么脸回去见江东父老！"

蒋介石愈说愈激动，不由得声泪俱下："我在黄埔一直教导你们，战死则罢，不战死则杀身成仁，今天我要实现自己的诺言，不辱黄埔之威名！"

说着，蒋介石拔出短剑。

陈赓一把夺过短剑，劝道："你是总指挥，你的行动会对整个战局发生影响，这里没有黄埔的军队，赶快离开这里，再不走就晚啦！"

蒋介石望着陈赓，这才无奈地说："我实在走不动了！"

"我背你走！"说完，陈赓在蒋介石面前蹲下，等候蒋介石趴上来。

蒋介石犹豫了一下，还是趴到了陈赓宽厚的背上。陈赓背着蒋介石这样跑了几里路，终于跑到一条小河边。陈赓指挥自己的连队迅速展开占领阵地，掩护总指挥过河。

事后，陈赓临危救蒋马上轰动了东征军和黄埔军校，并由毕业的学生带到了全国各地，使陈赓闻名遐迩。后来，蒋介石见陈赓铁了心跟共产党走，把陈赓的名字也列到了"不可重用"之列，不过蒋介石念及救命之恩，在发动反革命政变之前默许他离开黄埔。

1927 年 4 月，陈赓从苏联学习后刚回到国民政府所在地武汉，蒋介石就在上海、南京发动了反革命政变。随即，陈赓参加了黄埔同学讨蒋委员会，他和蒋先云在武昌阅马场举行声势浩大的 30 万余人"讨蒋大会"，通过了《反蒋宣传大纲》《告（黄埔军校）各期全体同学书》等文告，出版《讨蒋特刊》，振臂高呼：

“昔日校长，今日校贼!”

“蒋贼不除，世无天日!”

二、劝降、拒降

大革命失败后，中共中央机关迁至上海。为保卫党中央的安全，1927 年 11 月 14 日，中央在上海建立政治保卫机构——中央特科，由周恩来直接领导。

特科的主要任务是保卫中央领导机关的安全，了解和掌握敌人的动向，营救被捕同志和惩办叛徒特务，被称为红队或“打狗队”。

特科设总务科（一科）、情报科（二科）、保卫科（三科，也称红队）。第一科成立最早。为了加强对敌侦察工作，中央特科在 1928 年 4 月设立情报科（二科）。成立之初，即任命陈赓为二科科长，同时参与三科行动。

1928 年 4 月，党中央政治局常委、组织局主任罗亦农被叛徒何家兴夫妇出卖，陈赓亲自出马，枪决了叛徒，特科严惩何家兴夫妇的正义行动，制止了叛徒进一步出卖党组织的罪恶活动，保卫了党中央机关的安全。

1933 年 3 月，陈赓在上海治疗枪伤时被叛徒认出，身份泄露后被捕，迅速被押送到了南京进行严刑审讯。

随后，陈赓被捕的消息传到了在南昌指挥“围剿”红军的蒋介石的耳朵里。他立即命令把陈赓押到南昌，他要亲自出马“劝降”。

陈赓被押到南昌的第二天，蒋介石传令要在客厅“会见”他。

蒋介石一见陈赓，看到他蓬头垢面，衣衫褴褛，一副吃惊的样子，责骂：“南京这些人也真混蛋，未经允许就随便用刑!”

然后，他又带着几分“歉疚”地关照说：“马上换衣，先治伤，再谈其他事。”

蒋介石觉得自己跟陈赓有着特殊的“缘分”。因为在第二次东征中，陈赓曾冒着危险救过他的性命。于是，他又重提当年陈赓救命之恩。陈赓一眼识破了蒋介石的用心，坦率地说道："你想把我怎么样就直说吧，用不着转弯抹角。"

蒋介石笑了笑，把一杯茶递给陈赓，说道："你是校长的好学生，我很佩服你的才华。虽然你在政治上犯了错误，但看在过去你的贡献上，我还是能原谅你的。"

陈赓把脸转向一边，冷冷地答道："谢谢你的好意。不过，我并不需要你的原谅。"

蒋介石感到有些扫兴。停了片刻，他只好亮出了底牌，他递给陈赓一张纸，皮笑肉不笑地说："只要是肯写几个字，什么事都好商量……"

"写什么字?"

"自首……"

陈赓接过蒋介石手中的纸，挥笔疾书，一下写满了"打倒蒋介石！打倒卖国贼！"等口号。蒋介石一看，生气地说："你这个态度，你这个态度！……"然后命令把陈赓押下去。

蒋介石一计不成，又生一计。过了几天，他又把陈赓"请"到自己的办公室。然后把卫兵训出去，满脸赔笑地给陈赓让座、倒茶，并为自己前天的"粗暴失礼"向陈赓道歉。

陈赓没入正座，坐在旁边的沙发上说："你不要逢场作戏了，你的一举一动、所作所为我都看透了，我希望你对我不要有任何幻想。"

蒋介石又挨了当头一棒，感到很难堪。随即，他还是笑着对陈赓说："你不要激动，不要激动，我……我看你还是当年咱们一块共事的脾气。今天谈点别的，谈点别的……"

然后，蒋介石站起身，在屋里来回踱着步子，僵持了一阵，才说道："现在国家弄得这么糟，每天都有人在流血，中国不能这样沦陷……"

陈赓当即打断了蒋介石的话，义正辞严地道："谁造成的这种局面，中国人心里都有数。你不主张抗日，却发动反革命政变，屠杀人民，难道这些责任还要我们共产党人负吗?"

"陈赓，你还年轻，前途无量啊。俗话说'人生一世，草木一秋'，我劝你还是想开点……"蒋介石斜了陈赓一眼，接着又说，"你是个带兵的将军，还穿满身虱子的衣服，这多不体面啊!"

陈赓答道："我陈赓天生和虱子有缘分。虱子是革命虫!"

蒋介石又说道："草鞋总该换换吧?"

陈赓冷冷地答道："我就是个'草鞋将军'!"

蒋介石嘴里像塞了团棉花，"这……这……"半天没说出一句完整的话。

又僵持了一阵，蒋介石无奈地说："只要你肯过来，愿意带兵，我马上给你个师长，就是给你个军长，也是一句话……不愿意带兵嘛，也好。我可以给你个特务总队长干，只要你同我合作，这些都由你挑……"

陈赓慷慨激昂地说："我陈赓是中国共产党党员，决不做你的狗官。更不会像你一样卖国求荣，背叛革命，榨取人民的血汗，来供自己享受！你想让我叛变自首，你打错了算盘!"

蒋介石一看陈赓这样的态度，勃然大怒，拍案而起："放肆！你要这样不识抬举，可别怪我忘恩负义。来人!"

卫兵们一拥而上，扭住了陈赓。蒋介石喊了声："慢!"又转过头问道，"陈赓，你到底回头不回头?"

陈赓昂着头，斩钉截铁地说："我陈赓没二话!"

蒋介石恼羞成怒，但又无计可施，只好命令先将陈赓押回监狱。

这期间，共产党组织曾多次派人组织营救陈赓，但由于敌人戒备森严，均未成功。宋庆龄也给蒋介石写信要求释放陈赓，但蒋无动于衷。后来，宋庆龄还亲自到监狱探望了陈赓。

对于如何处置陈赓，蒋介石费尽了心思：若杀了陈赓，天下人会说他"忘恩负义、恩将仇报"，另外，他是真心"爱惜"陈赓的才华，杀了又觉得太可惜！最后，只好命令把陈赓押往南京"休养"。

到南京后，陈赓真正受到了特殊"照顾"，不但黄埔军校时期的老同学纷纷前去探望他，而且允许他在整个南京市自由活动（但暗中有人盯梢），衣食住行都有专人侍候。但是，陈赓还是初衷不改。

蒋介石终于无计可施了。迫于无奈，他只好将陈赓释放了。

三、卧战、直罗

1935 年 10 月，中央红军到达陕北结束长征，同红 15 团合编，恢复了红一方面军的番号。蒋介石急忙调来五个师的兵力，对陕甘根据地进行第三次“围剿”，企图趁中央红军立足未稳一举消灭。毛泽东摸清了敌人意图，便决定在直罗镇一带创造战场，把东北军 109 师引来，全部将它吃掉，彻底粉碎敌人的“围剿”。

战前，中央红军已在吴起镇、瓦窑堡一带，休整了近一个月，补充了新战士，又进行了应急训练，为了打好这一仗，毛泽东要求除了主要指挥人员外，凡是跑不动路的，都动员留下，不让参战。为此，军团参谋长左权逐师逐团核实战斗实力。但是，当他核实到陈赓率领的 13 团时，问题就来了。

原来，左权和陈赓是湖南同乡，又是黄埔军校第一期同学，以后又都从事红军领导工作，朝夕共处，左权虽是军团参谋长，对陈赓却很尊重。这时，13 团团长陈赓有骨折性战伤，在征求陈赓的意见时，左权说：“你是否不去前线，我来代替你指挥？”

陈赓当然不干，笑道：“人家新官上任三把火，你却泼我一瓢水！”

左权只好又让一步，要配给他两匹马。陈赓还是不接受。

没办法，左权只好把团特派员欧致富叫去，嘱咐说：“你马上落实一副担架，从现在起，担架不要离开他前后，他算是阵前指挥，明白吗？”

欧致富马上落实担架去了。

由于长途奔波，陈赓的腿变得更跛了，拄的棍子，一撑都发弯。但是，专门给他备的担架一直闲置着，谁劝他都不坐。他总是一天乐呵呵的，有时一句话说得让人笑疼肚皮。

军团派来马匹将陈赓接去看地形。晚上回来，他异常兴奋，在战斗部署会上，高兴地打着比喻，问：“你们谁杀过‘牛’？这回要杀‘牛’！这头‘牛’，中央红军进入陕甘后，老跟着哨屁股，干部团挨哨过，13 团挨哨过。我们虽然砍了它几下尾巴，都没老实。这回打它‘牛’头，狠狠给它一捶，然后全给它开膛破肚!”

他这一说，大家都明白了。这牛就是指敌 109 师师长牛元峰。

陈赓又说：“13 团打了娄山关后，一直是当后卫，掩护全军。这次我抢来了硬任务，打头阵，拦住‘牛’头打。不过大家不要杀红眼就什么也不顾，要注意政治瓦解。这里有两句口号，大家可要记住：一句是，‘宽待东北军！’一句是，‘欢迎东北军掉过枪口打日本！’”

这一下把大家搞糊涂了。一位营长提出：“这是打仗还是去贴标语?”

陈赓严肃起来：“怎么？打仗就没时间贴标语？就是又打仗又贴标语。你一喊话，他就放下枪过来，那才是真本事。这股敌人的老家，让日本鬼子占了!”

那位营长播了一下自己的脑袋，抱怨说：“这瓢，简单!”

去“牵牛”的小分队已经到太白镇方向惹“牛”去了，好几天，“牛”没发火。大家等得有点不耐烦了。

11 月 10 日晚，一方面军终于下达了拂晓前包围直罗镇的命令。

部队已经养精蓄锐多时，说走就走，奔袭而去。但这一下可苦了团长陈赓，他拄起棍子走夜路，怎么走也走不过小伙子。渐渐地，团指挥所与部队拉开了距离，而陈赓和指挥所成员又拉开了距离。

欧致富一看急了，便马上命令：“警卫员，背团长！”为了跟上部队，陈赓这时也不好拒绝，只好由两个警卫员轮流背了一段路。就这样，还是和部队拉开了距离。

“担架!”陈赓自己叫开了。担架早在他身边转，可就是不坐，这回他急了眼，自己叫了起来。于是，担架队员和警卫员扶陈赓上了担架，抬起就走。陈赓躺在担架上叹气：“这真是抬着上战场了!”

经过一夜的奔跑，总算按时到达指定位置。13 团从东北面封住了直罗镇通往县的路和葫芦河东段，15 军团的 78 师从东南面封住另一侧。直罗镇东面被红军“钳”死了。1 军团的 2 师，从北向南拦腰打，4 师则封死直罗镇西面。

天一亮，两路红军同时发起攻击。漫山遍野，红旗飞舞，枪声震天，杀声四起。敌人虽有所准备，但没尝过红军歼灭战的苦头，还梦想太白镇及县两头之敌夹击红军。所以，尽管这头“牛”已被红军迅猛分割成几小块，牛云峰还下令拼命抵抗。

开始，红军一喊话，敌人就回一阵枪。进攻还不到半个小时，那位在会上“冒炮”的营长，就气呼呼地跑来向陈赓报告，说：“团长，有半个营敌人给我们堵住了，喊话他们死不缴枪，怎么办?”

陈赓看了看表，禁不住笑了，带着批评的口吻说：“你呀，性急也不能那么个急法。古人大战三百回合，还不分胜负。你才打多长时间，一回合还不到，人家就投降?”

欧致富接着说：“你不会用刺刀捅掉几个再喊！不杀个鸡给猴子看，谁信你马刀队威风呀!”

营长拍一拍自己的脑袋，又后悔地说：“是这道理。硬的他还没吃，怎服你软的!”说着，他便跑了回去。

这次，他脑子多转了几个弯。他命令部队猛攻击一阵，又猛喊起话。结果，他发现红军一喊话，敌人的军官就用枪威逼他的士兵。他一枪把敌军官干掉，敌人马上就乱了营，待红军端起刺刀冲过去，敌人的士兵吓得放下枪举手等着投降。有的还连声说：“我举过两次手了，别打，别打!”

解决了前沿这股强敌后，13团的战斗发展就很顺利，直往纵深打去。不到两个小时，兄弟部队已把敌人的师部给端了。敌师长牛元峰带着一个多营的部队，跑到东南角上一个土围子里。这个地方，15军团的同志早就给敌人安排好了“牛圈”。敌兵失去了指挥，就漫山遍野乱跑，红军也漫山遍野去抓俘虏。不大一阵子，除土围子敌人外，光俘虏的就有1000多人。敌一个师的兵力基本覆灭。

这时，周恩来上前线视察阵地。他见到陈赓，问起了战况。陈赓装着发牢骚的样子说：“小鱼小虾抓了不少，就是‘牛’还没套上。你就让我们团去宰‘牛’吧!”

周恩来笑笑说：“老陈呀，你只知道13团拼刺刀厉害，可还有个美称，叫‘猴子兵’，跑路打敌人援兵也是13团的好戏啊。你们就到张家湾一带打敌人的援兵吧。这里的‘牛’由15军团部分部队困住就行了。白天他跑不了，我们准备让他晚上跑，正好在运动中歼灭他。”

陈赓听周恩来这么一说，也不好再磨下去。事不宜迟，他命令马上收拢部队，向西奔杀而去。

途中，陈赓又和敌人106师干上了。结果，13团配合2师、4师消灭了敌人一个团，余下的敌人全部缩回甘肃境内去了。接着陈赓又挥师东来，准备再消灭羊泉之敌。此时已传来胜利消息：敌牛师长在突围逃跑途中被活捉了。羊泉之敌大概也得到了这消息，赶紧撤出逃离了战场。

至此，敌人的“围剿”又一次被粉碎。

四、陕北、河南

在延安抗大，有不少女同学，这些女同学很多是中央领导同志的夫人，可陈赓不管这些，照样和她们开玩笑。

这一天，萧华的未婚妻王新兰等女演员给来延安做客的国民党人演出，在卸装时，忽见一位身着国民党军装的陌生人走上台来，一把抓住她的胳膊，说：“快跟爸爸回家!”

王新兰气得全身发抖：“胡说八道，我不认识你!”

对方却不依不饶，紧紧地攥着她的手，一个劲儿地要拉她往外走。

这一举动急得王新兰大声向队长求援：“队长，你看这个人讲不讲理，我怎么会有国民党的爸爸，哪有这样冒充人家爸爸的!”

可队长只是笑，不说话，王新兰急得眼泪哗哗直流，哭起来了。

这时，队长才笑着说：“别怕，他是咱们红军师长陈赓，他逗你玩呢!”

惹得大伙哈哈大笑起来……

陈赓不仅喜欢开玩笑，而且胆子特大，有一次，毛泽东在陕北军政干部大会上作报告，台下几百人凝神聆听，被毛泽东的话所吸引。突然，座位上的陈赓站起来了，他径直走向主席台，然后，在众目睽睽之下，端起毛泽东桌上的茶杯，一咕噜把毛泽东茶杯里的水喝了个精光。然后，一抹嘴，他又若无其事在大家惊诧的眼光下回到了座位。

1947 年，中共中央撤出延安，转移到临近内蒙古的天赐湾，这时，晋陕交界的黄河两岸都成了胡宗南和阎锡山的天地，胡宗南派兵从南往北打，阎锡山从西往东挤。陕北虽然有彭德怀率领的西北野战军，但是两边夹击，陕甘宁边区依然处在危急中。

有鉴于此，毛泽东调陈赓率四纵回师陕北，摆在黄河两岸，东扼阎锡山，西挡胡宗南。这样既可以保卫党中央的安全，又可以增援彭德怀的西北野战军。同时，毛泽东又让刘邓大军做挺进大别山的准备，打算大举出击、经略中原，陈毅、粟裕兵团留在鲁西南，牵制蒋介石的15个整编师、41个旅。战局已经摆开。

陈赓的部队奉命来到黄河岸边风陵渡。但是，胡宗南的部队并没有大量回撤，对陕北的进攻也没有缓下来的迹象。两天后，陈赓骑着一匹高头大马风尘仆仆地赶来了。

傍晚，毛泽东的窑洞里，毛泽东、周恩来、陈赓围坐在一起。

“来，陈赓!”毛泽东首先举杯，“我和恩来请你，一为你洗尘，二为你接风，三为你庆功!”

周恩来也将酒杯举向陈赓：“来，干杯!”

陈赓举杯在手，站起身一饮而尽。

毛泽东用筷子给陈赓夹菜：“恩来你们是师生，今天要多喝几杯。”

饮罢头杯酒，三个人又坐下来连饮了好几杯。陈赓有些激动，放下酒杯突然冒出了一句话：“主席，恕我直言——你调我西渡黄河，不够英明!”

一句话，说得毛泽东微微一怔。周恩来急忙欠身拿了陈赓面前的酒杯：“你今天喝多了，不要再喝了。”

毛泽东取过酒杯重新放回陈赓面前：“说下去，我洗耳恭听。”

被酒涨红了脸的陈赓好像不明白周恩来劝阻的用意，又自斟自饮了一杯后，坐在毛泽东面前打开了话匣子：

“你让刘、邓大军挺进大别山，陈、粟大军挺进鲁西南，都是英明决定。这两路大军，向南可以直逼武汉，向东可以直压南京，就像两把快刀子直插蒋介石的心窝，这我从心底佩服。可是，全国战场一盘棋，对于我这个小棋子儿，你却摆错了地方……”

周恩来用眼色阻止陈赓，但被毛泽东察觉了：“让他把话讲完、讲透!”

陈赓继续说着：“主席，你不该让我西渡黄河，保卫陕甘宁，你应该把我拿出去，南渡黄河、东砍西杀，再给敌人的胸口插上一把刀！至于保卫陕甘宁，可以就近考虑。把我调过来，不谦虚地说，实在是大材小用了……”

“你这个大材我怎么小用了?”

陈赓直言："全国一盘棋，形势越来越好，越来越对我们有利。可是，我认为让四纵回师陕北，不是主动进攻，是消极防御，这是一着险棋……"

"大胆!"毛泽东猛地一拍桌子，霍地一下站起来，勃然大怒，"好你个陈赓!这次调你过黄河，可不是为了保护我毛泽东！你们都想在中原辽阔的战场上跃马纵横、杀个痛快，陕甘宁边区谁来保卫？你让我就近调兵，我调哪一个？你最近，我都调不动!"

毛泽东越说越激动，止不住又拍了几下桌子，把桌子上的酒菜都震动了。陈赓大吃一惊，连忙站起身来说："主席，我这只是一己之见……"

但是，毛泽东还是不罢休，火气更大了："陈赓，我晓得你曾救过蒋介石的命，难道这次想把我毛泽东、把党中央拱手送给蒋介石吗？岂有此理!"

陈赓一听，被吓得结结巴巴地说："我坚决执行中央的决定……"

他话一说完，此时此刻的毛泽东，却突然哈哈大笑起来："陈赓呀陈赓，你说别人怕死，我说了一句笑话，也吓了你个半死!"

这时，周恩来等人也哈哈大笑起来。

毛泽东用食指和中指夹着吸了半截子的纸烟，戳着陈赓的鼻子尖说："你怕么子嘛！跟你开个玩笑，你同中央想到一起了!"

周恩来这时笑着对陈赓说："主席就是要你把话全讲出来，告诉你吧——中央已经改变计划了。"

陈赓长长出了一口气。

毛泽东丢掉手上的烟头说："现在，豫西一带是个空子，你若南渡黄河、乘虚而入，在西至潼关到郑州的800里战场上，打他个昏天黑地——向东，可以支援刘、邓和陈、粟的两路大军，向西，可以配合陕北作战，从背后抽胡宗南一鞭子，他的800里秦川便在风雨飘摇之中！陈赓呀，你的想法很对!"

不久，毛泽东以其道还治其身，治了一次陈赓的佳话也在陕甘宁传开了，不少人为之弹冠相庆，都说喜欢作弄人的陈赓终于栽到主席手里了。

五、岁月如梭

1952年夏天，正在朝鲜指挥志愿军作战的陈赓奉调回国。他拄着拐仗，一瘸一拐地跟着周恩来，来到中南海丰泽园。

这是个四合院，四面是石基青砖瓦房，中间的草坪绿草如茵，边上有七棵婆娑的古柏和一棵古槐。拐过颐年堂往东，穿过一个不长的走廊，就是毛泽东住处。

警卫员告诉他们，主席在睡午觉，刚刚躺下。

周恩来驻足，朝旁边的空屋指指，招呼陈赓去坐。

陈赓诡秘一笑，搬过警卫员的马扎，搁在自己屁股底下，滔滔不绝讲起朝鲜战场上的故事，越讲声越大。

“是陈赓在外边吧?”毛主席不知何时惊醒，隔着窗棂朝外喊：“要进你就进来，在外面搞什么鬼!”

警卫员一听，手心冒汗不知如何是好。

陈赓跨进主席卧室，讷讷佯称：“哎呀主席，要知道你睡得正香，我就晚来一步……”

“你又要滑头，把打鬼子的一套都用到我的头上了，声东击西!”

“主席，要不你先睡，我跟总理在那屋……”

“我都给你搅清醒了，还睡个鬼，你叫恩来同志来，先商量你那个事吧。”

他们在三只绿平绒沙发上就座，听完陈赓关于朝鲜战争的汇报，毛泽东点起一支烟，说：

“美帝国主义想要打败我们绝不可能，我们一时要把美帝赶出朝鲜也不可能。我们的军队是一支政治素质最好的作战勇敢的人民军队，只可惜技术装备太差。我去苏联访问，斯大林曾向我建议，有必要组建一所高等军事技术院校，我决定接受这一建议。”

毛泽东像往常一样不慌不忙地讲着，准确地表述自己的思想。他伸出右手食指，用大家所熟悉的姿态，把烟灰抖进烟缸里，好像把自己的想法打上一个句号："军事工程学院一定要办，不能对帝国主义抱有幻想。"

"中央决定创办军事工程学院，那个草案你看到了吧?"毛泽东用指头敲打着桌面，沉思片刻，看到陈赓点头后，进而问道："谁来办?"

陈赓情不自禁地朝周恩来看了看。

毛泽东指了指陈赓，说："你来办吧!"

陈赓一本正经地皱起眉头："这个我可是隔行，恐怕办不好。"

主席却高兴地挥舞着右手，大笑道："你隔行，你说我们党内还有哪位懂行?你指出来。"

总理这时开口了，他对陈赓说："你是很合适的人选……你当过红军学校的校长，红军干部团不是很出色吗?你刚从前线回来，了解朝鲜战争的实际情况，你对敌我双方技术条件的悬殊差别是深有体会的吧?"

总理这句话一下子说到陈赓心里去了，他愉快地接受了任务，并向总理请求道："你可得当我的后台老板。"

周恩来笑了笑。

陈赓又提出一条："要干，你们得给我找个好政委。"

"我看你自己又当爹又当娘吧。"毛泽东一挥手，半开玩笑地说。

"你先去筹建，"周恩来说，"等开学，正式任命你为军工学院的院长兼政委。"经过一个多月的勘察研究，校址定在哈尔滨。成立了筹备委员会，陈赓自己则把主要精力放在教师和校舍两件大事上。

他请弹道专家张述祖教授根据建校方案中确定的专业，提出所要聘请的教授和专家名单。张教授抖着一长串名单，连连咋舌："我写是写出来了，可要调齐这班人，难，太难!"

"你说吧，"陈赓问，"调他们要经什么人同意吗?"

"起码要政务院副总理一级批，有些恐怕非得总理点头……"

于是陈赓就拿着名单，找贺龙、陈毅副总理以及习仲勋、安子文、杨秀峰等领导同志商量。有些人员只有请周恩来总理批示。

周总理日理万机，不是那么容易找到的，陈赓就赶去国务院西花厅去"堵"人。

陈赓见总理正在这儿接见民主人士，不好进入打扰，他急中生智，卡在总理的必经之路——厕所旁。总理上厕所，他就跟进去。总理好生奇怪，问道：“陈赓，你来做什么?”

陈赓把纸和笔递上去：“有几个教授的名单，请批一下。”

周总理说：“你等一下不行吗?”

“等一下，你就走了。”

“你真是急性子。”总理在名单后面签上一行字，又嘱咐道，“军事学院的两名教授，我已经跟刘伯承同志说过，你再找他，请他支持。”

陈赓从西花厅后门出来，火速赶到刘伯承住处。刘伯承望着陈赓急不可待的样子，故意脸一虎：“你的手真长，来挖我的墙脚来啦?”

陈赓毕恭毕敬：“师长，我哪敢呢。”

“你鬼心眼多着哩。”刘伯承握着他的手说，“你办院我能不支持你？你还叫总理给我打电话……”

正当陈赓踌躇满志，为哈军工的建设奔波时，病魔却一天天向他逼近了。长期艰苦的物质生活和超负荷的工作，使他的身体每况愈下。

1954年，哈军工刚刚初具规模，陈赓的心绞痛已发作频繁。

“我活着就要干!”

“我要争取再为党工作20年!”他没向病魔低头。

1954年10月，陈赓被任命为中国人民解放军副总参谋长，兼哈军工院长、政委。他工作重点移到北京，但心里仍时刻装着哈军工。

1955年9月，陈赓被授予中国人民解放军大将军衔，并获一级八一勋章、一级独立自由勋章、一级解放勋章。同月，任第一届国防委员会委员。陈赓又开始了为中华人民共和国的军队和国防建设奔劳。

1957年，陈赓发生第一次心肌梗死。1960年五六月间，陈赓第二次心肌梗死。这以后，陈赓被迫退居第二线。

1960年11月，陈赓的心脏已接近停跳的边缘，被送到上海治疗心脏病，他明显衰老了，头顶开始秃了，脸皮松弛。其实，他才刚满58岁，是多年的病痛令他如此衰老。但是，包括傅涯都没意识到他危在旦夕，陈赓也根本不承认病有多么严重，动不动就说：“过去打那么多仗都没有死，现在好好的就死啦?”因为心脏病，医生不让他吃肥肉，他就当着众人面，冲着傅涯大喊大叫：“傅涯你最坏了，不让我吃大肥肉!”

陈赓大将

3月的上海，阴雨连绵，气温降到3℃，一大早，陈赓就被剧烈的胸痛惊醒，他的前额上面渗出了密密的细小汗珠。见陈赓的心肌梗死又发作了，傅涯赶快给医院打电话。

不巧这一天是星期天，医院里的主治医生都回家了，陈赓痛苦的脸和额角上渗出了冷汗，傅涯紧紧握住他的手，焦急地望着他的眼睛。陈赓已经把牙齿咬得咯咯发响，使尽最后的力气挣扎着。

当医院的大夫终于赶来时，陈赓已经昏死过去了。打强心针，无效！按摩，无效！做人工呼吸，还是无效！穿刺，依然无效！

1961年3月16日8时45分，陈赓大将逝世。

六、爱情、婚姻

1927年4月下旬，中国共产党第五次全国代表大会在武汉召开，陈赓既是出席大会的代表之一，又带着特务营暗中警卫。在这次大会上，陈赓遇见了曾有一面之缘的王根英。

王根英是上海女工运动领导者之一，这一年21岁。她聪慧好学，泼辣能干，在五卅运动中曾给陈赓留下了很深的印象，陈赓对她暗生爱慕之情。这次会上一见，他决定利用这一机会，向王根英发起爱的攻势。

陈赓的首次恋爱很具传奇色彩。

一天，陈赓早早地来到会场大门口，王根英一来，他就跟在她的后面，然后瞅准时机，坐在王根英附近，装作没注意她，目不斜视地听大会报告。大会开了半天后，他就开始行动了。陈赓掏出纸笔，端端正正地写了一行字：

王根英同志：

我爱你，我向你郑重求婚，希望你嫁给我！

陈 赓

他写完，又认真读了一遍：简明干脆，自我感觉不错。于是，连同必胜的信心，一同折成一只纸燕，递给身边同志，小声叮嘱："请传给王根英同志。"

纸条没停留，几下转手就到了王根英手上。

王根英打开纸条看了一遍，迅速向这边瞥了一眼。这时陈赓高高挺起胸脯，脸上展开颇为得意的微笑，还忍不住迎着她的目光挤了挤眼睛。

然而，出乎陈赓意料的是，王根英对这种直接的求爱方式不仅没有好感，反而嗤之以鼻。她噘起嘴，向纸条背面轻轻啐了一点口水，反身扬起胳膊，"啪"的一声，把陈赓的求爱纸条贴在了墙上。接着，她像没发生任何事情一样，继续听大会发言。

陈赓一看，什么，公布于众?！心中更喜欢这位泼辣爽气的姑娘。心想：行，你贴墙上，我再写！他又伏下身，在纸上写道：“根英，我爱你，我请求你做我的妻子!”

纸燕又展翅飞了。这次飞到王根英手中，她展开看了一眼，啐点口水，反身又贴在墙上，压根不看陈赓了。两封求爱信在墙壁上迎风飘扬!

陈赓一见更来劲了！你不反对也不怕别人知道，那就是赞成。你贴，我再写，他又俯身写了第三张：“根英，我发誓要娶你为妻，不达目的不罢休!”

这次条子传到王根英手里，她眼皮都没眨，条子展开，直接翻过面，啐点口水，转身又贴在墙上。

正巧会议休息，会场内已经有不少人注意到纸条上墙之事，此刻围上一堆人看热闹，大家读着陈赓的纸条，都哄笑起来，陈赓则在一旁也禁不住窃笑。这时，有人打趣道：“王根英，你这样处理情书，到底是同意还是不同意呢?”

陈赓站在圈外挺得意地接口说：“我看总不是反对！她希望更多的人知道，我陈赓正向她求婚呢!”

“你别太自信!”王根英绷着脸反问，“我为什么要嫁给你?”

“为什么嫁给我，这个问题好回答嘛。”陈赓笑嘻嘻地说，“因为我爱你嘛！再说，我们郎才女貌，志同道合!”

王根英扑哧笑了，脸红扑扑地回敬一句：“脸皮真厚!”

大伙不甘寂寞，七嘴八舌参战了，倾向性几乎一致：

“嗨，我看你俩的确郎才女貌，天生一对!”

“陈赓打仗多勇敢，算得上英俊武生。”

“我说王根英，你这工人领袖，不嫁给北伐军勇士嫁给谁嘛。”

这次大会之后，陈赓求婚之事被周恩来、邓颖超知道了，他们笑着说陈赓不懂求婚艺术。周恩来说：“谈恋爱不是打仗，硬来可不行。”

后来，周恩来夫妇又出面牵线、搭桥，向王根英详细介绍了陈赓的经历和为人，鼓励他们相爱。不久，陈赓、王根英通过了解，终于结为了志同道合的夫妻。三贴情书也成为了佳话。

陈赓与王根英结婚后，志同道合，两人感情很深。但是，战争年代，夫妻离多聚少，两人经常分隔两地。

1939 年 1 月，日军抽调 3 万余众，分 11 路对冀南抗日根据地进行大规模“扫荡”。八路军主力立即展开了极其紧张的反“扫荡”斗争。同在 129 师的陈赓和王根英又分手了。

谁知这一别，竟成为永诀。

3 月 8 日，王根英随师供给部驻在南宫县东南的前后王家。这天，敌人突然发动偷袭，师供给部被敌人包围。等到师主力来救援的时候，王根英已经壮烈牺牲在敌人的刺刀下。

这时，陈赓正率领 386 旅越平汉线西进。他在当天听到这个不幸的消息，极度悲痛，在日记中只写了一句话：“三八，是我不可忘记的一天，也是我最惨痛的一天。”

丧妻之痛使陈赓掉了许多头发。但不久，他就剃光了胡子，又恢复了自己乐天派的本性，把对王根英的思念痛惜永远埋在了心里。

没了妻子，无牵无挂，战斗之余，陈赓却爱上了一个行当：他开始热衷于当红娘，“乱点鸳鸯谱”。结果，不仅把战地剧团的王新兰配给了少共国际政委萧华，而且把陕北公学的浦安修推荐给了彭德怀。

陈赓正陶醉在自己的“杰作”中，哪知别人也在“算计”他，给他安排了一次“巧遇”。

时间是 1940 年五六月间，地点在山西省武乡县蟠龙镇。抗大总校文艺工作团的傅涯和两位姑娘一早起来，唱着跳着，顺着山区土路，到蟠龙镇王智涛团长家取东西。在王智涛家里，她们看见了陈赓，他是养伤路过这里的。姑娘们早就听说陈赓许多传奇，围住他，叫他说些战斗故事。

“我有啥好讲的！”陈赓低头看看伤痛发作的腿，眉毛皱了皱，说，“会昌受伤的时候，我当时真想开枪自杀！”

三位姑娘一愣。她们听过不少首长作报告，但是像如此坦荡开朗的还是头一个。但是，接着陈赓马上对姑娘“吹”起了他在直罗镇大战牛元峰的“英雄事迹”，半假半真，绘声绘色。这次见面就给姑娘们留下了很深的印象。天真无邪的姑娘们，直到抬着道具出门，也没领悟王团长叫她们取“道具”的真正用意。

三位姑娘一走，王智涛就指指她们的背影，问陈赓：“你喜欢哪一个？”

“好哇，你在给我做媒？”陈赓大笑，毫不掩饰地指了指中间那个。

中间那个就是傅涯。她 1918 年出生在浙江省上虞县。她大哥傅森在林伯渠影

陈赓和夫人傅涯及孩子们在一起

响下，早年参加了革命。1938年初，傅森从西安写了一封信，动员妹妹去延安参加革命。同年4月，傅涯和弟弟傅希、妹妹余立，千里迢迢奔赴延安。

1943年2月，陈赓到河北涉县129师师部开会，刘伯承和邓小平腾出了司令部院内的一间西屋，让陈赓和傅涯结了婚。

婚后第二天一大早，陈赓拉开房门，对问候他的战友大喊："昨晚我爬高山如履平地。"羞得屋里的傅涯面红耳赤。

半年以后，傅涯也知道他"皮厚"的本性了。有一天突然问他："你老实说，你多大了？"

"40呀！"

"谈恋爱时你怎么少说了三岁？"

"缩小差距嘛。"

"你呀，老婆到手，本性暴露。"

婚后不久，傅涯搬到附近双曲村农民家，从事农会工作。每隔七八天回家一次，有时一忙，很久也顾不上回去。而陈赓，有时间总要到河边等她。逢人问他干什么去，便直言不讳："接老婆！"同事们都戏称他们是牛郎织女。每当周末的时候，同志们就集中到河岸齐声向对岸高喊："傅涯，你快回来吧！"好像比陈赓还着急。

在战争年代，陈赓深尝了“家书抵万金”的滋味。每次接到妻子来信，他都如获至宝。1951 年在朝鲜战场，他意外地收到了傅涯托人捎给他的一封信，欣喜若狂，再三展读，说：“人笑我痴，我却痛快，半月来的焦虑化为乌有！”

直到 1952 年陈赓从朝鲜回国，他们才有了一个固定的家。但陈赓仍然经常因公外出，每次外出，陈赓总是坚守一地一信或半月一信的“协议”，从不失约，表现了他们之间的真挚情感。

历史评说

在陈赓诸多传奇故事中，以他救过蒋介石一命的经历最引人注目，这也成了日后大家乐此不疲的话题，每当有人问起这段住事，陈赓总是说："早知道他那么反动，就把他扔到沟里去了。"蒋介石在退居台湾时，也说陈赓是个害群之马，五个胡宗南也不抵一个陈赓。

中华人民共和国成立后，陈赓为了创建"哈军工"，打造出新中国第一所军事工程技术的"黄埔军校"，研制导弹和火箭事业呕心沥血。钱学森后来赞叹："在我国现有条件下，这么短的时间内办起这样一所完整的、综合性的军事技术学院，在世界上也是奇迹。"

陈赓性格活泼，在黄埔同学中人缘极佳，几乎所有黄埔一期生都和他结下了深厚友谊，曾在陈赓被捕时与众黄埔系将领联名力保其性命的胡宗南，在提到自己的这位老同学兼老对手时，也只是自嘲笑笑："他是黄埔三杰嘛，败给陈赓，不算丢人！"

位极人臣——何应钦

何应钦是蒋介石政权和黄埔系的二号人物，真正的一人之下，万人之上，可谓是位极人臣。他与蒋介石关系极其微妙，作为校友和同事，在这对恩兄契弟之间，既有数十年如一日的效忠，也有西安事变时的逼宫之举，有权力之争，却又互为利用。诚如蒋介石所说："没有我蒋中正，就不会有何敬之。"国民党迁台之后，何应钦识趣地交出了权力，做了孤岛顺民。

小档案

姓名字号： 何应钦，字敬之

籍　　贯： 贵州兴义

祖　　籍： 江西临川

生卒年月： 1890.4.2—1987.10.21 卒年97岁

毕业院校： 日本陆军士官学校

军　　衔： 陆军一级上将

最高军职： 中华民国陆军总司令

一、黄埔精神

月光照不到这里。

这里，是台北“中华民国”前“行政院长”、“国防部长”何应钦何府。

1980年4月2日，正好是何应钦的90大寿，老友旧部将星云集，欢聚于一堂，连“总统”蒋经国也亲自到场为何应钦祝寿，令何应钦不禁受宠若惊。

人生七十古来稀，何况是90寿诞，此刻的何应钦身着戎装，佩戴中正剑在大堂中央挺立，簇拥在他周围的国民党将领们，绝大部分都是何应钦当年在黄埔执教时的学生。

同窗叙旧，师生尽欢，更有人情不自禁地唱起了黄埔军校校歌：

怒潮澎湃，
党旗飞舞，
这是革命的黄埔。
主义须贯彻，
纪律莫放松，
预备作奋斗的先锋。
打条血路，
引导被压迫民众，
携着手，
向前进，
路不远，
莫要惊，
亲爱精诚，
继续永守。

发扬吾校精神！

发扬吾校精神！

何应钦红光满面地端起酒杯，大笑道：

“承蒙各位大驾光临，何某不胜感激，就不一一招呼了，来，请大家尽饮此杯！”

黄埔一期生、空军一级上将王叔铭凑趣地递过来一份花名册，扭头喊道：

“同学们，今天我们再请老长官给我们点一次名好不好！”

众人为之大乐，于是又乱哄哄地按照他们当年在黄埔军校就读时的队列站好，齐声大呼：

“请老长官点名！”

何应钦拿着这份黄埔军校一至四期的入伍生花名册，目光扫过那一个个熟悉得不能再熟悉的名字，心中不禁感慨万千。

是啊，一转眼，已经半个多世纪过去了，当年的稚嫩学子，今日已凋零大半矣。

他们中间，有的早早牺牲在东征北伐战场上，有的在抗战时期壮烈殉国，有的在国共内战中折戟沉沙兵败被俘，还有一些人，如今正在海峡的另一边身居要职，此生却再也无法相见了！

“不点了，不点名啦！你们如今都是国家上将，被我这个没有一官半职的糟老头子点名算怎么回事！”何应钦摇摇手，渐渐地，他声音低沉下来：

“同学们，我何应钦并不算什么，请你们记住，是黄埔成就了今日的我和你们！我们先敬已逝的黄埔先烈们一杯！”

他沉吟着又道：“在海峡的对面，有我们的敌人和对手，但那里也有我们的同事和同窗，走到哪里，我们总还是黄埔校友！我相信，政治只是暂时的，精神才是永久的！”

最后，何应钦再次举起了酒杯，笑顾四周，道：

“勿忘黄埔精神！”

“勿忘黄埔精神——”

何应钦微微颔首，似乎在这一瞬间，他又回到了那个战火纷飞的年代，无论是已逝去的，还是未逝去的，一切都是那么熟悉，那么亲切……

何应钦出生在贵州省兴义县城西南 40 余公里的泥凼村。他自幼好学，成绩优异，17 岁考入贵州陆军小学堂，后被保送入武昌陆军第三中学。

1909 年秋，何应钦被录取为留学生，东渡日本进入东京振武学校第 11 期学习，与朱绍良、谷正伦、贺耀祖等人成为同窗好友，并于第二年同时加入同盟会。辛亥革命爆发后，何应钦满怀革命热情辍学回国，参加了光复上海之役，在沪军都督陈其美的司令部里，他认识了一位名叫蒋介石的年轻人，不过，当时两人并无深交。二次革命失败后，何应钦再渡日本，考入陆军士官学校第 22 期。

1915 年，何应钦学成归来，遇到了他生命中第一个“贵人”王文华。

王文华时任黔军总司令，与何应钦同为黄草坝老乡。何应钦受王之邀，又邀同窗朱绍良、谷正伦等人一同参加了黔军。此时护国战争爆发，贵州举旗响应，何应钦几人一到贵阳，即被委以重任。何应钦任黔军第 1 师步兵第 4 团团长兼讲武学校学生营营长。

然而，贵州虽小，黔军虽嫩，权力纷争却不亚于任何大省。王文华虽在黔军中握有兵权，但他的舅舅贵州督军刘显世更是树大根深，舅甥二人在贵州形成了“旧派”与“新派”两种势力。而以二人为核心的贵州兴义系军阀集团的主要成员，不是刘、王二人的宗亲姻亲、乡邻故旧，便是其门生弟子、同窗挚友。

在舅甥两派的明争暗斗中，何应钦作为留日士官生，自然而然地选择以王文华的“新派”作为自己依傍与效力的对象。但他起初并不想得罪刘显世，表面上对刘恭谨有加事之如父，小心地在刘、王二人之间周旋，使他在两人矛盾中得以暂时地安身。

1916 年 4 月 30 日，何应钦与王文华的胞妹王文湘缔结良缘。作为王文华的妹夫，何应钦的脚公开站到了王文华一边。在此后两年多时间里，他凭借严谨的军人作风和政治组织才干，成为“新派”的骨干。他创办的“少年贵州会”，对王文华团结省内外进步分子建立新党，最后夺取贵州政权奠定了基础，他本人也得以先后升任贵州讲武学校校长、省会警察厅厅长、全省警务处处长、第 5 混成旅旅长等要职，并晋衔为陆军上将，成为贵州新派人物中的核心人物。

1920 年年末，何应钦参与谋划和直接指挥了“民九事变”，与王文华一起迫使刘显世交出了贵州大权。

但是，刘显世表面上交出大权退出贵州，暗地里伺机反扑，在王文华放松警惕的时候，于 1921 年 3 月派杀手在上海将王文华杀害。

王文华一死，新派在贵州顿时失势，何应钦被迫逃往云南，准备投奔滇军总司令顾品珍。没想到刘显世继续派出杀手行刺于他，当时何应钦身中两弹，因抢救及时才终于脱险。

伤愈后，何应钦携妻前往上海投奔其内兄王伯群（王文华之兄），过起了寓公生活。何应钦少年得志的第一个人生峰巅就此以失败落下帷幕。

1924 年，何应钦经王伯群等人介绍，赴广州担任孙中山大元帅府参谋。后由其日本士官学校同学王柏龄推荐，被蒋介石任命为黄埔军校少将总教官。

何应钦与蒋介石原为东京振武学校先后期同学，又同在陈其美手下共过事，两人早已相识，也算略有交情，因此到黄埔军校任职后，何应钦对蒋介石很是恭谨，工作中丝毫不敢怠慢，加上他本人一贯作风严谨，认真负责，渐渐得到蒋介石的重视。

蒋介石在黄埔军校倚为心腹干将的，原是教授部主任王柏龄。王柏龄与蒋介石是从陆军速成学堂到东京振武学校的老同学，私交甚好。无奈王柏龄本人太不争气，每日不务正业寻花问柳，抽大烟喝花酒，沉溺于烟花柳巷内不能自拔，遇事则不见踪影。

如此一来，蒋介石就对忠于职守的何应钦越来越有好感，常把自己手上一些重要事务交给何应钦帮忙处理。这是何应钦一生效命于蒋介石的开始，他本人的命运也因此发生了巨大转变。

二、恩兄契弟

天空阴云密布，在棉湖方圆数十里内，无数巨大的烟柱直冲云霄，隆隆的枪炮声不绝于耳，空气中弥漫着刺鼻的火药味，这里就是东征右路军棉湖战场，从天顶方向往下俯瞰，此时交战双方的兵力部署已经打得犬牙交错，混乱得不成样子。

何应钦率领的教导第 1 团此刻正受到空前的压力，与陈炯明部下的林虎军开始了肉搏苦战。蒋介石见战事危急，生怕何应钦有所闪失，后果不堪设想。他将何应钦叫到指挥所，焦急万分地说：

“何敬之，你必须坚持住，一定要坚持到第2团赶到，坚决不能后退！否则不但我们完了，广州恐怕也完了！”

何应钦深知其中利害，就大局而言，此一战关系到黄埔系军人以及广东革命根据地的生死存亡；就个人而言，如若战败，自己和蒋介石乃至整个黄埔学生军，不仅将声名扫地，甚至性命难保。何应钦没有丝毫犹豫，当即表态：

“狭路相逢勇者胜，既然非拼即死，我这就去前线！”

何应钦振作精神，亲赴第一线督军作战，并在肉搏混战中身先士卒，极大地鼓舞了士气。何应钦还采纳了第3营党代表章琰的布疑兵之计，令士兵大造声势，杀声震天，多插旗帜，以做疑兵。敌军果然上当，犹豫不前。何应钦此招，为等待第2团支援人人争取了时间。

两个小时后，姗姗来迟的教导第2团终于赶到林虎军侧背，与第1团协同作战，将陈炯明所部打得狼狈逃窜，取得了棉湖战役的最后胜利，为第一次东征的胜利奠定了基础。

1924年年底，蒋介石将黄埔军校第一期毕业生组编为两个教导团，何应钦任第1团团长，这个时期的教导第1团，乃是国民党创建的第一支党军部队，堪称藏龙卧虎，名将如云，教导第1团的3个营长分别是刘峙、顾祝同、钱大钧，后来成为黄埔系高级将领的陈诚、胡宗南、周至柔、桂永清、杜聿明、黄维等人，当时均为教导1团下级军官或普通士兵。

1925年年初，广州军政府组成东征联军，讨伐陈炯明，何应钦的教导第1团被编入东征联军右路序列。2月1日，何应钦率教导第1团离开军校，10日击退平湖之敌。随后攻占淡水城，全歼守军一个旅，接着又以2000兵力击溃洪兆麟1万多兵力的增援部队，令陈炯明大为光火。

3月上旬，陈炯明集中林虎、李易标两部兵力四五万人，突袭何应钦部，并企图包抄东征军总部，在棉湖与黄埔军展开决战。

由于黄埔军教导第2团行动缓慢，未能按部署及时赶往敌人侧背进行攻击，致使第1团孤军作战，腹背受敌，情况万分危急。3月13日，双方开始了肉搏战。在此战中，何应钦于逆境中亲赴一线浴血奋战，令蒋介石也为之动容。

棉湖一番苦战，堪称以少胜多、使广州革命政府转危为安的关键性一战，黄埔学生军与何应钦也因此“一战成名天下知”。而1925年3月13日，也成为了蒋、何这对恩兄契弟同生死共患难的纪念日。

1925 年 7 月，孙中山大元帅府改为国民政府，国民政府在广州宣告成立。黄埔学生军随即改编为国民革命军第 1 军，蒋介石亲任军长，何应钦任第 1 师师长。第 1 军成为以后国民革命军第 1 集团军的基础，也是国民党“中央军”的基本班底，是蒋介石在大陆统治 20 多年的嫡系力量。

在第二次东征中，何应钦的第 1 师在惠州歼灭敌军主力，取得了惠州战役的胜利。从此，何应钦凭借显赫战功与谦逊做人的处世态度，与蒋介石一荣俱荣，一损俱损。

1926 年 7 月，蒋介石就任国民革命军总司令，誓师北伐。何应钦任国民革命军第 1 军军长兼潮梅警备司令。

在松口战役中，何应钦歼敌、招降四个师，以 2：5 的兵力大败直系军阀孙传芳的周荫人部。蒋介石为此称赞何应钦：“能从容应付，完全消灭敌军主力，因此预测到此次北伐之目的，一定可以达到。”

随后，何应钦任东路军总指挥，由福建一路向北进军，攻入浙江、上海，并于 1927 年 3 月攻占杭州，大败东南五省联军总司令孙传芳，何应钦因此声威大震。北伐军占领北京后，蒋介石即委任何应钦为“国军编遣筹备委员会”主任委员和“训练总监部”总监等职务。

北伐战争结束后，各路新军阀如李宗仁、阎锡山、冯玉祥、唐生智等均发展壮大起来，他们个个想抢占地盘，个个想扩大割据势力。而蒋介石作为国民政府军事委员会主席，要想真正完成统一大业，只能想尽办法削弱他们的实力。

于是，新的军阀混战拉开序幕，且一发而不可收。此间，何应钦在担任国民革命军总参谋长的同时，先后兼任武汉行营、开封行营、广州行营、郑州行营主任，在前线指挥部队与各路新军阀作战。

在蒋桂战争中，在讨伐张桂联军、讨伐唐生智的战役中，何应钦屡创佳绩，获一等宝鼎勋章。在 1930 年 5 月爆发的中原大战中，何应钦调拨百万大军与阎锡山、冯玉祥以及李宗仁等人组成的反蒋联盟展开激战。特别是衡阳一战，何应钦大败骁勇善战的桂军，保住了蒋介石的大后方，为中原大战的最后胜利奠定了基础。

1930 年 3 月，何应钦被任命为军政部长，直到 1944 年方才卸任，任此职前后达 14 年之久。

中原大战结束后，何应钦奉蒋介石之命，先后指挥 20 万、30 万、50 万大军进攻中央苏区，对红军发起第二、第三、第四次“围剿”。何应钦在军阀混战中能挫败群雄，“围剿”红军却是连连败北，且一次比一次败得惨重。第四次“围剿”失败后，蒋介石大发雷霆，连连哀叹：

“唯此次挫败，惨重异常，实有生以来唯一之隐痛。”

何应钦本人更是心痛不已。

1933年，何应钦赴北平主持华北军事，一度督率国民党中央军和一些地方部队在长城一带抗击日本侵略军，5月长城抗战失败后，派代表与日军签订了丧权辱国的《塘沽协定》。1935年，何应钦又根据蒋介石的旨意，与日本华北驻屯军司令官梅津美治郎签订了《何梅协定》。

1935年4月，何应钦被授予陆军一级上将。同时被授予一级上将的共有八人，阎锡山、冯玉祥、张学良位居何应钦之前，李宗仁、朱培德、唐生智、陈济棠名列何应钦之后。在蒋介石嫡系将领中，如刘峙、顾祝同等均为二级上将，张治中、陈诚等为中将。何应钦是唯一一位一级上将。由此可见，何应钦当时在蒋介石嫡系将领中的地位是至高无上的。

三、借机逼宫

“什么？你说张学良、杨虎城发动兵变，委员长已经被扣留了？”

初闻噩耗的何应钦，一下子变得精神恍惚起来，脸上的神情似喜似忧，他没有再说话，只是挥挥手，要所有的人都出去，好让自己一个人静一静。

这天晚上，何应钦在镜子前面站了许久，他看着自己的一级上将肩章，然后将军帽合在了头上，就这么静静地站着。在夜深人静的时候，还穿得这么军服笔挺，似乎有些傻气。

不过，这位前途无量的何上将看似面无表情，但熟悉他的人会发现，这位蒋介石的第一亲信，嘴角上已浮现出了掩饰不住的笑容。他对着镜子不住地摆着姿势。

仔细一看，他都是在学习蒋介石——蒋介石说话的手势，蒋介石并不十分标准的敬礼姿势，蒋介石走路的姿势，蒋介石背着手思考的姿势……

如果没有这个机会的出现，也许自己会安安心心为蒋介石服务很久，在权力的阶梯上面慢慢朝上爬。可是现在，一个他从没想到过的大好机会已经摆在面前，自己又怎么能眼看着这样的机遇白白溜走呢？

昔日蒋介石的提携之恩瞬间在他脑海里冒了出来，但又很快消散了。

“天予不取，反受其咎。”何应钦默默忖道。成功了，就拥有全部，失败了，也不过如此而已。就赌一把吧！这样的天赐良机，自己就算拼了一切，也要抓住！权力巨大的诱惑，是任何人都无法抵挡的。尤其是他自己，胸中那团火焰，已经燃烧得让他寝食难安。

何应钦终于停止在镜子前面摆弄姿势，坐在了桌子前面，开始仔细翻阅今天陆续送来的西安事变相关情报。

1936 年 12 月 12 日，时任西北“剿匪”副总司令、东北军领袖张学良和时任国民革命军第 17 路总指挥、西北军领袖杨虎城，为达“停止剿共，改组政府，出兵抗日”的目的，在西安扣留蒋介石，发动了震惊中外的西安事变。

消息传来，南京国民政府顿时陷入一片群龙无首的混乱之中，各派力量迅速分化组合，形成了以何应钦为首的主战派和以宋美龄、孔祥熙为首的主和派，两派就如何解救蒋介石、如何对付张学良和杨虎城展开激烈争论。

为此，何应钦曾当面顶撞宋美龄。他说：

“为维护国民政府威信，应当立即对张、杨进行讨伐。”

宋美龄则针锋相对，予以回击：

“动用武力，必然会危及委员长性命！你这样做用意何在？”

何应钦脸色骤变，随即冷言相向：

“妇道人家，只知道救丈夫。”

宋美龄则回敬说：

“我决非朝夕挂念丈夫安全之妇人！委员长的安全，直接关系到国家的安定。一旦发动大规模战争，你有什么把握控制局面，两广、云南、湖南、四川、山东、山西、河北、察哈尔、绥远、宁夏等各地军政要员，都在相机而动，他们岂会听从你的调遣？到时候如果他们一个个都趁火打劫，趁势扩张，或者站到张、杨一边，我问你怎么收场？”

抗战时期的何应钦

何应钦不得不承认，宋美龄的话不无道理。一旦讨伐失败，他将难辞其咎；而万一引发大规模内战，后果更是不堪设想。

在宋美龄、孔祥熙等人的坚决反对下，何应钦被迫改令只轰炸渭南、富平、三原以及西安近郊等。

但何应钦不会改变其主战立场，他的目的有二：如在讨伐中殃及蒋介石，致其性命于不保，他便可顺理成章取而代之；如若出兵救出了蒋介石，他又可称为救驾功臣。同时他认定，只要南京政府出兵轰炸西安，蒋介石便难保生命安全。

16日，何应钦正式宣布对西安进行军事讨伐。17日，何应钦就任“讨逆”军总司令，七个师兵力已集结潼关前线，所有飞机集中于洛阳，只待一声令下，旋即向西安展开全面进攻。此间，中央军在华县与杨虎城部的对峙中，前方已开始冲突。

就在内战一触即发之际，何应钦收到蒋介石的亲笔书信，令他暂停轰炸三日，到20日为限。何应钦看着这封书信，顿时沉默了。

20日上午，宋子文抵达西安斡旋，和平解决端倪渐显。宋美龄又力争延期三日，并于22日亲赴西安，劝蒋介石“宁抗日，勿死敌手”。

蒋介石的心情开始逐渐平静，决定接受张、杨提出的八项和谈条件，西安事变出现转机。最终，在宋氏兄妹努力下，西安事变以释放蒋介石、和平解决而结束。

12 月 26 日，蒋介石回到南京。何应钦虽感到惭愧尴尬，但还是硬着头皮去机场迎接蒋介石，并在欢迎会上为蒋介石宣读答词，述说他为伸张国法而主张讨逆的苦衷。

蒋介石一方面对何应钦主战动机不纯心怀芥蒂，另一方面又认为何应钦的主战对张、杨是一种威慑，而这种威慑正是他对抗张、杨的资本，因此，蒋介石对何应钦此间的所作所为并没有深究，但从此两人的关系变得愈发复杂微妙起来。

四、受降大典

今天，是个很重要的日子。

即使对于见惯大场面的何应钦来说，今天也是他毕生之中最荣耀的日子。

为了这一天，从九一八事变开始，中国人民已经苦苦等待了 14 年。

如果从中日甲午战争算起，这一天已经跨越了苦难而漫长的 51 年。在这 50 多年里，日本那巨大的魔影始终在中国人头上挥之不去，而今天，他将作为历史的参与者与见证者，在南京接受日本驻中国派遣军的投降。

1945 年 9 月 9 日上午 8 时 50 分，何应钦身着米黄色军装，佩上将领章，斜挎武装带，率受降官陆军二级上将顾祝同、陆军中将萧毅肃、海军上将陈绍宽、空军上校张廷孟，来到南京中国陆军总司令部大礼堂，在灯光照耀下，踩着乐声进入受降席就座。

8 时 52 分，日军投降代表驻华最高指挥官冈村宁次大将、支那派遣军总参谋长陆军中将小林浅三郎等共七人，在国民党军训部次长王俊中将和翻译王武上校引导下，脱帽后由正门入会场。

面对这些抗日战争中的老对手和侵略者，曾经留学东瀛亲眼目睹过日本是何等强大的何应钦，心中半是感慨半是自豪，自屈辱地签订《何梅协定》以来，他胸中多年的抑郁之气，终于在今日一吐为快。

9 时刚过，何应钦将日军降书中文本两份，递萧毅肃转交冈村宁次，冈村宁次连忙站起身双手接过，并在快速翻阅后，用毛笔在两份降书上签字。

冈村宁次从口袋中取出圆形水晶图章盖印后，令小林浅三郎向何应钦正式呈递降书。

何应钦接过降书检视后，亦签字盖章，并将其中一份降书交给冈村宁次。

在受降仪式最后，何应钦发表了抗战胜利广播演说，赢得全场热烈掌声。受降仪式结束后，何应钦特别吩咐将签字用的墨、砚保存起来，作为历史的见证，并将他本人签字用的毛笔带出，留作永久纪念。

能够代表盟军中国战区最高统帅蒋介石，接受日本驻华最高指挥官冈村宁次的投降书，一方面可以看出何应钦在国民党内地位之高、资历之深无人可比，同时也可以看到蒋介石对何应钦在抗战中功勋卓著的肯定。

但令何应钦没有想到的是，就在他风光无限、踌躇满志地接受冈村宁次降书的那一刻，不幸正悄悄向他袭来。

1946 年 6 月，中华民国军事委员会被撤销，成立了国防部，何应钦被解除了参谋总长及陆军总司令之职，改任联合国安理会军事参谋团中国代表团团长。

突然从权力峰巅跌下的何应钦，不仅被逐出权力核心，而且被抛掷地球的另一边闲置起来，这个变化，令何应钦目瞪口呆。

但蒋介石作此安排，是事出有因。早在日本投降前，美国方面曾派代表到重庆询问蒋介石继承人之事，蒋以自己身体健康尚未考虑作答。日本投降后，白宫又派人到南京旧事重提，蒋介石暂且以何应钦应付之。

不料，何应钦闻讯后，以为蒋介石念他劳苦功高，真将他列为了接班人，一时忘乎所以，想在黄埔系中“自成体系”，还想搞什么“何氏内阁”，触到蒋介石的痛处，因此被“贬谪”出局。

其实何应钦的出局已经早有预兆，在西安事变何应钦借机逼宫之后，蒋介石就开始有意培养陈诚取代何应钦，只是苦于陈诚资历不足，尚需要时间和机会。

1937 年，抗日战争全面爆发，何应钦以军委会军政部长兼任第四战区司令长官。1938 年 1 月何应钦任军委会参谋总长，仍兼任军政部长与第四战区司令长官，成为蒋介石的最高军事助手。

此间，何应钦参与了台儿庄战役的上层决策，指导和指挥了徐州会战，参与制订了武汉会战的计划。在其第四战区司令长官之职由张发奎接任后，他本人以参谋总长身份，往来于各战区、战场之间，先后参与指导了南昌、随枣、长沙和桂南、浙赣会战。

太平洋战争爆发后，何应钦奉命宣布中国军队开入缅甸设防，并指导入缅远征军攻占缅甸仁安羌，次年指导缅北会战，获一等卿云勋章、一等景星勋章，英皇乔冶六世授予的二级军师荣誉会员勋章。

1944 年 9 月，何应钦指挥了桂柳战役和贵州战役。尽管日军先后占领桂林、柳州，但企图从桂黔向四川进攻的阴谋最终破产。

此时，蒋介石培养的得力助手陈诚羽翼已丰，尽管何应钦自西安事变之后，已经对蒋介石死心塌地，但到 1944 年，蒋介石仍迫不及待地要求何让位于陈，他对何应钦说：

“敬之啊，你身兼数职实在忙不过来，保个人任军政部长吧。”

何应钦一时没有反应过来，连忙说：

“不忙，我一个人完全忙得过来。”

但不久蒋介石旧事重提，何应钦这才明白，蒋介石真要拿下他当了 14 年的军政部长，于是明确推荐顾祝同接任，蒋介石却提名陈诚。何应钦心中不服，便对部下抱怨道：

“陈诚算个什么东西，我当师长时，他才当连长!”

可陈诚依旧当上了军政部长。从此何、陈矛盾日益加深，两人的势力也开始逆转。

不过，当时为了安抚和补偿何应钦，蒋介石任命何应钦为同盟国中国战区中国陆军总司令。1944 年 12 月，何应钦率领四个方面军，亲自指挥了湘西会战，伤毙日军近三万人，获战利品 20 多吨。随后乘湘西会战之勇，何应钦发起桂柳反击战，收复广西，为反攻广州创造了条件。战役结束后，何应钦获得罗斯福总统颁赠的金椰勋章。

1945 年 8 月 15 日，日本宣布无条件投降，蒋介石特别指派何应钦为同盟国中国战区最高受降长官，使得何应钦的人生之路，在那一刻，瞬间达到了顶峰。这些表面的风光，让何应钦目眩眼花，以至于丝毫没有感觉到蒋介石从他背后投过来的冰冷目光。

五、大厦将倾

何应钦在美国生活上还是很惬意的，可“梁园虽好，终非故乡”，终于，他在联合国任职一年后，于1947年5月奉召回国，出任战略顾问委员会主任委员。翌年，又就任翁文灏内阁行政院政务委员兼国防部部长。

此时桂系李宗仁在白崇禧的帮助下就任副总统，蒋介石为此免去了白崇禧国防部长之职。而国民党主要将领诸如陈诚、顾祝同、卫立煌、刘峙等皆在内战战场上连连败北，“蜀中无大将，廖化作先锋”，无奈之下，蒋介石再次起用已被逐出权力中心的何应钦。

1949年1月蒋介石下野，李宗仁出任代总统，并提议由何应钦出任行政院长。仍在幕后掌控国民党党军政大权的蒋介石起初坚决表示反对，但为了与桂系抗衡，蒋介石认为何应钦仍有可利用价值，最终还是点头同意了。

何应钦总算在国民党政权在大陆垮台之前，过了一回行政院长之瘾。

此间，在3月11日何应钦60大寿时，蒋介石特题“安危同仗，甘苦共尝”八字祝贺，同时致函要他“能以中正之意志为意志，承当此艰危之局势也”，令何应钦又小心琢磨了半天。

随着前线的节节败退，蒋介石与李宗仁的矛盾更加表面化，并相互推卸责任。何应钦既不敢得罪蒋介石，又对困境中的李宗仁颇多同情。作为行政院长兼国防部长，他本可以调动和指挥全国的军队，但当他试图命令宋希濂部到湖南常德、芷江一带构筑防线阻止解放军南下时，宋却将部队退到湖北恩施，并表示只听从蒋介石指挥。

何应钦何尝不知自己这个行政院长与国防部长并无实权，但“表面文章”总是要做的。而在蒋介石与李宗仁的斗法中，任何工作都无法开展，5月30日，何应钦内阁全体辞职。

李宗仁一再挽留，何应钦说：

“德公，你如果要我继续干下去，我只有两条路可走，一是逃亡，二是自杀。”

何应钦辞职后，原准备前往美国当寓公，安度晚年，他在出使联合国期间即在美国购置了别墅，为自己留了退路。

但蒋介石明令何应钦必须火速赴台“甘苦共尝”，并为他准备了专机。当时许多追随蒋介石多年的国民党要人纷纷逃亡海外或滞留香港，何应钦为此很作了一番思想斗争。

何应钦心里明白，在非嫡系者看来他是蒋介石嫡系，而事实上他又与蒋介石有着种种隔膜。蒋介石对其爱之加膝，恶之坠渊，他心里自然忐忑。但最终他还是听从了蒋介石的召唤，携家眷飞往台湾。

何应钦乘坐蒋介石的特派专机举家迁台，下飞机后却无安身之所，甚至无人过问。

好在何应钦为人宽厚谦和，颇得部属的好感，时任台湾警备总司令的钮先铭见老长官如此落魄，将自己居住的位于台北牯岭街的一幢小楼让给何应钦一家。这幢小楼产权属于台湾省物资局，看上去毫不起眼，对何应钦一家却是雪中送炭。

驰骋疆场大半生的何应钦，此时闲下来深居简出，“闭门思过”。其所思之

北伐时期的何应钦

“过”，便是参与桂系逼宫与西安事变中的主战，生怕蒋介石算旧账拿他开刀。

在台湾政局尚未明朗化、个人前途未卜之际，何应钦处处如履薄冰。好在蒋介石和他的心腹们正忙于“总统”复出，对何应钦也只是偶尔垂询一下“廉颇老矣，尚能饭否”。

1949 年 12 月 7 日，台湾总督府门前挂出了“总统府”的招牌。蒋介石急欲复职“总统”，蒋经国太子派展翅待飞，昔日四大家族只剩了蒋氏一家，何应钦自知重温过去权倾势重的旧梦已无可能，为避免未生奢望而引起猜疑，何应钦特意公开自己的态度。

1950 年 1 月 6 日，美国《新闻观察》记者斯瑞就台湾政局访问何应钦，原以为这位国民党重臣能有见地高深的观点，不料，何应钦却说：

“不在其位不谋其政……我是国民一分子，在国民应尽义务方面当然不能后人，所以就我内心的衷愿说，从政时不负为国家公仆，现在只希望无忝为一个自由中国的公民。”

何应钦的“识相”自然给蒋介石省去了很多麻烦，在蒋复职一事上何的表现也颇得蒋的好感。

由于李宗仁移居美国，又未宣布放弃“代总统”之职，蒋介石的复出，既要有千呼万唤的过场，又要在“法理”上剥夺李宗仁的“代总统”之职。

在 1950 年 2 月 12 日台湾“监察院”提请“国民大会”弹劾李宗仁时，作为大陆时期贵州省选举的“国大代表”，何应钦积极发言，弹劾李宗仁，请蒋总裁恢复行使“总统”职权。并在 23 日的中常会上再次慷慨陈词，请蒋复职。

作为对何应钦支持复职的回报，蒋介石把“总统府战略顾问委员会”主任的职务，从“代主任”龙云那里拿过来，送给了何应钦。

这个机构成立于 1947 年，名义上是蒋介石的最高军事咨询机构，实际上是被罢黜资深军事首脑的一座冷庙。何应钦从联合国安理会军事参谋团离任归来时，曾任该机构主任，后来这一职务给了被夺了兵权的龙云，现在又给何应钦派上了用场。

尽管是虚职，何应钦还是高高兴兴地走马上任了，因为他毕竟有了一个“公职”。此后，何应钦利用一切可能的机会，表示对蒋介石的真诚拥戴。

6 月 16 日，在何应钦主持的“黄埔军校 26 周年校庆暨中央各军事学校同学会第一届大会”闭幕式上，何应钦要求大家“服从领袖，重振黄埔革命精神，发挥革命团体力量，完成反共抗俄使命”。

1950年8月，“国民党改造委员会”正式成立。这是蒋介石为“清理门户”，将过去派系林立的国民党改造为真正的蒋家天下而特设的核心权力机构，16名委员全部是听命于蒋家父子的“后起之秀”，其中陈诚居首。而何应钦、顾祝同、阎锡山、张群、白崇禧等人毫无疑问成为了被改造对象。

两年后“改造”结束，非蒋家嫡系势力被排除，为蒋二代崛起扫清了路障。

为了抚慰这些大陆时期的重臣、实权派，蒋介石特设“中央评议委员会”，并亲自提名48人为该评议委员会委员，何应钦便为其中之一。对于这个安置，何应钦无话可说，欣然接受。

在新的权力机构中，陈诚、蒋经国、张其昀等32人为中央委员，陈诚、蒋经国等十人为中央常委。陈诚是何应钦相斗多年的对手，如今再次得势，何应钦本应难以接受。然而何应钦的长处之一，便是得势时少有骄矜，失势时能够自我调节，泰然处之。

对陈诚成为中常委以及出面组阁，何应钦深表赞同，欣然拥戴。

六、孤岛顺民

被逐出权力中心，对何应钦来说并未造成太大困扰，令其心绪不宁的，是当时某些写回忆录或传记的文人，总是有意无意地提起当年何应钦逼宫的经过，并说西安事变何应钦主战的目的在于取而代之。

何应钦为此提心吊胆，他着实担心败逃一隅的蒋介石与年轻气盛的蒋经国一时心血来潮，拿他当了替罪羊。

为了表明自己乐于接受目前处境，何应钦对文体娱乐活动热衷起来，开始了“三打一跳”的休闲生活。

所谓“三打”，即打猎、打网球、打高尔夫球。

何应钦年轻时便热衷打猎，此时在靠边站的原国民党要员中，何应钦、白崇禧、杨森的三支著名猎队鼎足而立，“威名”远扬。

所谓“一跳”，即社交场合中的跳舞。在与一帮释权赋闲的老朋友、老部下以及黄埔军校时期结下生死之交的难兄难弟的酬酢往来中，何应钦由于不胜酒力，尤其喜欢跳舞。

这“三打一跳”使蒋氏父子真正看清了何应钦安于命运、甘为顺民的心态。蒋、何的关系反倒一步步融洽、热络起来，以致“总统府战略顾问委员会”主任这一闲职，何应钦一直担任了20多年。

直到1972年，这批元老的所谓“顾问”职位实在有碍于台湾当局的机构精简，“总统府战略顾问委员会”这个机构才被撤掉。此后，年届83岁高龄的何应钦的官衔，便改为了“总统府”陆军一级上将战略顾问。

对于何应钦的表现，蒋介石心领神会，因此在一些大事方面也颇能照顾何应钦的面子。1954年5月“总统”换届，按“宪法”规定，应在一个月前选出下一届“总统”，“总统”一职自然是蒋本人连任。但关于“副总统”的人选，蒋介石特意将何应钦召至“总统府”，征求他的意见：

“马上就要竞选副总统了，你是否愿意参加竞选，我可以推荐你。”

对于蒋介石如此照顾面子，何应钦心怀感激，赶紧顺水推舟说：

“感谢总统好意，我现在已无心过问政治，还是推荐辞修（陈诚的字）吧。”

蒋介石眉开眼笑，顺理成章向中央委员会推荐了陈诚。

1964年第四届“总统”竞选时，因原“副总统”陈诚去世，“副总统”人选成为了此次竞选的焦点。蒋介石内定人选为严家淦，却需要何应钦这类“德才兼备，对国家和人民有贡献的老同志”来点缀“民主”。

在这个“点缀”过程中，蒋介石对张群等人还走了一下征求意见的过场，对于何应钦似乎连走过场也没有必要了，直接授意“中央社”同时发了四位候选人照片，这四位候选人便是：张群、孙科、何应钦、严家淦。

何应钦对此自然乐于接受，尽管是给严家淦做陪衬，但作为元老，这个“道具”本身也是对其“历史贡献”与“历史地位”的一种肯定。

在国民党赴台初期的“改造运动”以及权力重新分配的动荡中，何应钦总算有惊无险走了过来。

何应钦失势而未失宠，得益于他远离权力核心以后，没有丝毫的愤懑与牢骚，而是紧跟蒋介石步伐，为了力所能及的事兢兢业业而又“得其所哉”，使他与蒋介石、陈诚的关系反倒日趋和谐起来。

1956年蒋介石70大寿，何应钦在台北各报发表《总统在广州》一文，称颂蒋介石的“历史功绩”，号召台湾同胞“仰体总统蒋公的意旨，发挥他一贯的反共意志……以成就来做我们祝福的礼品”。并亲率战略顾问委员会全体人员敬呈献词，祝蒋介石“嵩寿无疆”。

一年之中，除蒋介石的生日以外，其他所有值得纪念的日子，诸如元旦、“七七”、“九九”、“双十”、3月13日棉湖战役纪念日、6月16日黄埔军校建校纪念日以及与蒋介石有关的日子，如蒋介石连任“总统”等，何应钦都要发表文章、演讲、致辞或组织活动，进行庆贺与纪念。

蒋介石对何应钦赴台后表现，投之以桃，报之以李，除了在政治上给予他高于其他失势人员的待遇外，生活上给予优厚待遇，行动上给予最大限度的自由。

1959年何应钦70大寿，蒋介石亲书“同舟共济”寿屏相赠；1969年何应钦80大寿，蒋介石亲赠寿轴，蒋经国一班人联名代表蒋介石书赠祝词，极尽溢美。

1975年4月5日蒋介石因心脏病逝世后，严家淦特派何应钦等21位党国大员、耆宿组成治丧委员会，并由何应钦、张群等八大员为蒋介石灵柩覆盖国民党党旗。何应钦发表了《永远不能忘怀的几件事——追思故总统蒋公》，深切悼念蒋介石，缅怀蒋介石的功德与恩德。

此时，何、蒋之间的芥蒂早已随着时间的流逝烟消云散，留下的只有对故人的追思与尊崇。

蒋介石离世后，何应钦把对蒋介石的忠诚转移到蒋经国身上，他像当年效忠蒋介石一样，何应钦又根据当时政局，发起“三民主义统一中国运动”，以此效忠蒋经国。

为了感谢何应钦对蒋氏父子的不二之心，1979年何应钦90大寿之时，蒋经国在“总统府”为何应钦颁赠了台湾当局的最高奖赏——国光勋章，并在台北三军军官俱乐部为何应钦举行盛大祝寿茶会，参加者除蒋经国外，有前“总统”严家淦、“副总统”谢东闵、“行政院长”孙运璇、资政张群、中常委谷正纲等台湾当局政要千余人。

蒋经国亲自主持了茶话祝寿典礼，对何应钦谦恭地执晚辈礼，赠送寿轴，亲诵祝词，高度称颂何应钦“追随国父与先总统蒋公献身国民革命，不仅在军事上、政治上贡献国家民族，勋绩崇隆，而且致力于促进民主宪政、文化复兴、道德重整、革命外交，事功德业，树立了国人一致仰望的风范”。

听着蒋经国的颂词，何应钦激动不已，在致答词时连忙谦称：

“自追随先总统蒋公献身革命，五十年来虽然竭尽忠悃，以图上酬知遇，但以并无过人之资质，未能对党和国家多所建树。今天以九十之年，接受国家最高荣典，缅怀先总统蒋公的至德大业，与三军将士的忠勇风范，内心的情绪，如同万壑松涛，激荡不已。今天已届九十，但时时谨记先总统蒋公的训示，而永久保持奋发的精神与意志，以期无负领袖的期望。”并勉励与会人员在蒋经国“总统”的领导下团结奋斗，为突破逆境、复国建国而努力。

参加祝寿茶会的国民党权贵、耆宿也纷纷为何应钦赠送寿文，何应钦的老乡谷正纲邀集“国大代表主席团”80多人，赠送寿文称何之丁蒋为“管仲相齐桓，人公佐周武，云龙契合，而成不世之业”。

黄埔系中老同事、老部下顾祝同等43人的寿文，亦称何应钦之于国民党“若汤有尹伊，周有吕尚”。

1984年何应钦95岁时，台湾当局成立了“何应钦上将九五寿诞丛书编辑委员会”，编辑出版了《何应钦将军九五纪事长编》上下册、《何应钦将军讲词选集》、《东路军北伐作战纪实》、《军政十五年》、《世界道德重整运动与龙剧》、《历年来对台湾建设之建议汇集》等丛书11种共12册，作为何应钦95岁寿辰之贺礼。

何应钦自己认为，蒋介石时代所给予他的最大荣誉，是在南京主持受降大典；蒋经国时代所给予他的最大荣耀，则是90和95寿诞祝贺。从身处逆境如履薄冰，到得此荣耀荣宠，而且风光愉快地度过后半生，在去台后被剥夺了实权的大陆时期的权贵中，也只有何应钦一人。

七、婚姻之路

何应钦自1916年与黔军总司令王文华的妹妹王文湘结婚后，家庭生活一直十分幸福。

王文湘也是贵州兴义人，其父王起元为兴义“八大户”之一，其母刘显亲为贵州督军兼省长刘显世的胞姐，其长兄王文选为国民政府首任交通部长。

王文湘小何应钦八岁，知书达理，温柔贤惠。虽出身富贵之家，却平实简朴，且能吃苦耐劳，多年来跟随何应钦既享受过“夫贵妻荣”的福禄尊崇，也承受过升降沉浮、生死忧患的重负。

为使何应钦能安心于“党国”事业，王文湘挑起全部家庭生活重担，一边照顾何应钦的饮食起居，料理家中琐事，一边抚养教育女儿和照顾教育侄儿们。“亲戚故旧的酬应接济，部署的关切照顾，事无巨细，莫不亲自处理。”

何应钦的四弟何辑五读贵阳旧制中学时，王文湘便开始照顾他；五弟何纵炎读大夏大学时，也是王文湘按月汇款资助。侄儿何绍周、何绍修、何绍虞、何绍仪以及姊侄女，无论读军校还是读大学，都由王文湘亲自分送读书费用。

作为国民党上层官员的妻子，王文湘既要为何应钦主持家政，又要协助他从事社会活动。为了便于及时了解上层动态信息，消弭对何应钦的不利因素，与那些达官显贵的妻妾们应酬周旋必不可少，其中与宋美龄的交往显得尤为重要。

长期以来何、蒋之间多有摩擦，每当何应钦与蒋介石关系紧张时，王文湘便借叙姐妹之情或请教《圣经》之机，从侧面巧妙化解，以求通过宋美龄的“枕边风”改变何的处境。而何、蒋最终总能心领神会，融洽相处，其间得益于王文湘与宋美龄的沟通颇多。

王文湘60寿辰时，宋美龄亲手绘制了一幅墨兰图，由蒋介石题词：“满座芳馨文湘夫人周甲荣庆蒋中正敬题”。在国民党上层中，获此殊荣的绝无仅有。

同时，在何应钦的社交往来中，凡何本人不方便处理的，均由王文湘出面处理。国民党统治大陆时期，何应钦长期位居第二，难免有贵州老乡以及沾亲带故者上门求官，其中亦不乏真才实学者。

但蒋介石自己首先重用老乡，因此最害怕何应钦重用老乡，而何应钦又抹不开面子拒绝，只好由王文湘出面，给何应钦省去不少麻烦。

20 世纪 70 年代中后期，何应钦的各种活动增多、应酬开支增大，王文湘感到难以应付，为了不被何应钦发现经济拮据，暗中托人变卖一些饰物，贴补家中开支。

何应钦对王文湘也是一往情深，多年来在国民党官场中有“第一好丈夫”之称。王文湘终生未育，曾有人劝何应钦纳妾，以生儿育女传宗接代，王文湘点头同意，却被何应钦怒斥回绝。

何应钦的弟弟何辑五将自己的女儿丽珠过继给他们，以排解他们膝下无子的孤独。两人视丽珠为掌上明珠，精心抚育培养。丽珠于台大政治系毕业后，被派往台湾驻美国“领事馆”工作，后因何应钦夫妇年事已高，便申请回台，在“外交部”任职。

何应钦夫妇合影

为了方便照顾父母，丽珠和丈夫蒋友光在离牯岭街何府不远处买了一幢私宅，每天早晚必来看望双亲，节假日更是携子女前往，使何应钦夫妇尽享天伦之乐。

王文湘身体一直不好，去台不久便在日本检查出患上乳癌，已经晚期，无法手术。当时正值国民党改造运动时期，何应钦个人前途未卜，加上妻子身患绝症，一时被搞得焦头烂额。

好在何应钦有条件出国，每年都能陪王文湘去日本治疗，并用她自己的血液制成抗体，再注入体内，以增强抵抗力，配合药物抑制癌细胞的继续扩散，病情在一定程度上得到缓解。

王文湘是一名虔诚的基督徒，每个礼拜天上午都要在家里举行聚会，习经讲道，多年来一直带病坚持，即使后来病重也很少缺席。对生老病死她看得很淡，她时常对何应钦说：

“我福大命大，抗战时期在重庆的防空洞里两次被日机的重磅炸弹炸中，都能侥幸逃生，现在已经多活了许多年，还有什么可怕的呢?”

何应钦每每听到此，都苦笑着点头，反而对妻子更生出一丝疼惜之情。

由于王文湘精神上自我放松，又性格开朗，加上何应钦和女儿的悉心照顾，后来病重时何应钦天天亲自侍奉茶饭，端汤递药，以致她患病后又延续了 20 多年生命。

1978 年 4 月 23 日，王文湘病逝，终年 82 岁。

曾为蒋介石等政要主持过追思礼拜的牧师周联华，在殡仪馆为其证道。

“总统”蒋经国及夫人蒋方良亲临祭奠，并送“淑德长昭”挽额一幅。寓居美国的宋美龄惊悉噩耗，发来唁电，称颂王文湘：“数十余年热心赞助社会工作及军中福利事业，为人笃信和蔼，为众侪所向往与瞻仰，又为龄之益谊良友。”为王文湘的追思礼拜大为增色。

台湾党政军各界权要及眷属均参加了追思礼拜，可谓“备极哀荣”了。

从 1986 年开始，何应钦的身体日渐衰弱。5 月 1 日，何应钦患脑中风住进“荣民总医院”。

医院使用最好的药物与一流的医疗设备，尽可能延长何应钦的生命，其女儿何丽珠一家与其侄儿侄女们，也都轮流在医院陪伴，希望他能平安度过百岁寿辰。

晚年何应钦

然而，医院已回天无力。

1987 年 10 月 20 日上午，何应钦的血压突然下降，医生进行了全力抢救，尽力延续他的生命，但到 21 日上午 7 时 30 分，何应钦终因心肺衰竭而停止了呼吸，结束了他 97 个春秋的生命旅程。

历史评说

在国民党政权对中国大陆长达20多年的统治中，何应钦长期位居一人之下，在国民党军队形成与发展过程中，起着举足轻重的作用。他在长达14年的军政部长任期中，对国民党的军制兵制、军需后勤、国防设施建设与完善、国防力量的加强等，可谓呕心沥血，贡献颇大。

作为何应钦的老对手，反“围剿”时期的红一方面军参谋长叶剑英曾评价他说：“何敬之受日本陆军士官学校影响太深，指挥刻板，用兵持重，但总体上尚不失为将之道。”

此外，何应钦去台以后，对台湾经济、社会、文化的发展也进行过很多努力。特别是他始终坚持一个中国，反对“台独”、“两个中国”及“一中一台”，为所有炎黄子孙所称道。

“小委员长”——陈 诚

作为蒋介石的干女婿和黄埔系的少壮派首脑，陈诚在国民党政权中大权在握，因为个头小，他向来被称作“袖珍领袖”、“小委员长”。陈诚以“土木系”起家，在北伐战争与抗日战争中功不可没，却在内战中一路败北。国民党迁台后，陈诚主政台湾，功绩卓著，一生清廉，并以“副总统”之尊，为蒋介石传位蒋经国保驾护航。

小档案

姓名字号： 陈诚，字辞修，别号石叟

籍　　贯： 浙江青田

生卒年月： 1898.1.4—1965.3.5 卒年 67 岁

毕业院校： 保定陆军军官学校

军　　衔： 陆军一级上将

最高职务： 中华民国“副总统”，国民党中央副总裁

一、风雨如晦

那是1925年寻常的一天，蒋介石来到黄埔军校的操场上，他素有清晨到操场散步、巡视的习惯，很偶然地，蒋介石见操场上有个年轻人在锻炼，就信步走过来，他首先发现了翻开着放在一边的《三民主义》，蒋介石便拿起来翻看，只见上面画满了圈圈点点，显然读得很认真。

那个小个子青年看到蒋介石后，赶紧停下锻炼过来行礼。蒋介石随口问道：

“书上的记号都是你做的吗?”

“报告校长，是的。”

“嗯，不错。你叫什么名字?”

“报告校长，我叫陈诚。”

陈诚口齿清晰地回答道。蒋介石很满意，他又向陈诚提出几个关于三民主义的

陈诚

问题，陈诚作答如流，令蒋介石十分满意。最后，蒋介石拍拍陈诚的肩说：

“好的，好的。诗曰‘风雨如晦，鸡鸣不已’，你努力吧！”

原来，这天陈诚跟邓演达访友归来，天将黎明，他无法入睡，就拿起孙中山的《三民主义》阅读。随后又带书到操场，见天色已微亮，就放下书本练习单杠，谁知道，居然遇到了时任黄埔军校校长的蒋介石。

这次偶然相遇，只是蒋介石生活的小小插曲，却使陈诚在蒋介石心中留下了深刻印象，尤其在得知陈诚是浙江青田人时，蒋介石对这个小老乡更是另眼看待。

不过，在这个大革命的时代，想要得以升迁发达，仅靠浙江籍、黄埔系和蒋介石的稍稍注目，是远远不够的，陈诚必须在那一望无际的钢铁洪流中脱颖而出，建立实打实的功勋。

1925年元旦，黄埔军校成立了炮兵营，陈诚被任命为第1连连长。2月，他参加了第一次东征，讨伐陈炯明。

2月15日拂晓，攻击淡水城的战斗打响，蒋介石亲自在炮兵阵地上督战。

陈诚指挥炮兵连猛烈轰击，摧毁淡水城城墙多处，攻城敢死队乘机攻入，教导第1团、第2团随即从缺口发起冲击，至早晨7时便攻克陈炯明部3000多人驻守的淡水城。

东征初战告捷，为随后教导团乘胜攻入潮州、汕头并于3月7日完成预定作战任务奠定了基础。陈诚和他的炮兵连受到蒋介石的嘉奖。

3月12日，事关全局的棉湖战役打响。何应钦的教导第1团以千余之兵力，独挡陈炯明的林虎部2万敌军。林虎部从侧翼偷袭第1团，步步逼近，东征军反击连连失利，情况十分危急。

陈诚迅速指挥炮兵连占领一个小高地，架起火炮向对面山地敌军集中处开炮。但由于敌军据点在4000米以外，不易瞄准，直到炮膛发热，撞针发软，炮兵连仍没有取得什么成绩。炮手纷纷向陈诚报告，撞针失灵不能继续射击，陈诚只好下令停止射击。

炮火一停，敌军攻击更猛烈，在指挥所督战的蒋介石急得如热锅上的蚂蚁，他和苏联顾问鲍罗廷驱车赶到炮兵阵地，冲着陈诚吼道：

“你的几门山炮都哑了吗？你这个炮兵连长也不想想办法，把炮架起来打打看！”

右臂挂了彩的陈诚一咬牙上了炮台，亲自瞄准对面敌军，他知道已经发软的撞针不一定能打响，甚至很有可能会炸膛，因此他心中已经做好了最坏打算。

"轰!"一声巨响，陈诚成功射中敌军目标，炮兵们顿时欢呼起来。陈诚受到鼓舞，又连开三炮，每炮皆中，打得敌军一退再退。全连炮兵见状，个个抖擞精神，向敌军开炮，用猛烈的炮火阻止敌军的进攻。

回到指挥所的蒋介石从观察镜里看到敌军被炮火轰散，四处奔逃，高兴地对鲍罗廷说：

"这个陈诚不错，打得准！打得狠！是个带兵的料。"

陈诚再次得到蒋介石的赞赏。

后来陈诚回忆当年作战的情形时说：

"我的炮兵连只有几尊旧式七五山炮，炮弹少得可怜，但每发必中，如有神助。"

当别人称赞他棉湖之战立下战功时，陈诚却谦逊地说：

"我当时并没有把握，也许是先总理（孙中山）在天之灵保佑着我们。"

同年10月，第二次东征打到惠州城下。惠州城是陈炯明的老巢，固若金汤，号称天险。战役中，陈诚眼看先锋队接近城垛时，受到敌之侧防火力点阻击，死伤惨重，便亲率山炮1连，推进到北门外距城楼约400米处，直接瞄准轰击，将敌侧防机枪火力点悉数摧毁，成功打开攻城通道，掩护登城部队攻克惠州，再立战功，获赏银500元，同时被提升为炮兵第2营营长。

1926年7月，国民革命军以蒋介石为总司令，李济深为总参谋长，邓演达为总政治部主任，在广州誓师北伐，陈诚调入第21师师长严重部，任第63团上校团长。

陈诚与严重在粤军和黄埔军校时曾有旧谊，严重对陈诚寄予厚望，曾在日记中写道：

"陈诚来谒，畅谈两小时……未来救中国，必此人也。"

足见严重对陈诚的器重。

北伐开始后，21师参加东路军序列，在何应钦、白崇禧指挥下，随东路军入浙作战。1927年1月，第21师进抵浙江衢州，担任中路作战任务，在龙游、兰溪一带，与直系军阀孙传芳部展开激战。

在桐庐战役中，陈诚率第63团在桐庐西北浪石埠过江，与敌三师之众背水苦战数日，伤亡惨重。陈诚身为团长，在战斗打得最艰苦的时候，与第一线督饬官兵奋勇作战，并亲自率敢死队于深夜突袭敌军司令部。敌军不知虚实，自相惊扰，仓皇退走。全师乘势追击，克服新登，占领杭州，浙江乃定。陈诚因功擢升第21师少将副师长兼63团团长。

在北伐战争节节胜利之际，蒋介石却悍然发动了四一二反革命政变。面对革命形势的巨大变化，陈诚一度思想迷惘，他来到师长严重官邸打听时局，请求方略。

严重却心灰意冷摇头说："我要解甲归田，你自己拿定主意吧。"

陈诚考虑再三，觉得蒋介石实权在握，且能破格用人，对自己也格外看重，认为蒋介石"登龙有术"，政变"必有成功之可能"。

因此，当蒋介石召见陈诚时，陈诚表示：

"要与钧座共进退，坚决拥护总司令的英明决策！"

与此同时，不愿追随蒋介石的邓演达翩然出国，严重随之挂冠而去。严重临行前，推荐陈诚接任师长之职，蒋介石即任命陈诚为第21师师长。

自北伐以来一年多时间里，陈诚完成了营、团、师三级跳。这是黄埔系其他人所望尘莫及的。

在三四年时间里，陈诚由一个普通的黄埔军校教育副官升至师长，除得到蒋介石的信任外，多得力于邓演达和严重的关照与提拔，他对此二人的知遇之恩始终难忘。抗战之前，严重隐居在庐山，躬耕自食，陈诚曾多次前往看望，并常命部下送去食品、茶叶、烟丝等生活用品。

二、土木之军

正当陈诚登上师长的宝座准备大干一场的时候，蒋介石宣布下野，陈诚一下子失去了靠山。

1927年9月，何应钦、白崇禧指挥北伐军与孙传芳部在龙潭展开激战，战斗中陈诚胃病发作，只得坐在轿子上到前线督战。由于指挥有方，又敢于负责，战斗中多次化险为夷，本应受到嘉奖升迁，没想到龙潭战役后，有人向何应钦报告，说陈诚坐轿上阵不成体统，21 师副师长孙常钧也拉拢王敬久等黄埔一期同学倒陈。

10 月，陈诚被何应钦免去师长之职。对此，陈诚极不服气，认为自己抱病上阵，打了胜仗，无功也就罢了，反倒受过，显然是何应钦排斥异己，并对人发牢骚说：

“蒋先生下野，也是被何应钦联络白崇禧的桂军逼走的。他们对浙籍军人是要排挤的。”

从此，陈诚与何应钦结怨。

当时严重尚在南京任军委会军政厅长，随即代为周旋，向何应钦解释误会，并保荐陈诚任军政厅副厅长，旋任代厅长。但陈诚自觉与何应钦合不来，很少去南京，大部分时间在上海、苏州“养病”。

1928 年年初，蒋介石复职，不久即任陈诚为总司令部中将警备司令兼炮兵指挥官，下辖警卫第 1、第 2、第 3 团，宪兵第 1、第 2 团，炮兵第 1、第 2 团，如此一来，陈诚部下的实力比一个军还雄厚。

同年年底，张学良宣布东北易帜，蒋介石初步“统一”全国。为削弱白崇禧、李宗仁以及冯玉祥、阎锡山等国民党新军阀的实力，蒋介石开始“编遣”全国军队。何应钦任编遣委员会常务委员兼中央编遣区主任，要求各集团军奉还大政，归命中央，同时要求撤销警备司令部。

为响应蒋介石的“编遣”主张，陈诚无话可说，将万元结余全部上缴。这对当时贪污和侵吞军饷成风的旧军队来说，实属罕见，蒋介石对此极为赞赏。

不久，蒋介石将投诚过来的福建周荫人残部曹万顺部编为四个团，加上原南京警备司令部所辖的三个警卫团，编为第 11 师。初拟陈诚任师长，何应钦却说陈诚资历太浅，与顾祝同、蒋鼎文等师长同起同坐不够资格，坚持任命曹万顺为师长，陈诚任副师长。

陈诚接连受何应钦排挤，一怒之下跑去上海。

为此，蒋介石特地派人到上海请回陈诚，当面与陈诚交底，讲明真实用意，即以陈控制 11 师师长曹万顺，然后取而代之，副师长实为过渡。同时蒋介石已有意栽培陈诚，在黄埔系内部以少壮派与何应钦相对抗。他对陈诚说：

“我已再三对你讲过，只要你好好干，你的前途我会逐步安排的。”

经蒋介石一番说明，陈诚才明白蒋介石对他的良苦用心，当即说道：

“蒙钧座知遇，辞修有生之年，尽是报德之时！”

随后，陈诚就任第11师副师长。由于该师大部分是蒋介石嫡系部队，其中军官大多为陈诚的熟人，如师参谋长罗卓英、旅长林蔚是陈诚的保定军校同学，旅团级军官如肖乾、关麟征与陈诚有师生关系。陈诚一到11师便开始整顿军纪，严禁嫖赌，以期改变旧军队风气。师长曹万顺自知非嫡系不会得到重用，不过是过渡人物，因而对陈诚所为听之任之。

1929年春，曹万顺被调入新编第1师任师长，陈诚升任第11师师长。登上第11师师长之位后，陈诚即大刀阔斧整肃，将曹万顺旧部官员全部换为黄埔学生。

陈诚公开提出的用人标准是："不贪财，不怕死，会带兵，能打仗，没有不良嗜好，服从命令。"在此后的蒋桂战争、蒋冯战争、对唐生智的战争以及由冯、阎及桂系军阀等联合发起的中原大战中，第11师都显示出较强的战斗力，为蒋介石屡立战功。

蒋介石称赞陈诚的第11师为：

"马牧集开战守之端，曲阜挽垂危之局，郑州结胜利之果。"

与此同时，陈诚兼并了一些杂牌部队，将两旅六团制的丙种师扩充为三旅九团制的甲种师，实力大大增强，成为了他起家的基本部队。

中原大战结束后，陈诚因战功赫赫，晋升为第18军军长，仍兼第11师师长。时年32岁的陈诚，终于得以与顾祝同、蒋鼎文等战将平起平坐，成为后起的少壮派军人领袖，人以"童子军"相称。

当时的第18军只是一个空有编制的架子军，实际只有11师一个师，陈诚任军长兼师长，后来，陈诚收编了钱大钧的教导第3师，改编为18军所属第14师，又将武汉要塞攻城营和工兵营改编为一个攻城旅，如此18军下辖两师一旅，总算成为了名副其实的军。

其后，陈诚又以各种借口和手段收编杂牌部队，扩充实力，在不到三年的时间里，第18军居然扩充成了下辖六个师的庞然大物。

陈诚治军仿效邓演达、严重，标榜"人事公开"、"经济公开"、"意见公开"，注重部队军事训练，每战敢打敢拼，唯蒋介石之命是从，成为蒋介石嫡系部队中的嫡系。

为此，人们称陈诚系为"土木系""土木军"。

"土"者"十一"也，"木"者"十八"也，第11师和第18军，为陈诚军事集团日后的发达奠定了基础。

三、蒋氏忠臣

1932 年 1 月，由蒋介石和宋美龄主婚，陈诚与谭祥在上海结婚。

谭祥是国民党元老谭延闿的三女儿，蒋介石的干女儿，宋美龄留美时的同学。成为翁婿关系后，蒋介石对陈诚更加宠信。陈诚却有负蒋介石栽培，吃了一连串败仗。

1933 年 2 月，蒋介石调集 50 万兵力，对中央苏区发动了第四次大规模“围剿”。陈诚奉命出任中路军总指挥。

陈诚鉴于第 18 军下辖 6 个师过于庞大，指挥不便，于是提出划分出两个师组建第 5 军，以罗卓英为军长，下辖第 52、第 59 两师，被蒋介石采纳。临战易帅，乃兵家之大忌，结果罗卓英的指挥机构尚未建起，两师便已前进在黄陂的险峻山路上，而且相互游离，又是大雾天气，难以分辨方向，被埋伏在此的红军一举歼灭。师长李明自杀、陈时骥被活捉。

陈诚得到第 5 军全军覆没的消息，捶胸顿足，嚎啕大哭。

当他随后得到空军报告的消息——红军正向广昌进发时，于焦急之中作出错误判断，立即指挥第 18 军进行追击，而第 11 师最先到达黄陂附近的草台岗，结果被红军包围，其 2/3 被歼灭，1/3 突围逃生，师长肖乾负伤。

陈诚听到自己的命根子 11 师死伤惨重，心痛得几乎晕倒。

第 5 军和第 11 师被歼，导致第四次“围剿”惨败，陈诚因此遭到各方面的攻讦。何应钦大骂陈诚是饭桶，指责其指挥不力，骄兵必败，逼蒋介石严处。江西省主席熊式辉直接电告蒋介石，建议撤销陈诚本兼各职。顾祝同、杨永泰也趁机向陈诚发难。

蒋介石为避免国民党内部离心倾向的进一步发展，便给陈诚降一级、记大过一次处分。

陈诚遭此重创，羞愧至极，不得不打电报给蒋介石请辞，不待回电即躲回南昌寓所不再露面。

第四次“围剿”失败后，蒋介石采纳了“战略上以守为攻，战术上以攻为守，碉堡推进，经济封锁”的战略计划。但环顾手下大将，何应钦、刘峙、顾祝同、蒋鼎文等，不是优柔寡断，便是暮气沉沉，都不足以担当此次“围剿”重任，唯独陈诚干练泼辣，敢于拼死作战，于是邀请陈诚于私邸相见。

一见面蒋介石便说：

“记得你在攻克郑州时曾发电报说‘上赖钧座指挥有方，下靠全体将士用命’，这句话是不错的。这次围剿计划是我亲自制订的，你不过是按照我制订的作战方案指挥进剿，你已经尽力实现我的意图，因此围剿失利，责任在我，你不必多虑了。”

“钧座……”陈诚感激地叫了一声。

蒋介石摆摆手，继续说：

“我准备再次扩充18军，增强其实力，并以你为总指挥，开始第五次围剿。”

陈诚一听要扩充18军，立刻精神焕发，欣然从命，开始积极献计献策，谋划第五次“围剿”。

第五次“围剿”中，陈诚任第3路军总指挥兼第5纵队总指挥。由于当时失败主义弥漫全军，陈诚深知此次战役非同一般，成败事关重大。他首先下令全军官兵习读戚继光的《风雨同舟篇》，以鼓舞士气，增强斗志。同时深入基层，穿草鞋，打腰带，与部属一起背着干粮袋，吃大锅饭，借以维系军心。即使连续作战，昼夜无眠，也绝不在部下面前露出疲惫之态。

当洵口遭遇战失利，而第6师翁国华团拼命守住了阵地时，陈诚当即给翁国华提升一级，该团营以下军官均有升迁，并发奖金5000元，对鼓舞士气起到了一定作用。

陈诚奉行蒋介石的“新战术”，提出一套“封锁围进，配合迫进稳进，乘虚实进”的战法，对中央苏区展开进攻，相继占领广昌、建宁、石城、宁都、瑞金等地，为第五次“围剿”立了大功。

1935年春，蒋介石开始分期整顿全国陆军，培训各级军官。陈诚以效忠蒋介石为己任，亲自出马主办军官训练团，因其个子矮小，被外国记者称为“大元帅袖珍本”。又因他在各种场合对蒋介石推崇备至，甚至连一些生活习惯也模仿蒋介石，被人戏称为“小委员长”。

此后，陈诚开始在各种不同场合担任蒋介石的副手，蒋介石对陈诚的着意培养也日益明显，以至在1936年12月12日的西安事变中，陈诚与蒋介石同时被囚。

在这个生死危机关头，陈诚表示出了与蒋介石共生死的决心，他当面对张学良说："如果委员长遇害，就早一点儿把我枪毙吧。"

经过西安事变的蒋介石，在看到何应钦不可靠的同时，愈发感到陈诚对他的忠心耿耿，由此对陈诚愈发看重和信任。

四、战而图存

1937年8月15日，正在庐山举办军官训练团的陈诚突然接到蒋介石的电话，要他立即赴京晋见。陈诚放下电话，即刻动身，当日便抵达南京，面见蒋介石。

当他刚要汇报军官训练团情况时，蒋介石摆摆手说：

"上海情况危急，给你两天时间，对淞沪战事进行考察，拟定一个战斗序列，以便统帅部指挥作战。"

原来，两天前，日寇对上海发动进攻，淞沪会战爆发，蒋介石此时召见陈诚，就是要将抗战重任托付于他。陈诚不敢怠慢，次日赶赴上海，了解上海战场情况后，即返回南京，向蒋介石报告。

由于上海为第三战区，蒋介石任命陈诚为第三战区前敌总指挥兼第15集团军总司令，并增调部队赴沪参战。蒋介石自兼第三战区司令长官。

陈诚到达上海时，日军已由狮子林、石洞口、川沙口、张华滨附近强行登陆，正向宝山、罗店、浏河一线进犯。陈诚与朱绍良、张发奎兵分三路，分左中右与敌人展开激战。但日军增援不绝。9月中旬，中国军队退守北站、江湾、庙行、罗店、浏河口一线，转入防守。而日军增兵已达20万人，火力异常凶猛，中国军队被迫陆续撤退。

11月初，日军在强大炮火配合下从杭州湾登陆，蒋介石电话询问陈诚如何处置，陈诚提出要调整战线，但为时已晚，日军迅速分路直扑松江，对淞沪守军实行迂回包抄。

蒋介石命令陈诚再坚持三天，结果淞沪守军完全陷于腹背受敌状态。8日晚，第三战区司令部下令撤退，11日上海沦陷。

淞沪抗战坚持了三个月之久，使日军主力转移到了东战场，避免了日军由平津南下，出洛阳以塞潼关之口，趋武汉以断国民党军队后路的危局。

此役蒋介石出动了相当数量的嫡系部队，初步以实际行动表明了抗战态度。陈诚的嫡系部队也在此战役中作出了重大牺牲，其嫡系第6师黄维部在苏州一带经过惨烈血战，有的团已丧失殆尽，后又奉命掩护大军撤退，再遭巨大牺牲。这一做法颇得各部淞沪守军的好评。

陈诚本人在历时三个月之久的沪战期间，每晚都是和衣而眠，而且至多睡三四个小时，头发长得像山里野人。作为前线最高指挥官，淞沪抗战陈诚功不可没。

抗战初期，陈诚参与指挥的第二次重大战役，是武汉会战。

武汉是中国内地水陆交通枢纽，在南京沦陷前，国民政府宣布迁都重庆，但党政军要员、在野各党派以及各社会名流大多到了武汉，武汉成为了抗战的临时军政中心，也成为了日寇进攻的目标。

1938年1月，陈诚出任武汉卫戍总司令部总司令、第九战区司令长官，参加武汉保卫战的指挥工作。同时担任军事委员会政治部部长，与文化界人士及中共代表合作，一定程度上推动了抗战文化的发展。按军政合一原则，陈诚还兼任湖北省政府主席。

此时，日军已先后攻占徐州、开封、安庆等地，以35万兵力分五路向西入侵，日本海军同时溯江而上，直逼武汉。

蒋介石亲自坐镇武汉，陈诚的第九战区与李宗仁的第五战区联合作战，组织四个作战兵团共30个师展开保卫战。在九宫山、幕阜山、大别山等地区构筑阵地，根据蒋介石“战而不失”的指导方针，以消耗战术阻击敌人。在瑞昌、武宁、田家镇、万家岭、大沽等地，先后与日军展开激烈战斗。

经过四个月节节阻击抵抗后，同年10月日军侵占信阳、大冶、鄂城、黄陂等地后，陈诚奉命按原计划将部队全部撤出武汉。武汉沦陷后，陈诚赴渝专任政治部长之职，同时多次担任钦差大臣，到前线协助指挥作战、督战。

1939年9月，日军会攻长沙。陈诚与副总长白崇禧赶赴长沙，协助薛岳指挥作战。出发前，他曾向蒋介石请示长沙“守”与“不守”，蒋回答“不守”。因此一到长沙，陈诚便转达了蒋介石的旨意。薛岳却执意坚守，并说：

“长沙不守，军人之职责何在?”

陈诚曾一夜之间打了九次电话，命令薛岳退出长沙，薛岳不以为然。

陈诚担心彼此争论下去贻误战机，向薛岳了解部队情况后，与白崇禧商议并作出决定，遂命薛岳反攻。与此同时，将薛岳反击的决心及当时情况报告蒋介石。结果，取得了湘北抗战的第一次胜利。

随后，为加强湘鄂防务，陈诚兼任第六战区司令长官，次年1月又飞往桂林，协助第四战区司令长官张发奎指挥桂南会战，取得昆仑关大捷。6月又先后参与指挥粤北、宜昌等战役。1941年9月，为策应长沙会战，陈诚发动荆宜攻势取得成功，再次受到蒋介石嘉奖。

1943年3月，陈诚奉蒋介石之命出任中国远征军总司令，飞赴云南楚雄就任。为提升远征军战斗力，陈诚从云南前线部队实际情况出发，制订了“远征军作战部队整备计划”，命令各部依计划实施。同时创办军事委员会驻滇干部培训团，在美方协助下，有计划地对各种专业干部进行培训，为全面整训部队奠定了基础。

陈诚同时制订远征计划，准备当年8月底完成一切准备工作，然后与英美盟军发动攻势，以恢复中印缅水陆交通及协助英印盟军恢复缅甸。

抗战时期的陈诚

然而刚到5月时，日寇对鄂西大举进攻，直逼四川，第六战区代司令孙元良一时没了主张，蒋介石立刻电召陈诚。陈诚只好放下远征军的反攻计划，直飞恩施指挥阻击，半个多月后便取得了鄂西大捷，歼敌25700多人，炸毁敌机45架、汽车75辆、船艇122艘、仓库五座，日军全线崩溃。

返回云南后，陈诚统一了远征军的编制，10月再次制订远征军反攻计划，但在10月中旬胃病发作，几度昏迷，已不能坚持正常工作，于11月底赴重庆休养。

1944年6月，日寇兵临潼关。为解西北之急，蒋介石决定在汉中设立第一战区，由陈诚出任司令长官兼冀察战区司令，所辖六省区，节制九个集团军、23个军，实力为全国各战区司令之首。

11月，蒋介石已完成由陈诚取代何应钦的历史过渡，即任命陈诚接任何应钦的军政部长一职，为了安抚何应钦，蒋介石不久又安排何应钦出任同盟国中国战区中国陆军总司令。

五、兵败辽沈

抗战胜利后，1946年5月，国民党撤销原军事委员会及所属军令部、军政部以及何应钦的陆军总司令部，成立国防部，将军政大权集中到国防部。经过一番各方势力平衡，最后由桂系白崇禧任第一任国防部长，陈诚任参谋总长。

从名义上看，国防部长领导参谋总长，但蒋介石将白崇禧放在国防部长的位子上架空，而由陈诚掌握国防部大权，上对蒋介石负责，下直接统领陆、海、空三军和联勤四个总司令。

其中除陆军总司令顾祝同外，其余三个总司令——海军总司令桂永清、空军总司令周至柔、联勤总司令郭忏均为陈诚的亲信，在国防部参谋本部形成了强大的“土木系”势力。此时的陈诚权势熏天，一跃而成为国民党第二号人物。

到达权力峰巅容易使人陶醉，也容易使人失去理智。陈诚在北平中外记者招待会上公然宣称：

“国防部组织健全，国军各部队均系美式装备，实力强大，与共军决一雌雄，三到五个月便能解决中共，让解放区成为历史名词……”

7月，全面内战爆发，仅仅一年，国民党军队对解放区的重点进攻全部失败，被解放军歼灭共110多万人，解放军总数增加70多万人。

战事失利，在国民党内部，陈诚成为了众矢之的。白崇禧骂他刚愎自用，指挥无能，李宗仁说他“专横跋扈”，撤掉陈诚的呼声响成一片。

蒋介石担心不处分陈诚难以服众，只好免去陈诚参谋总长的职务，同时撤换、处分了大批军事将领。

1947年8月末，东北战场局势紧急，蒋介石为挽回败局，任命陈诚为东北行辕主任，接替熊式辉。陈诚连遭重创之后，虽不免沮丧，但也急切希望在军事上挽回败局，恢复个人声誉。接到任命后，即寄希望于在东北创造奇迹，认为只要整饬军纪，提高士气，协同作战，便有希望改变不利形势。

陈诚到任沈阳后，便大刀阔斧地整编军队，大量撤换原有军事将领，换上自己的亲信，以致搞得人心惶惶，内部不稳。

与此同时，陈诚大举扩充军队，使东北战场的国民党军队恢复到10个军、50余万人，也使陈诚军事集团的力量得到进一步加强。

但他完全没有意识到，国民党军队此时早已没有了北伐时期的蓬勃状态，他们刚从抗日战场撤下，亟待休整、整训。而他们的对手也不是日薄西山的北洋军阀，而是军纪严明、战斗力强大的人民解放军。

在解放军猛烈的秋季攻势和冬季攻势下，陈诚损兵折将，元气大伤。为了争取主动，陈诚调集包括新5军、新6军在内的40万人在沈阳西北的辽河、柳河交汇处，向解放军发起进攻，结果惨遭失败。公主屯一战，号称国民党军精锐的新5军全部被歼，军长陈林达被俘。

遭此重创，长春、沈阳、四平、锦州日益孤立，陈诚寝食难安，胃病复发，只好躺在病床上指挥作战，“决心死在沈阳”。

新5军全军覆没的消息报告给蒋介石后，蒋介石极为震惊。

1948年1月8日，辽河枪声未息，蒋介石便带国防部作战次长刘斐、陆军副总司令范汉杰，由南京直飞沈阳。

陈诚及东北行辕副主任罗卓英早已等候在机场，蒋介石一下飞机，陈诚、罗卓英便率先向蒋介石汇报，将责任一股脑地推到第 9 兵团廖耀湘与新 6 军军长李涛身上，说他们拒不执行总部命令，拒不增援，致使新 5 军全军覆没。

蒋介石听后，火冒三丈，即宣布召开师长以上高级将领会议，追查责任。

第二天，会议在东北“剿总”司令部的会议厅召开。蒋介石一入座，即对廖耀湘、李涛一通严词指责，并宣布对两人予以严惩，以儆效尤。

不料，廖耀湘与李涛根本不服，当即起身争辩。廖耀湘说：

“报告总裁，我并没有接到救援新 5 军的命令！”

“是的，我也没有接到命令！”李涛紧跟着说，

“陈林达曾向我部求援，我部也曾突击救援，但被共军阻击，切断了联系。”

“我军也是如此。”

廖耀湘与李涛一人一句，说得蒋介石哑口无言。蒋介石回过头看看陈诚，陈诚说：

“我部署完毕后，由罗卓英下达的作战命令。”

罗卓英是陈诚的亲信，自然要替陈诚说话，他支支吾吾地说：“我是电话通知廖司令官和李军长的。”

“我没有接到电话！”廖耀湘和李涛异口同声地反驳。

“指挥作战为什么没有书面命令？”蒋介石再一次看着陈诚。

陈诚只好嗫嚅着说是总部参谋业务上的疏忽。

陈诚如此搪塞，使会议陷入僵局，也使蒋介石的彻查问责无以收场。在一片尴尬气氛中，陈诚只好站起来，无可奈何地说：

“新 5 军被歼，完全是我指挥无方所致，与众将领无关，请总裁按党纪国法惩办我，以肃军纪。”

蒋介石见陈诚隐瞒了实情，心里虽然不满，但也不愿惩罚这位嫡系爱将，只好说：“现在撤掉总司令，会影响军心士气，待战争结束，再评功过！”

说完，拂袖而去。

陈诚指挥无方打了败仗，又在众将领面前如此丢脸，心情无比愤懑。尤其感到东北前途暗淡，自己已无法脱身，回到官邸后，与妻子谭祥抱头痛哭，称恐怕要丧身这片黑土地上了。

事实上，凭着陈诚夫妇与蒋介石夫妇的特殊关系，他们无论如何是死不了的。

由于谭祥是宋美龄的干女儿，又是在宋美龄撮合下与陈诚结婚，于是，陈诚走了“夫人路线”，让谭祥回“娘家”，向宋美龄求情。

这一招果然奏效。

经谭祥如此这般一说，宋美龄心疼干女儿，自然也就爱屋及乌，即对蒋介石说：“辞修已经病得无法起床，怎能应付东北如此混乱的局面，还是换个人吧。”

蒋介石原本也没打算让陈诚在东北久待，如今夫人求情，便当即应允，决定派卫立煌到东北接替陈诚。

1 月 22 日，卫立煌飞抵东北。

2 月 5 日，陈诚在入主东北五个月后，灰溜溜地告别了这片给他带来惨痛教训的黑土地，登机返回南京。

东北之行一败涂地，使原本因连吃败仗成为众矢之的的陈诚日子更加难过，国民党内对陈诚的攻击达到顶点，甚至有“国大代表”要求“杀陈诚以谢国人”。

在这种情况下，陈诚遵蒋介石之嘱，携全家老小，于当年 10 月赴台养病，在人生的低谷中，于台北度过了一段平静而又愁肠百结的岁月。

此时辽沈战役已经打响，东北国民党军队即将彻底灭亡，华北亦是一片糜烂，蒋介石见大势已去，不得不把维持国民党政权的最后希望寄托于台湾。

挑选经营台湾的人选，关系到国民党能否顺利撤出，是否能在台湾站住脚，蒋介石选来选去，最理想的人选自然又是陈诚。因此，陈诚赴台养病是负有“重大使命”的。12 月 29 日，在蒋介石下野之前发布的最后一项重要人事安排，就是任命陈诚为台湾省主席。

六、主政台湾

1949 年 1 月 5 日，陈诚在台北就职视事，他受命经营台湾之时，正处于兵荒马乱之中、百废待兴之际。陈诚主政台湾两个月后，便拿出了较为系统的施政方针。在政治方面，推行地方自治，健全组织，提高行政效率，确立人事制度，推行土地改革政策；在经济方面，增加生产，改革币制，整顿税收，管制外汇，稳定物价，实行三七五减租；在文化方面，奠定实施计划教育的基础，建设“三民主义的新文化”。

经过不懈努力，至1949年12月21日将台湾省主席一职交给下任吴国桢，一年中，陈诚一面努力增加生产，一面稳定台湾局势，初步改变了台湾混乱的政治局面，使台湾的经济实力和物资供应有了一定好转，为国民党政权撤离大陆、栖息台湾奠定了基础。

1950年3月1日，蒋介石恢复“总统”职权后，随即提名陈诚任“行政院长”，在送“立法院”的咨文中称：陈诚“去岁受任东南军政长官兼台湾省政府主席，对于整军御敌、政治经济诸项措施，尤多建树，深为台湾人民所爱戴。现值巩固台湾、策划反攻大陆之际，陈君扬厉中外，文武兼资，对于剿匪戡乱，深具坚定信心，出任行政院长，必能胜任愉快。”

陈诚的“行政院长”一职，可以说是就任于风雨飘摇之中，当时台湾形势十分危急，在陈诚向“立法院”的介绍中可以看出：

军事方面，大陆上仅存西昌一个据点，解放军随时可能渡海作战；政治方面，自“中央政府”迁台以来，“部署未定，全社会人心充满了不安和恐惧”；财政经济方面，“因大陆尽失，收入锐减，军民集中台湾，消费增加，负担加重，无论财政经济均潜伏着极严重的危机”。

因此，陈诚提出政府当前的中心任务是“竭尽一切力量，确保以台湾为中心的基地，准备反攻大陆”。

陈诚将台湾比做一只救生艇，说“救生艇的任务在救人，但在惊涛骇浪之中，又不能不顾到这只救生艇本身的安全”。

为此，陈诚制定了一系列措施，做了大量工作。他首先从政治思想宣导入手，提倡“精神力量”的重要性，而这种精神力量，“就是自立自强的意志与自力更生的信念”；同时提高行政机构办事效率；加强台湾守备；预防和抵制共产党的“渗透”活动；大力建设台湾经济，等等。

经过几年恢复整顿，台湾经济渐渐稳定后，从1953年开始，台湾政府开始执行为期四年的“四年经济建设计划”。陈诚亲自主持制订了前两期的四年计划，并全程执行了第一期四年计划，程度不等地主持了三个四年计划的实施。

到1956年，第一期四年计划的各项指标基本完成，工农业生产都有了大幅度提高，工业年均增长率达11.7%，超过了11.1%的原定指标；农业年均增产6.2%，比原计划平均增产4.8%的指标，几乎提高了30%。

陈诚在台湾还留下了一项传世之作，那就是和土地改革并称为“两大奇迹”的石门水库。

日本统治台湾时，便想在位于桃园县境内的石门峡谷建造水坝，以便引水灌溉。但考虑到工程浩大，始终未能实施。而陈诚完成了这项浩大的工程建设。可以说，陈诚为台湾的经济建设倾注了大量心血，他的努力取得了良好效果，为台湾的繁荣富强作出了巨大贡献。在台湾百姓心中，陈诚享有极高的威望。

在1952年10月召开的台湾国民党第七次全国代表大会上，陈诚当选为中央委员，在七届一中全会上当选为中央常委。此次大会专门作出称颂陈诚的决议，决议称：

“当三十八年革命遭遇空前挫折之际，大局处于风雨飘摇之中。陈诚同志确能秉承总裁指示，采行确切措施，作中流砥柱，立复兴之基础”；对其“忠贞坚毅，勇敢负责，不辞劳怨，不避险阻之精神，及其对于革命之重大贡献，深致嘉许”。

1954年2月，国民党第七届中央委员会举行临时全体会议，推选国民党“总统”、“副总统”候选人。16日，蒋介石以国民党“总统”候选人的名义，提名陈诚为国民党“副总统”候选人。在3月的“总统”、“副总统”选举中，陈诚当选“副总统”，“行政院长”由俞鸿钧继任。

三年后，即1957年，陈诚被推上宦海生涯的巅峰——当选为国民党副总裁。翌年，由于“行政院长”俞鸿钧遭弹劾而辞职，蒋介石再次让陈诚领衔“组阁”。这样，陈诚身兼“副总统”、“副总裁”和“行政院长”三个要职，成为台湾位居蒋介石一人之下、千万人之上的真正“二号人物”。

陈诚的一路升迁，既得益于他出身黄埔系、浙江派，更得益于他30多年跟随蒋介石出生入死，无怨无悔，特别是对蒋介石的忠心耿耿，使他早已成为蒋介石最重要最可靠的亲信，正如蒋介石所说：

“中正不可一日无辞修。”

但蒋介石终究是要把权力移交给儿子的，逃台后政治上的关键一步就是培植蒋家第二代。但蒋经国资历尚浅、年纪尚轻，要想顺利过渡，完成权力交接，首先要有元老级的重臣为蒋经国保驾护航，蒋介石选中的“首辅”便是陈诚。

在台湾政权机构中，“行政院长”是仅次于“总统”之后的第二个实权职务，历来令人瞩目。对蒋家王朝忠心耿耿的陈诚于是成为了太子蒋经国的“辅政大臣”，直到1963年年底，鉴于陈诚身体健康日益恶化，蒋介石才同意陈诚卸任疗养。

七、婚姻之路

陈诚一生共有过两次婚姻。20岁时，他与吴舜莲结婚，夫妻之间并非没有感情，以陈诚的个头矮小以及贫寒家境得以与当地富家小姐成婚，当属高攀。当时陈诚也正是有了妻子的嫁妆费才得以外出闯世界的。但后来发生的一件事让陈诚下了休妻决心。

1925年国民革命军东征讨伐陈炯明时，陈诚接到父亲病逝的电报，赶回家乡奔丧。陈诚离家十年归来，妻子便想留他多住些日子，希望这次丈夫回来能让自己怀上孩子。可是陈诚身上有伤，无论吴舜莲怎样温柔体贴、百依百顺，他总是尽力回避，对妻子不冷不热，还总是责怪吴舜莲碰痛了自己的伤口。

开始吴舜莲以为陈诚因父亲过世和伤口疼痛而心情不好，没有计较丈夫的冷漠，后来陈诚对妻子更加不耐烦，说话粗言粗语，脸色阴沉。

晚年陈诚

吴舜莲觉得非常委屈，当得知陈诚马上就要离开时，更认定陈诚在外边有了女人。想到自己长年独守空房，侍奉公婆，换来的却是如此结果，觉得此生已无希望，不如一死了之，于是拿起插在竹篱墙上用来割桑叶的刀，朝自己的喉咙处割去。

幸亏抢救及时，吴舜莲保住了性命，但吴舜莲的刚烈实在让陈诚害怕。把吴舜莲送到医院后，陈诚便立刻赶回部队，从此下定休妻决心。后来随着地位的升高，他对吴舜莲这个目不识丁的小脚女人更加看不上眼，只是顾念其多年在陈家操劳，一直没有办理离婚手续。

后来蒋介石为干女儿谭祥择婿，陈诚成为候选人之一。谭祥的父亲是南京国民政府第一任行政院长谭延闿，谭延闿任行政院长时，和蒋介石关系甚好，是宋美龄的干哥哥，宋美龄对他十分尊重。

当初蒋介石向宋家求婚时，宋美龄就表示说：

"非谭延闿做媒我不嫁。"

谭延闿因此经常到蒋介石私邸漫谈，每去必携带三女儿谭祥。

谭祥才貌双全，又是宋美龄留学美国时的同学。加上谭祥嘴甜招人喜爱，蒋氏夫妇对其更加喜欢，便认了干女儿。

谭延闿去世后，谭祥更是经常登门看望蒋氏夫妇，称蒋介石为爸爸，称宋美龄为妈妈，蒋氏夫妇对她视如己出，十分疼爱，便决定在年轻将领中为干女儿选择"乘龙快婿"。

当时，胡宗南和陈诚都是年轻将领中的佼佼者，两人都在蒋介石夫妇的考虑范围之内。而胡宗南既比陈诚年轻，又没有结过婚，蒋氏夫妇首先考虑的应该是胡宗南。但出于政治目的，蒋介石夫妇最终选择了陈诚，因为考虑到胡宗南是黄埔军校第一期学生，是"天子门生"，对蒋介石忠诚不二，可以放心。而陈诚曾经和邓演达、严重关系密切，蒋介石便决定利用这桩婚姻笼络陈诚。

蒋氏夫妇首先征求谭祥本人的意见，谭祥问陈诚"现居何职"，宋美龄答"军长"，谭祥又问"哪一军"，蒋介石忙在旁边说："是18军。"

谭祥早就听说18军是一支主力部队，一听陈诚是18军军长，就低下头不再说话，表示同意了。

陈诚听到这个消息，自然是满心欢喜，但仍像以往在蒋介石面前一样，表情严肃地举手行礼说：

"一切听从领袖安排。"

陈诚身高不过1.6米，可谓其貌不扬。但长方形的白面书生脸倒也称得上清秀，穿上军装之后便也有了几分英武。谭祥见过之后认为他风度翩翩，一表人才，十分满意。

当时陈诚与上海女大学生陈德懿相恋四年之久，为了和谭祥结婚，陈诚把陈德懿送到美国读书，从此结束了两人的关系。

与原配吴舜莲离婚却没有那么简单，吴舜莲在陈家多年，已是名正言顺的陈家媳妇，岂肯轻易同意脱离夫妻关系。

想来想去，陈诚一封电报请来当初的月老、大舅哥吴子奇。吴子奇不但是陈诚的师范同学，而且多年来一直是陈诚的部下，并随着陈诚的升迁而升迁。陈诚任团长时他是军需主任；陈诚当师长时他是师军需处长；陈诚当上军长他是军军需处长。

吴子奇从南昌赶到南京，听陈诚一说，知道这桩婚姻来头不小，并早已料到，陈诚官越做越大，妹妹一个没有文化的小脚女人，又没有子嗣，婚姻迟早会破裂。

吴子奇也考虑到妹妹的工作难做，干脆替妹妹做主，写了一张协议离婚书。在吴舜莲名下声明，由于舍妹不识字，故由本人代笔，一切由本人负责。

由此，陈诚结束了与吴舜莲的婚姻，而吴舜莲决定终身不嫁，并提出一个可怜的要求："生不能同衾，死后必须同穴。"

陈诚与谭祥结婚后，家庭幸福美满，宦途一帆风顺。陈诚在前线作战时，每日都要与谭祥通电话。谭祥主持家务，教育子女，偶尔当陈诚人际关系上遇到麻烦时，也会出面到宋美龄面前予以周旋，使之化险为夷。

陈诚和谭祥婚后生有四男二女：长子履安，次子履庆，三子履碚，四子履洁；长女幸，次女平。他们一起度过了"剿共"、抗战和内战的战争岁月，直到赴台之后才开始安定的生活。

从1964年9月3日起，陈诚的病情突然恶化，整日腹泻不止，体重骤减。经台、美名医会诊，于10月下旬为陈诚做了"肝穿刺"，化验结果表明，陈诚所患为肝癌。这是现代医学技术对陈诚的健康作出的"终审判决"。

常年跟随陈诚作私人医师的沈彦大夫，将这个结果告诉谭祥之后，谭祥异常惊恐，但她理智地要求医生暂时不要把真实病情告诉陈诚，只对陈诚说，他患的是肝硬化。

1965年1月17日，陈诚突然患重感冒并发支气管炎，病状持续两周。后急性症状虽逐渐消失，但陈诚的体力及精神大不如前，食欲消失，两腿浮肿，腹水增加，癌肿增大至脐下。

2 月 27 日，陈诚体温急降至 35℃以下，每分钟仅呼吸八至 12 次，脉搏达每分钟 100 次以上，血压逐渐降低，终日呈昏睡状态。当晚，台湾正式发表病情公告，公布陈诚的病状。

对于陈诚的病，蒋介石非常关切，经常和宋美龄一起去探视和询问病情。陈诚临终前，宋美龄再次前来探望。她劝谭祥暂时回卧室休息一会儿。日日夜夜的煎熬已使谭祥憔悴不堪，尽管她每每在陈诚面前强颜欢笑，而一离开陈诚便掩面而泣，她的精神已几近崩溃。

她被半拖半劝地送到楼上。宋美龄吩咐医生为谭祥注射镇静药，让她睡一会儿。谭祥哭泣着哀求道：

“陈先生要过去的时候，你们一定要叫我！”

谭祥并没有睡多久，就被护士急促的脚步声惊醒。她被搀扶着下楼，来和共同生活了 34 年的丈夫诀别。

1965 年 3 月 5 日 7 时零 5 分，昏睡中的陈诚停止了呼吸，静静地离开了这个世界。

历史评说

在中华民国历史上，陈诚是追随蒋介石时间最久、最为忠诚又最受信任的得力助手，是大陆时期继何应钦之后的实力派军事将领，也是台湾时期名副其实的二号人物。

解放战争时期，作为“土木系”领袖的陈诚在战场上一败涂地，国民党内响起了“杀陈诚以谢天下”的呼声。不过退台后，陈诚倒是政绩卓著，为国民党政权在台湾创造了一个良好的政治经济局面。

曾任黄埔军校教官、红1军团政委的聂荣臻晚年提到这位老同事、老对手时，曾风趣地说道：“想不到陈诚这人打仗不行，搞经济建设倒很有一手，古人说见贤思齐，我们很应该向他学习啊!”

百依百顺——顾祝同

在蒋介石的黄埔系将领中，顾祝同名列“五虎上将”，又是“八大金刚”之一，但他并不以军事才能见长，因此一生“战绩不重，建树不多”。其官运不衰，主要得益于工于心计不露锋芒，对蒋介石百依百顺，又得益于在西安事变中至死相随忠贞不二。迁台后，顾祝同深受蒋介石倚重，被圈定为蒋经国的“辅国大臣”。

小档案

姓名字号： 顾祝同，字墨三

籍　　贯： 江苏省淮阴市涟水县

生卒年月： 1893.1.9—1987.1.17　卒年94岁

毕业院校： 保定陆军军官学校

军　　衔： 一级上将

最高军职： 国防部参谋总长

一、满腔热血

“德勤，武昌起义了，学校也停课了，我们不如去参加革命军吧！”顾祝同把老乡兼好友韩德勤拉到学校外面，小声地说道。

“好，依我看，这大清早该亡了，我们也去革命！”韩德勤满怀着对腐朽满清王朝的失望与痛恨，毫不犹豫地点头道。

在学校的院墙外，这两位十七八岁的少年窃窃私语了好久，越说越兴奋。这两位未来的中华民国江苏省主席此刻并不知道，他们这次偶然的热血冲动，将彻底改变他们一生的命运。

1910 年，17 岁的顾祝同考入江苏陆军小学第五期，赴南京就读。1911 年 10

青年顾祝同

月武昌首义，陆军小学停办，顾祝同与同乡同学韩德勤毅然加入革命军北伐先遣支队，成为炮弹队队员。

1912 年先遣队扩军改番号为陆军第 9 师第 18 旅第 36 团，顾祝同升任排长，并在同年加入同盟会。7 月，陆军小学重新开课，顾祝同离开部队返校继续读书。毕业后他考入湖北陆军第二预备军官学校深造，并于 1917 年初，成为第 6 期步科学员。

1919 年 12 月，顾祝同从保定陆军军官学校顺利毕业，由于学习成绩优异，他受到校长杨祖德的表彰。在毕业典礼上，杨祖德亲自为顾祝同颁发奖品—— 一条毛毯。

毕业后，顾祝同先到长江上游陆军总部第 4 旅任见习官，后升为连长。次年年底转赴湖南，后几经周折，于 1922 年 1 月南下桂林，加入粤军第 2 军许崇智部，参加孙中山领导的护法战争。

当时蒋介石正在粤军第 2 军任许崇智的参谋长，顾祝同经同学介绍，前往拜访蒋介石，闲谈中得知蒋介石曾毕业于保定陆军速成学堂时，顾祝同十分高兴，马上说：

“保定速成学堂就是我们保定陆军军官学校的前身，你高我几届，我应叫你学兄。”

“称学兄不敢当，我们是同学。”蒋介石客气地说。

粤军向来排外，蒋介石要想在粤军站住脚，必须团结一批非粤籍的中下层军官作为根基。顾祝同这个谦逊的学弟正是很好的人选之一，尤其顾祝同来自江苏，蒋介石一向视江浙人为同乡，因而自然对顾祝同另眼看待。

顾祝同对蒋介石十分钦佩，他后来曾回忆说：

“我第一次谒见蒋公，只觉得蒋公比我年龄稍长，是一位有气概的青年军官，与一般军官显然不同。”

初次见面，两人交谈甚欢，彼此都留下了很好的印象。也就是从这一天开始，顾祝同的人生开始同蒋介石紧紧联系在一起。

拜访蒋介石的第二天，顾祝同被任命为军部上尉副官、军事教导队区队长，从此开始了追随蒋介石的人生历程。

虽然顾祝同开始追随蒋介石，但此时的他尚未成为蒋介石的心腹，直到进入黄埔军校后，顾祝同在大革命洪流中脱颖而出，立下赫赫战功，才渐渐得到蒋介石的倚重。

1924 年 6 月，黄埔军校成立，蒋介石任校长，特邀顾祝同任军校教授部中校战术教官。

作为战术教官，顾祝同在授课中擅长以实例做深入浅出的说明与引申，深得学生喜爱。后来成为顾祝同部下的黄埔学生，回忆起顾祝同的授课，无不对他的从容态度仰慕有加，加上顾祝同为人宽厚，学生们对他异常敬重。

年底，蒋介石将黄埔军校第一期毕业生组编为两个教导团，顾祝同被任命为教导团第 2 团第 1 营营长，该团团长是教授部主任王柏龄少将，第 1 团团长为何应钦。

教导团是国民党创建的第一支军队，后来成为黄埔系高级将领的陈诚、胡宗南、周至柔、桂永清、杜聿明、黄维等人，当时均为团里下级军官或普通士兵。

1925 年 2 月，顾祝同随从教导团参加第一次东征，讨伐陈炯明。其间，顾祝同的第 1 营严守军纪，对百姓秋毫无犯，受到民众的拥戴。

在攻打淡水城一战中，第 2 团团长王柏龄临阵退缩，顾祝同却率领第 1 营与陈炯明部叛军展开血战，终于协助第 1 团攻下淡水城。

3 月上旬，陈炯明集中林虎、李易标两部兵力四五万人，突袭第 1 团，并企图包抄东征军总部，在棉湖与黄埔军展开决战。

由于第 2 团行动缓慢，未能按部署及时赶往敌人侧背攻击，致使第 1 团腹背受敌，孤军作战。而第 1 团与陈炯明的右路军林虎部兵力相差悬殊，战斗打得异常激烈，情况万分危急。好在第 2 团终于赶到，协助教导 1 团大败陈炯明的主力林虎部的三个师。在棉湖之战其间，顾祝同的第 1 营作战英勇，表现突出，棉湖之战结束后，顾祝同立即升为第 2 团参谋长。

1925 年 7 月，国民政府在广州宣告成立。黄埔学生军随即改编为国民革命军第 1 军，蒋介石亲任军长。

在第二次东征凯旋后，顾祝同先任第 2 团中校团副，旋即升任第 3 师上校参谋长，接着又晋升为第 3 师少将副师长。

可以说，在黄埔时期，顾祝同已奠定了在国民党军界的基础。由于当时蒋介石尚羽翼未丰，后来在军界走红的诸将领此时不过是蒋之嫡系第 1 军中的连排长，大多数尚是大头兵。而顾祝同已是该军的副师长，所以他在黄埔系内官阶较高，在国民党中也素有“元老”之称。

1926 年 7 月，蒋介石就任国民革命军总司令，誓师北伐。顾祝同所在的第 3 师属何应钦第 1 军的战斗序列。第 3 师的任务是从广东东江进入福建，攻打北洋军阀周荫人部。10 月，顾祝同所在的第 3 师攻克永定，12 月初北伐军攻占福州后，第 3 师连战皆捷，顾祝同随之晋升为第 3 师师长。

1927 年 8 月蒋介石下野后，北洋军阀五省联军总司令孙传芳趁机渡江攻占龙潭，南京陷于危急之中。顾祝同奉命率第 3 师，协同其他部队奋起反击，苦战数日后，于 26 日收复龙潭车站。至 8 月 31 日，孙传芳的军队基本被消灭。

龙潭大捷，南京转危为安，国民党方面在此役中的重要将领白崇禧事后说：

“龙潭之役在北伐中是最重要一仗，一旦失败，不但江、浙、闽、赣、皖五省重归孙传芳，而且唐生智之势力一定高涨，其他抱游离态度之友军，更远离革命军。如此，革命军能否再回广东重整旗鼓，更是一大问题。”

因此国民党内公认龙潭之役是北伐大业成败之极大关键战役，顾祝同在此役中功不可没。

1928 年年初，蒋介石复出，随即任命顾祝同为国民革命军第 1 集团军第 9 军军长兼第 3 师师长。该军各师团长以至各连排长全部为黄埔生，是蒋介石蓄意培养且最为信赖的嫡系部队。顾祝同为军长，足见此时他在蒋介石心目中的地位已是无可替代。

二、用兵持重

就在顾祝同志得意满之际，1928 年 2 月，蒋介石率领国民革命军举行第二次北伐。顾祝同本想再攀新高，不料马失前蹄。

二次北伐中，国民革命军分为三个集团军，何应钦为第 1 集团军总指挥，以顾祝同的第 9 军和刘峙的第 1 军为主力。两军沿津浦路北上。刘峙的第 1 军担任津浦路正面攻击，顾祝同的第 9 军担任津浦路左路攻击。

在最初与直鲁联军张宗昌的交战中，顾祝同和刘峙协同作战，势如破竹。在临淮关，两军开始与孙传芳部接触。然而攻占临淮关后，顾祝同与属下师长分析战局，认为：

“孙传芳的兵力布置情况不明，突前怕会吃亏。”

顾祝同性格谨慎，用兵持重，又是第一次指挥三个师大规模作战，唯恐出现差错，在与师长们再三商量、斟酌后，他终于下令：

“部队后撤!”

此时顾祝同万万没有想到，他这一命令的下达，使他在此后很长一段时间里，位居在刘峙之后。

就在顾祝同后撤之时，刘峙却在乘胜前进，并在长淮卫与孙传芳的部队遭遇。凭着连战连捷而高涨的士气，刘峙部再度一战而胜，占领了蚌埠，抢占了头功。

在顾祝同的第 9 军后撤 60 公里时，刘峙的第 1 军却前进了 20 公里。

何应钦本来认为顾祝同作战能力强，作风稳健，比刘峙更具备统率部队的能力，有意培植顾祝同，拟将第 1、第 9 两个军归顾指挥。然而通过此次战斗，何应钦发现顾祝同优柔寡断，果敢不足，谨慎有余，非统率大兵团作战的将才。于是改变初衷，令顾祝同的第 9 军归刘峙指挥，而此后顾祝同的升迁也总是在刘峙之后，顾祝同只能扼腕惋惜。

北伐战争结束后，蒋介石在形式上统一了中国，但在国民革命军内部，各军政派系仍承袭原军阀派别，形成事实上的新的地方割据势力。为了将军权集中于中央，南京国民政府提出“统一军政”、“实施训政”的口号，对全国军队进行缩编。

1928 年 7 月 25 日，蒋介石的嫡系部队第 1 集团军率先进行缩编，取消了军团与军的番号，整编为 13 个师、两个独立旅、三个炮兵团，共 25.5 万人。顾祝同的第 9 军被编为陆军第 2 师，顾军长变成了顾师长。

然而，缩编裁兵的实施，遭到各军政派系的消极对抗。谈判桌上摆不平的，必将付诸武力。1929 年 1 月编遣会议不久，桂系便公开采取了对抗行动。

当时桂系控制的地盘以两湖为中心，以两广为依托，触角已延伸到华北。桂系首领李宗仁的第 4 集团军总部设于武汉，湖南省政府主席鲁涤平却是听命于南京国民政府的亲蒋派。2 月 19 日，李宗仁以“武汉政治分会”主席的名义，越权将鲁涤平免职，改任何键为湖南省主席，同时派两师兵力由武汉进入长沙，将鲁涤平赶往江西，控制了湖南省。

这就是震动一时的“湘案”。“湘案”的发生，成为蒋桂战争的导火索。

南京国民政府一面命令监察院调查“核办”，一面军政双管齐下，秘密策反桂系将领，同时调兵遣将，部署军事讨伐桂系。

3月27日，蒋介石一声令下，中央军三路大军进攻武汉。顾祝同率第2师由蚌埠出发，沿皖西、鄂东向武汉前进，在太湖、潜山一带停留。其间，顾祝同不无忧虑地对左右说：

“我们要兢兢业业，白崇禧的部队可不好对付。”

白崇禧是桂系首领之一，向来能征善战，素有“小诸葛”之称。尽管白崇禧并不在武汉，但桂系起家的第7军驻守武汉，令顾祝同不敢不防。顾祝同小心部署，谨慎作战，直到部队到达湖北新洲、黄陂之间，突然有下属来报：

“桂军师长李明瑞、杨腾辉，已阵前倒戈！”

“倒戈？会有这种事？”

喜讯来得太突然，而且似乎毫无理由，以致顾祝同无法相信这是真的。当时他没有想到，桂系将领的战场倒戈，是蒋介石策划瓦解的结果。当他最终相信这一事实后，顿时大喜过望，立刻问：

“胡宗铎、陶钧呢？”

“已向沙市、宜昌撤逃。”

“好，立即下令，全速前进！”

此时，桂军因李明瑞在孝感倒戈，很快陷入被动，只好放弃武汉，分头撤退。蒋军进入武汉后，继续追击。时逢川军刘湘响应蒋军，由西向东夹击桂军，桂军军长胡宗铎、陶钧被迫通电下野，残部全部投降，桂系集团军主力几乎丧失殆尽。

进入武汉后，顾祝同的“死对头”刘峙升任第1军军长兼武汉绥靖主任，第2师划归刘峙统辖，顾祝同心中十分窝火。

年底，被蒋介石重新扶上战马的唐生智，在汪精卫及改组派的策动下，联合石友三等举兵反蒋。12月2日深夜，倒戈将军石友三调集数十门大炮，隔江炮轰南京。蒋介石急电武汉，命令第2师前往南京“护驾”。

顾祝同率部火速赶往南京，参加讨伐唐生智、石友三的战争。1930年1月，石友三重回蒋介石帐下，唐生智通电下野，顾祝同因护驾有功，其第2师得以脱离第1军建制。

随后，顾祝同又率第2师参加中原大战，终于不辱使命，重创冯玉祥、阎锡山部，战后被蒋介石提升为第 16 路军总指挥，旋任陆海空军总司令部洛阳行营主任，掌管西北军事大权。不久后，他又升任江苏省主席。此外，顾祝同还被授予一等、二等宝鼎勋章各一枚。

不过，这个世界常常是乐极生悲，在顾祝同的儿女亲家兼老部下赵启录卖官丑闻曝光后，舆论为之大哗，矛头赫然指向顾祝同，顾祝同只好将赵启录撤职查办。可事情没有就此完结，公众进而要求，不能只拍苍蝇不打老虎，顾祝同也应受到惩罚。

在舆论压力之下，蒋介石将顾祝同召到南京官邸，责问一番，决定撤销其江苏省政府主席一职。

蒋介石对顾祝同确实有心栽培，将他免职的同时，立刻令他赴抚州就任“湘鄂赣粤闽五省剿匪军北路军总司令”，参加对中央苏区的第五次“围剿”，也算是让他体面下台。

到达抚州后，顾祝同发现自己其实没有什么事情可做，他的北路军以陈诚的第 18 军为主力，而陈诚在国民党军界红极一时，遇事总是越级直接向蒋介石请示，蒋介石也时常直接指挥陈诚和其他各军，直接掌握军事部署，弄得顾祝同这个总司令形同虚设。

黄埔时期的顾祝同

闲极无聊，顾祝同就整日和赵启录等高级幕僚打牌聊天，打发时光。

顾祝同心里虽有抱怨，但从不流露，对蒋介石所有安排始终恭谨从命，百依百顺，毫无怨言。正因为如此，蒋介石始终将顾祝同纳入心腹之列。

三、西安事变

自从东征陈炯明起，顾祝同就在何应钦麾下任职，与刘峙、钱大钧、蒋鼎文并称何氏门下“四大金刚”。

何应钦乃蒋介石一手提携的心腹将领，本应对蒋介石忠心不二，但通过两次东征和北伐战争，何应钦在黄埔军中声望日隆，一向低调做人的他，也有了些居功自傲的心态。1927 年 8 月，在桂系倒蒋时，何应钦为掌握黄埔军权，与桂系一唱一和，对蒋介石实施逼宫，致使蒋介石下野。

蒋介石复职后，首先“入壁夺符”，悄然赶赴徐州，进入第 1 路军总指挥部，下令免去何应钦第 1 路军总指挥之职，改任总司令部参谋长，并将何应钦在南京住宅的卫队全部撤走。

何应钦受此打击，不得不对蒋介石俯首帖耳，变得小心谨慎起来。由于两人之间互有所倚，表面上仍然合作密切，北伐军占领北京后，蒋介石委任何应钦为“国军编遣筹备委员会”主任委员和“训练总监部”总监等职务。

蒋、何的同床异梦，让顾祝同左右为难，一方面他不能有悖于何应钦这位老上司；但另一方面，他看出何应钦不具备取代蒋介石的实力，自然更加不能得罪蒋介石，因而行事处处小心。

1936 年 12 月 12 日，时任西北“剿匪”副总司令、东北军领袖张学良和时任国民革命军第 17 路总指挥、西北军领袖杨虎城，为达“停止剿共，改组政府，出兵抗日”的目的，在西安扣留蒋介石，发动了震惊中外的西安事变。

消息传来，南京国民政府顿时陷入一片群龙无首的混乱之中，各派力量迅速分化组合，形成了以何应钦为首的主战派和以宋美龄、孔祥熙为首的主和派。两派就如何解救蒋介石，如何对付张学良和杨虎城展开激烈争论。

16日，何应钦正式宣布对西安进行军事讨伐。17日，何应钦就任“讨逆”军总司令，同时令刘峙、顾祝同为东、西路军司令，七个师兵力已集结潼关前线，所有飞机集中于洛阳，只待一声令下，旋即向西安展开全面进攻。此间，中央军在华县与杨虎城部的对峙中，前方已开始冲突。

就在内战一触即发之际，何应钦收到蒋介石的亲笔书信，令他暂停轰炸三日，到20日为限。何应钦只能暂时停手。

平心而论，何应钦若只是摆出武力解决西安事变的姿态，给张学良、杨虎城造成心理压力，更有利于蒋介石的释放。但何应钦“醉翁之意不在酒”，想借此良机，取蒋介石而代之，因此是动了真格的。

为阻止何应钦，宋美龄曾找到刘峙，对其动之以情晓之以理，但刘峙错估形势，对武力讨伐张、杨热情高涨，不听劝阻。

顾祝同则不同，他毅然选择了蒋介石。表面上，他接受何应钦的任命，对其表示唯命是从，背后则对宋美龄明确表示：

“诚如夫人所言，动用武力，会危及委员长性命，而委员长的安全，直接关系到国家的安定。为了委员长的安全，为了国家的安定，我愿意听从夫人安排。”

危机之中，顾祝同的支持，令宋美龄颇感欣慰。她要求顾祝同对胡宗南、关麟征等人进行游说，务必稳住西路进攻部队，并表示：

“我很快便会亲自入陕，委员长一定会平安归来。”

顾祝同立即电令西路军胡宗南等人，暂时只在咸阳、宝鸡间监视东北军、西北军和红军，他本人留在南京参加营救蒋介石的疏导活动。

20日上午，宋子文抵达西安斡旋，和平解决端倪渐显。宋美龄又力争延长停止轰炸三日，并于22日亲赴西安。在宋美龄等人努力下，25日，西安事变和平解决。

蒋介石飞回南京后，顾祝同因抵制何应钦轰炸西安受到蒋介石嘉奖。

1937年1月1日，顾祝同参加了蒋介石召开的小型会议，研究对西安事变的惩罚措施。

随后，蒋介石不假思索地钦点顾祝同为军事委员会西安行营主任兼第1集团军总司令，指挥五个集团军，包括蒋鼎文的第2集团军、朱绍良的第3集团军、陈诚的第 4 集团军、卫立煌的第 5 集团军，分别向西安地区推进，以对张、杨部队施加军事压力。

临行前，蒋介石特地叮嘱顾祝同：

"以不战而屈人为上，武力解决为次。"

顾祝同领命之后，一面率重兵进驻潼关号令各军做好攻击准备，一面与张、杨旧部进行紧张的谈判。在顾祝同软硬兼施的攻势面前，双方终于达成协议：

第一，张学良所部东北军开出潼关至苏皖边境整编；

第二，杨虎城出国，所部西北军整编。

2 月 9 日，顾祝同率部进驻西安，下令将东北军的 25 个师整编为四个军 10 个师，调往苏北、皖北、豫南，由军委会直接指挥；西北军（17 路军）整编为 38 军下辖的两个师。

至此，发动西安事变的东北军、西北军在顾祝同软硬兼施的胁迫下，按蒋介石的旨意完全解体。

同时，顾祝同会晤中共代表周恩来、叶剑英、林祖涵，代表蒋介石商谈国共合作事宜。顾祝同根据蒋介石的指示，向中共代表提出四点建议：

取消边区政府；发表宣言，服从中央及蒋介石领导，实行三民主义；停止土地改革；红军整编为一个军辖三个师。

由于此四点建议明显限制和削弱中共红军武装，双方未达成共识。以后又经过反复争论磋商，双方相互作出让步，国民党承认陕甘边区政府，工农红军改编为第 18 集团军，国共第二次合作正式形成。

四、势如危卵

1946 年 5 月，顾祝同接替何应钦陆军总司令之职，与海军总司令桂永清、空军总司令周至柔并列为国民党的军事巨头。

何应钦则被派往联合国，出任联合国军事代表团中国代表团团长兼中国驻美军事代表团团长，从此风光不再。

与此同时，陈诚出任国防部参谋总长，国防部长白崇禧形同虚设，陈诚掌握国防部大权，上对蒋介石，下统陆、海、空三军总司令。面对陈诚这个晚辈，尽管顾祝同心里颇不是滋味，但表面上还是礼貌地接受了陈诚的领导。

全面内战爆发后，顾祝同继刘峙担任郑州绥靖公署主任，指挥徐州、郑州之线30万兵力进攻冀鲁豫解放区，结果被刘邓大军歼灭5万多人，大败而归。

1947年春，蒋介石发动对陕甘宁解放区和山东解放区的重点进攻，令顾祝同直取鲁中，以解除对南京和上海的威胁，保住国民党的首脑机关和总部。顾祝同将所辖24个整编师60个旅共45万人的兵力，分为三个机动兵团，以汤恩伯、王敬久、欧震分别为第一、第二、第三兵团司令，采取密集靠拢、稳扎稳打、逐步推进的战术，企图首先打通徐州至济南的铁路和徐州至临沂的公路，占领鲁南；然后全线进攻鲁中，占领山东。

但是，顾祝同过低估计了解放军的实力。当年在江西、苏中时的老对手、华野正副司令陈毅、粟裕采取挖心战术，于4月14日将国民党五大主力之一、整编第74师包围在孟良崮地区。

顾祝同得知这一情况，心急如焚，立即下令第7军一个师和第38师驰援解围。16日24时，顾祝同向增援部队传达蒋介石的旨意，要求其“把握战机，万众一心，共同作战”，并严令增援部队于17日攻占孟良崮。

然而，顾祝同万万没有想到，就在他下达命令的同时，一个惊人消息传来！

“整编74师全军覆没，师长张灵甫举枪自杀……”

听着部下的报告，顾祝同只觉一阵晕眩，随即瘫坐在沙发上，目光呆滞，一言不发……

顾祝同对这次的山东战场寄予很大希望，原以为会有所作为，以挽回败局，不想损失惨重。顾祝同攥紧拳头，半天才咬着牙吐出几个字：

“暂时停止进攻……”

随后，顾祝同调整部署，采用所谓“并进不如重叠，分进不如合击，以三四个师重叠交互前进”的作战方针，于6月下旬再度向沂蒙山区发起进攻。

而此时，刘邓大军已突破黄河天险，开始了战略进攻。顾祝同闻讯后急忙调兵堵截，但在刘邓大军打击下，再度损兵折将。到8月上旬，顾祝同被解放军赶出鲁中地区，他苦心经营的对山东重点进攻方案宣告破产。

为挽回败局，蒋介石于 1948 年秋撤销了陆军总司令部徐州指挥所，另立徐州“剿总”，任命刘峙为“剿总”总司令。由于陈诚从东北战场大败而归，被蒋介石免职，顾祝同又从陈诚手中接过参谋总长之职。

7 月，在国民政府召开的“南京军事会议”上，顾祝同提出一个战略方案：停止战略进攻，巩固长江以南防线，阻止解放军过江，把黄河以南、长江以北的部队分为几个机动兵团，在江南组建二线兵团，以夺回战略主动权。这一方案，被蒋介石采纳。

然而，国民党军队失败的速度大出顾祝同等人的预料。9 月 12 日，林彪、罗荣桓指挥东北野战军，为实现毛泽东“关门打狗”之战略目标，合围锦州，发动了辽沈战役。

当时，偌大的东北，在国民党军队掌控中的，仅剩长春、沈阳、锦州三座城市。锦州乃沟通关内外联系的咽喉所在，如若失守，后果不堪设想。

在这危难时刻，东北“剿匪”总司令卫立煌向蒋介石连电告急，请求蒋介石从关内调兵援锦。

但由于华东野战军正在攻打济南，蒋介石无暇北顾。直至 9 月 24 日济南被攻克的当天，蒋介石才急令卫立煌飞赴南京。

蒋介石力主由沈阳出兵援锦，卫立煌则主张由关内出兵直接援锦，蒋介石为落实自己的作战方针，特地派顾祝同随卫立煌一同回沈阳，以监督卫立煌执行调兵援锦的作战方案。

作为参谋总长，顾祝同对东北战局了如指掌，深知解放军此次攻势非同一般。但作为蒋介石的嫡系将领，又不得不为其分忧，只得硬着头皮前往东北督战。

一个多月后，辽沈会战落下帷幕，国民党军队在东北战场惨遭失败，被解放军消灭兵力达 47 万。

1949 年 1 月，蒋介石宣布下野，为便于遥控国民党军队，再度任命顾祝同为陆军总司令。12 月，蒋介石指派顾祝同与胡宗南两个心腹干将分别出任西南军政长官和副长官，准备在西南负隅顽抗。

顾祝同抵达四川后，首先拉拢地方军阀刘文辉、邓锡侯等人，阻止他们向解放军投诚。可 12 月 7 日，部下突然来报：“刘文辉、邓锡侯跑了！”

顾祝同大吃一惊，气得对部属拍了桌子：

“不是叫你们严加看守吗？早就知道他们不会乖乖就范！”

当天下午，顾祝同派人给刘文辉送信，称蒋介石已决定派刘文辉、邓锡侯主持川省军政大计，希望他们消除误会，返回成都。但遭到拒绝。

12 月 9 日，刘文辉、邓锡侯等人发出起义通电，宣布与国民党彻底断绝关系。

12 月 10 日，云南省主席卢汉响应刘文辉，亦通电起义，并扣留国民党驻昆明工作人员。

顾祝同拉拢刘文辉、卢汉等西南将领的计划宣告失败。

与此同时，顾祝同、胡宗南精心筹划在成都地区与入川解放军进行一场决战。但第一野战军贺龙部进兵神速，其计划未来得及实施便被打破。顾祝同为之绞尽脑汁的西南战场，终究未能挽回国民党败撤台湾的命运。

此后，顾祝同又在西昌主持召开了他在大陆主持的最后一个军事会议，该会议长达七天。会议决定：建立滇西根据地，固守西昌，以李弥、余程万两个军为主力，纠合胡宗南先期成立的七个纵队的地方土匪武装，保卫西南大陆，如在滇西站不住脚，则转移到泰缅边界去。

就在会议最后一天，解放军已进逼西昌，顾祝同随即同蒋经国登上飞机，经海口飞往台湾。随着飞机缓缓起飞，顾祝同顿生无限凄凉之感。他心里很清楚，西昌是守不住的，国民党在大陆的统治结束了。

他俯瞰着这锦绣大地，深深叹了口气道：“无限江山，别时容易见时难……”

五、“辅国大臣”

顾祝同逃到台湾后，国民党上层许多人要求追究其战败责任。顾祝同惊慌之中赶紧交出“国防部长”、“参谋总长”、“陆军总司令”等全部职务，以躲避风头过关。

顾祝同一生不拉帮结派，没有自己的“小圈子”，在国民党中央军政大员中少有顾祝同的同乡、亲戚，加上顾祝同对蒋介石死心塌地，因此蒋介石对这个一贯忠诚的下属一向很关照，此时蒋亲自出面替顾祝同说情，加上顾祝同的人缘好，渐渐的也就没有人再提追究一事了。

但由一个身居要职的国民党实力派变成无所事事的“寓公”，顾祝同一时难以习惯，整天抑郁寡欢，把自己关在家里极少出门，对外说要闭门思过。

就在顾祝同宅在家中苦闷不已时，蒋介石突然打来电话：

“墨三啊，听说你正在‘闭门思过’?”

“是的，总裁。”

“你这样可不行，身体会垮掉的。”

“总裁，我……”

“败退台湾，不是你的责任。你一下子赋闲在家，心里难免不舒服，你要看开些，到处走走，散散心，不要难为自己。等风头过去，自然会交给你一些事情去做。”

听到蒋介石的安慰和开导，顾祝同的心情顿时开朗起来，他颇为感动地说：

“谢谢总裁关心，墨三一定照总裁说的办。”

此后，顾祝同不时外出到朋友家或者以前的下属那里串串门，聊聊天，天气好的时候，也会到台北附近的风景区走走。

由于到台之初局势尚未稳定，权力重组尚未明朗，蒋介石为了安抚这些跟随自己飘零过海的高级将领、党政大员，特设“总统府战略顾问委员会”，任命顾祝同为该委员会副主任，另一副主任为白崇禧，主任为何应钦。不久又任命顾祝同为“战略顾问委员会资政”、“国策顾问”等职。1952 年 10 月，顾祝同又得到“国民党中央评议委员”这一荣誉职位。

对这些有名无实的荣誉职位，顾祝同是非常满意的，在大陆时期顾祝同对蒋介石的任何任命没有表示过任何不满，何况以何应钦为首的一大批原军政大员都享受着这种位尊而无权的职位，顾祝同还有什么不满意的呢?

1954 年 7 月，蒋介石又给了顾祝同军事生涯中的最高荣誉，晋升他为“陆军一级上将”，军衔达到顶级。

到台湾后的几年，顾祝同在清闲舒适中度过。但他没有忘记蒋介石的那通电话，没有忘记蒋介石对他说，今后会有事情交给他做，心里一直隐隐期盼重获重用的那一天。

1959年6月，这一天终于到来了。

在台北的士林官邸，蒋介石亲口告知顾祝同，将任命他为“国防会议”秘书长。

“国防会议”是国民党最高决策机构，主要由党政机关首脑组成，由蒋介石本人亲自主持会议，国民党的重大决策均出自此机构。

赋闲九年，终于有望重出“江湖”，已66岁的顾祝同大喜过望，神采飞扬，仿佛一下子年轻了十岁，他恭恭敬敬地说：

“谢总裁信任，墨三定不负总裁期望！”

那么，蒋介石期望顾祝同做什么呢？

赴台后，蒋介石一直精心策划着如何将权力移交给儿子，建立第二代蒋家王朝，因此处处为儿子接班创造机会，在国民党改造运动中将过去的党国重臣、实权要员除了可以完全驾驭的心腹之外，一概打入“冷宫”，为蒋经国接班扫清了障碍。

在选择陈诚、俞鸿钧、严家淦等人为蒋经国保驾护航之外，蒋介石还考虑任用一两位“元老”到前台“压阵”，一方面为蒋氏家族的权力交接保驾护航，一方面也可以堵住那些被冷落了的官僚们的嘴巴。顾祝同，自然是最佳人选。

自然，这些话不用蒋介石说出口，顾祝同便心领神会。这也是蒋介石看重顾祝同的原因之一，顾祝同总能准确地揣测君心，省了蒋介石不少口水和心思。

顾祝同在“国防会议”秘书长的职位上，兢兢业业，一干就是八年。他的命运因此与其他空任虚职的去台高官有了明显区别。连何应钦去台后都落得有宠无势，只有顾祝同得以进入蒋介石的决策核心，可见蒋介石对他的器重非同一般。

究其原因，就是顾祝同对蒋介石一生忠贞不二。除了对蒋介石言听计从、善于揣测蒋介石的心理，顾祝同还明里暗地模仿蒋介石的言谈举止。钱大钧说顾祝同有“道学”、“令人钦佩”。何应钦则用一句话来概括说：“顾墨三百依百顺。”

1967年2月，“国防会议”改组为“国家安全会议”，年事已高的顾祝同主动让贤，向蒋介石提出由蒋经国的亲信黄少谷任秘书长，自己改任副秘书长，继续留在权力中心发挥其长老的影响。

1972年夏，“战略顾问委员会”被撤销，顾祝同改任“总统府”陆军一级上

顾祝同

将战略顾问。

1975年蒋介石去世后，蒋经国顺利就任国民党中央主席。顾祝同认为自己完成了蒋介石赋予的托孤“重任”，于是向蒋经国提出辞去一切职务的请求。蒋经国见顾祝同已是耄耋老人，难以再有大的作为，便准备给他安排一个最高荣誉职位，使其体面“退休”。

1976年11月，顾祝同在连任第11届中央评议委员的同时，被任命为“中央评议委员会主席团主席”，以83岁高龄离开国民党最高决策圈。

1981年4月，顾祝同连任第12届中央评议委员及主席团主席。

1982年，顾祝同90大寿之日，蒋经国授予其“中正勋章”，成为台湾获颁“中正勋章”第一人。

六、婚姻之路

年轻时，顾祝同由于对部下宽厚圆融，带兵有方，获得了“军中圣人”的美名。晚年，顾祝同开始尊孔读经，并配合何应钦大唱道德重整的高调。

但一些与他同辈的人都知道，年轻时的顾祝同并非“圣人”，也曾有过风流甚至荒唐的过去。

顾祝同先后两次结婚，原配夫人杨朝云是顾祝同发迹前受亲人长辈之命娶回家的，为顾祝同生有一儿一女。

1927 年顾祝同担任国民革命军第 9 军军长兼第 3 师师长时，看上了苏州有名的大家闺秀许文蓉，将其娶回做了二房夫人。

许文蓉出身书香门第，才貌双全，琴棋书画、吹拉弹唱样样精通，被人誉为风流才女。顾祝同被她迷得团团转，专门在上海购买了一幢别墅供她居住，又把杨氏所生的儿女接到上海，交给许文蓉抚养。

接走儿女后，顾祝同便很少再回苏州与杨朝云相聚。杨氏失去丈夫又失去儿女，终日郁郁寡欢。时隔不久，一场意外的大火夺去了杨氏的性命，许文蓉便成为正房夫人。

然而，知书达礼、温柔贤惠的许文蓉，并没有拴住顾祝同的心。

1941 年春，顾祝同又看上一个叫史文卿的京剧演员。当时顾祝同的第三战区司令长官部迁移到了屯溪，屯溪位于新安江边，是皖南山区一个繁华的小城镇，号称当地的“小上海”。

有一次顾祝同和部下去戏院听戏，在和部下谈笑时，演员登台，顾祝同立刻被台上一名豆蔻年华的美貌女子吸引，不禁感叹：

“没想到这个小地方，会有如此娇艳的女子。”

“长官，您是说史文卿吧？”顾祝同的部下顺着顾祝同的眼光看过去，了然道，

“她在这里很出名，官兵来这儿听戏大多是冲着她来的。”

顾祝同点点头，又仔细看去，只见史文卿杨柳细腰，樱桃小口，蛾眉弯弯，美目娇羞，越看越喜欢，竟是对她一见钟情，随后就展开猛烈追求。不料史文卿对他不理不睬。

越是得不到的就越想得到，追求史文卿屡屡碰壁之后，顾祝同坠入情网不可自拔。

顾祝同绞尽脑汁，费尽心思，最终想到了一个绝妙的办法。

他让军法处在屯溪街上贴出一条通告，通告云：

“值此国难当头之际，一切以抗战为重，通告所有将士，不得擅自进入剧场，以免玩物丧志，贻误戎机。有敢以身试法者，严惩不贷。”

随后闭门家中坐，只待史文卿“自投罗网”。

果然，没几天，史文卿就一副羞答答的模样出现在顾祝同眼前，顾祝同终于如愿以偿。

当然，随着年事的增高，顾祝同那些偷香窃玉的事渐渐成为了历史。顾祝同晚年的家庭生活还是很幸福的。

顾祝同共有十个子女。其中两个儿子：潮生、福生；八个女儿：开生、惠生、省生、瑞生、锦生、永生、珏生、琏生。在一大群儿孙中，晚年的顾祝同享尽了天伦之乐。

1982年，顾祝同开始口述回忆录，名为《墨三九十自述》，由其秘书记录整理后出版。

顾祝同的晚年生活很有规律，每天早睡早起，还保持着散步的习惯。

顾祝同喜欢养花，在院子里养了很多花，走进他的家就像走进了百草园。他还经常去花市买花、赏花。他认为养花不仅能陶冶情操，还能锻炼身体。长期养花，使顾祝同对于花卉的栽培有了一定的研究，他本人也仿佛成了名副其实的园艺师。

1985年8月10日，已是92岁高龄的顾祝同早上起床后，正准备浇花，突然身子一晃，差点栽倒。秘书一把扶住顾祝同，急问：“长官，哪儿不舒服，我去联系医生。”

“不用，只是有点儿头晕。”顾祝同略带喘息说道，“天太热……进屋就好了。”

但很快，顾祝同头晕头痛状况加重，开始浑身难受起来，但他仍认为是因为8

晚年顾祝同

月台北天气炎热引起的，并没有往心里去。直到晚上天气凉爽时，症状仍没有消失，他的家人才意识到情况不妙，赶紧把他送到“荣民总医院”。

经医生诊断，顾祝同患的是老年性高血压。用药后，病情得到控制，第二天血压恢复了正常。

顾祝同觉得自己没事了，就要求回家，医生劝阻，他坚持要回家。医生只好同意，并再三叮嘱他一定要注意休息，可是顾祝同没有把医生的话当回事。

两天后，即8月12日，顾祝同一早起来，没有感到任何不适，便前往花市赏花。由于血压尚未恢复稳定，加上天气炎热，他本人年事已高，从花市回来后感到十分疲惫，但当时并未在意。

晚上，顾祝同在看报纸的时候，突然毫无预兆地晕倒在地上，人事不省。送到医院后被诊断为高血压引起的脑部微血管阻塞。

顾祝同从此住进医院，卧床不起，并吐字不清，无法与人交谈。

住院期间，顾祝同的妻子儿女们终日陪伴左右，顾祝同在黄埔军校任教时的学生、老部下、老朋友黄杰正好住在隔壁病房，经常坐着轮椅过来看望他。

1987年1月17日凌晨4时20分，顾祝同在台湾“三军总医院”逝世，享年94岁。

历史评说

顾祝同是国民党赴台之后仍能得到蒋介石重用的极少数高级将领之一，在准黄埔元老中也是能得此重用的佼佼者，因其一生仕途通达，故有军中常青树之称。

抗战胜利后，准黄埔系有起有落，只有两个人不断上升，一个是陈诚，另一个便是顾祝同。顾祝同在抗日战场战绩平平，之所以受到蒋介石倚重，当源于对蒋介石的忠诚。

国共内战爆发后，顾祝同与所有国民党将领一样，败绩连连。但他仍受到蒋介石宠信，迁台后甚至被蒋介石圈定为蒋经国的“辅国大臣”。

何应钦作为顾祝同的老上级，用一句话概括了顾祝同与蒋介石之间的关系：“顾墨三百依百顺。”而与顾祝同在第三战区打了多年交道的老同事兼老对手陈毅，则称“顾祝同长于政治工于心计，作战以稳健著称，却以奇谋为短”。

长腿将军——刘　峙

出身黄埔的刘峙早年曾是蒋介石“五虎上将”之一，在东征北伐战场上屡创佳绩，在抗战中刘峙却败战连连，丧师失地，人称“长腿将军”。解放战争打响后，刘峙被蒋介石任命为徐州“剿总”总司令。徐州乃南京之北大门，战略地位可想而知，结果被人民解放军一举破之。

小档案

姓名字号：刘峙，字经扶，号夫岳

籍　　贯：江西省庐陵（今吉安）

生卒年月：1892.6.30—1971.1.15　卒年 79 岁

毕业院校：保定陆军军官学校

军　　衔：二级上将

主要军职：第五战区司令长官，徐州“剿总”总司令

一、东征扬名

刘峙出生于江西省吉安县庙背村一个世代农民的家庭。在他出生当年的一天，父亲照常下地干活，因稻田放水问题与乡邻发生争执，不料，就在雷公桥下，对方举起锄头，砸向刘父头部，使其当场毙命，尸体也被水冲走了。

于是，还在襁褓中的刘峙，永远失去了对父亲的记忆。父亲去世后，母亲胡氏带着年幼的刘峙改嫁吉安一个卸任的统带，为其做妾，并随之移居湖南。从此刘峙一直过着寄人篱下的生活，受尽大娘白眼，渐渐养成了胆小畏缩、善于忍耐的性格。

在继父去世后，刘峙母子的生活又一次陷入窘迫。这时，为无钱上学发愁的刘峙，听闻湖南陆军小学不仅免学费，还发津贴，毅然决定投笔从戎，并全力准备考试。

1907 年，15 岁的刘峙，在 90：3000 录取比例的激烈竞争中脱颖而出，一举考入湖南陆军小学第三期。由于全校学生中只有他一个人为外省籍，常受到同学的嘲弄和欺负。对此刘峙一直忍耐谦让。

刘峙认为，为人宽厚容物，自有好处。古往今来，凡成大事者，无不具备一种浑容气度。为了自勉，取其宅号为“浑容轩”，刘峙看似懦弱实为宽容的性格自此形成。

自湖南陆军小学毕业后，刘峙升入武昌陆军中学第三期。1911 年，辛亥革命在武昌爆发后，刘峙投身加入了起义军，一度担任武昌守卫，从此开始了他一生戎马征战的生涯。

1914 年 12 月，刘峙考入河北保定军官学校第二期步兵科学习，1916 年 5 月毕业后，他抱着对北洋军阀的厌恶，千里迢迢南下广东参加了革命军。

1920 年，刘峙转隶粤军第 2 军许崇智部。当时他在许崇智部下担任营长之职，驻扎福建，秋天时，奉粤军总司令陈炯明之令回师广东。

不料，刘峙率所部刚刚进入闽粤边境，便接触敌军桂军陈雷部，刘峙连忙指挥应战，并冲锋在前，将陈雷部打得落花流水，直追到河源附近，又遭遇与桂军勾结的滇军李根源部。

为与李根源对抗，刘峙指挥两个营，与罗翼群部何梓林营并肩作战，在河源县城与李部隔河对峙。刘峙身先士卒，在此后一个月里与战士们露宿野外，历经艰险，屡挫敌锋，终于将敌军击退。

这场刘峙从军以来领导的第一次胜利，让他一时扬名全军，给当时粤军第 2 军军长许崇智和参谋长蒋介石留下深刻印象。不久，刘峙即被调到粤军总司令部任少校副官，并加入中国国民党。

在粤军总司令部任副官期间，刘峙吃苦耐劳、为人宽厚，深得蒋介石赞赏。当时蒋介石在南方根基不深，而粤军向来排外，蒋介石正想发展自己的势力，刘峙便成为了他看中的人选之一。

黄埔军校成立后，经总教官何应钦推荐，刘峙顺利进入黄埔军校担任战术教官，从此开始了一生追随蒋介石的历史。

黄埔军校开学后不久，蒋介石在军校内设立参谋处，处长为钱大钧。因刘峙为人踏实、敦厚，又有实战经验，被任命为参谋处下属科长。

9 月，蒋介石将黄埔军校第一期毕业生组编为两个教导团，刘峙被任命为第 1 团第 2 营营长，团长为何应钦。顾祝同、钱大钧、蒋鼎文、陈继承等人都是该团营长。在以后的作战中，刘峙与顾祝同脱颖而出，成为何应钦手下的得力干将。

1925 年年初，广州军政府组成东征联军，讨伐陈炯明，何应钦的教导第 1 团被编入东征联军右路序列。2 月，刘峙随教导第 1 团由黄埔出发，10 日击退平湖之敌，15 日，刘峙率第 2 营首先攻入淡水城。

3 月上旬，陈炯明集中林虎、李易标两部兵力四五万人，突袭何应钦部，并企图包抄东征军总部，在棉湖与黄埔军展开决战。

由于黄埔军教导第 2 团行动缓慢，未能按部署及时赶往敌人侧背进行攻击，致使第 1 团孤军作战，腹背受敌，情况万分危急。3 月 13 日上午，双方开始了白刃厮杀，打得异常惨烈，双方均有较大伤亡。

正午时分，敌军展开新一轮进攻，刘峙率部奋力抵抗，拼杀中官兵伤亡惨重。此时，何应钦和刘峙的传令兵已相继阵亡，教导 2 团情况不明，不知所在，敌军后续部队却有增无减，形势对黄埔军非常不利，教导 1 团处于生死存亡之际。

就在这时，团长何应钦令号兵一个劲地吹冲锋号，可刘峙部已无力冲锋，眼见防线就要崩溃，情急之下，刘峙振臂怒吼，带头向敌人猛冲过去，刘峙所部见状，个个振奋精神，奋不顾身地向敌人扑去。

敌人猝不及防，心生惊惧，于是不敢继续前进。刘峙所部这才得以支撑下去，下午5时，教导2团援军终于赶到。之后两团合力，很快击败敌军，黄埔军大获全胜，刘峙因此立下大功。

事后，在一次吃饭闲聊时，刘峙半开玩笑地问何应钦：

“我们在前面已经支撑不住了，你为什么还在后面大吹冲锋号？我们还有什么力量冲锋？”

何应钦说：“我叫号兵吹冲锋号，不是想要你们冲锋，而是要告诉你们，我正在阵地未动。”

棉湖苦战，堪称以少胜多、使广州革命政府转危为安的关键性一战，为第一次东征的胜利奠定了基础。此役后，教导1团、2团合编为“党军”第1旅，何应钦升任旅长兼第1团团长，刘峙因战功升任第1团上校团副并代理团长之职。

接着，刘峙又在平定刘震寰、杨希闵的叛乱中建立战功。8月，“党军”第1旅扩编为国民革命军第1师，废除旅级建制，所辖三个团，何应钦升任师长，刘峙

「长腿将军」刘峙

正式升任第1团上校团长。

1925年7月，国民政府在广州宣告成立。黄埔学生军随即改编为国民革命军第1军，蒋介石亲任军长，何应钦任第1师师长。第1军成为以后国民革命军第一集团军的基础，也是国民党"中央军"的基本班底，是蒋介石在大陆统治20多年的嫡系力量。

9月，国民革命军开始第二次东征。在华阳一战中，刘峙率第1团扼守河婆，支援华阳。陈炯明的主力部队万余人由鲤湖、绵阳向河婆进攻，企图包围第1团。刘峙见形势危急，便随机应变，他以攻为守，乘敌人不备突然率部插入两岸敌军之间，横冲直撞，奋力拼杀。敌军猝不及防，部署被打乱，于惊慌失措中纷纷退却。国民革命军取得了华阳、河婆战役的胜利。

由此蒋介石对刘峙大加赞赏，称：

"华阳一役，为成败的最大关键，其重要性不下于棉湖之役，今刘团长能出奇制胜，转危为安，诚革命前途之大幸也。"

刘峙在两次东征的重要战役中屡出奇招扭转战局，转败为胜，使他在黄埔系军官中脱颖而出，受到蒋介石、何应钦的重视。1926年2月，原教导团扩编第2师，刘峙被任命为副师长兼参谋长，不久又升任师长，驻防广州。

二、常胜将军

1926年7月9日，国民革命军誓师北伐，蒋介石就任国民革命军总司令，刘峙的第2师作为北伐军的总预备队，跟随蒋介石从韶关出发，先后参加武昌、南昌的攻城战斗。

在攻打南昌城的激烈战斗中，总预备队的指挥官王柏龄突然失踪，刘峙奉命接任指挥官。在蒋介石的总指挥下，刘峙率第1、第2师击溃了南浔铁路正面的孙传芳部队，然后配合李宗仁、朱培德、程潜部攻占南昌。

之后，刘峙奉蒋介石之命率部进入浙江，在浙江桐庐县横村埠将五省联帅孙传芳部下卢香亭的主力打垮，顺利进入浙江省城杭州。2月，刘峙又在上海附近的松江，将直鲁联军张宗昌部毕庶澄部击溃，他乘胜攻下上海附近的昆山、太仓、浏河等要地，然后移防上海、闸北、吴淞一带，担负警备任务。

1928年4月，蒋介石下野后复职，开始了第二次北伐。

其间，刘峙和顾祝同分别率第1军和第9军沿津浦线向孙传芳发起进攻。刘峙的第1军沿铁路正面攻击，顾祝同的第9军担任津浦路左翼攻击。当时何应钦认为顾祝同比刘峙稳健能干，且何与顾私交甚好，因此计划将第1、第9两个军归顾祝同统一指挥。但命令尚未下达，前线已经开火。

在最初与直鲁联军张宗昌的交战中，刘峙与顾祝同协同作战，势如破竹。在临淮关，两军开始与孙传芳部接触。然而攻占临淮关后，顾祝同担心自己的部队前突吃亏，打得异常保守。后来风传撤退命令，顾祝同不假思索，立刻率部后撤。

而刘峙未接到后撤命令，也没有与其他部队联系，仍继续向蚌埠前进，结果在长淮卫与孙军遭遇，击退敌军，占领蚌埠，从容摘取头功。

此战结束后，何应钦表扬了刘峙，对顾祝同虽未追究，但改变了以往对二人作战能力的看法，认为刘峙是“福将”，而且沉着善战，遂加以重用。此后在相当长一段时间里，由刘峙统一指挥第1军与第9军，升官也总是刘峙在前，顾祝同在后。

此后刘峙屡战屡胜，一时名声大噪，在1929年3月召开的国民党三大上，37岁的刘峙当上了中央执行委员。

二次北伐结束之后，南京国民政府从形式上完成了全国统一大业。但在国民革命军内部，各军政派系仍承袭原军阀派别，形成事实上的新的地方割据势力。为了将军权集中于中央，南京国民政府提出“统一军政”、“实施训政”的口号，对全国军队进行缩编，各地方实力派却都不愿意裁减军队，纷纷采取消极抵抗的态度。

1929年年末，在汪精卫鼓动下，河南的唐生智、安徽的石友三附和汪精卫、李宗仁发起反蒋斗争。唐生智欲率10万之众直取武汉，湖南的何键态度不明，北方的冯玉祥、阎锡山也伺机而动，武汉风声鹤唳。

在这种形势下，蒋介石急电刘峙，称：

“吾兄在武汉可守则守，否则退保九江。”

刘峙接电后，仔细分析了战情，认为唐军虽号称10万，但多为附从者，不足为惧。武汉为四战之地，不宜固守。与其坐等唐军来犯，不如以攻为守，先发制人，秘密进攻河南。于是，刘峙给蒋介石回电：

“不能退。”

蒋介石对刘峙的作战能力还是比较信任的，遂批准了他的方案。刘峙即率部北上，进攻郑州。在攻克确山后，突然天降大雪，雪深数尺，天寒地冻，道路被大雪阻塞。刘峙转攻为守，就地安营扎寨，构筑工事，以逸待劳。

唐生智部却求胜心切，向刘峙部发起进攻，冒雪冲锋。

与此同时，阎锡山在蒋介石收买下，权衡利弊之后，于1930年1月出兵郑州，与蒋军对唐军形成夹击之势，致使唐军腹背受敌。

在这种情况下，刘峙所部与唐生智部激战七天后，唐生智部已是饥饿冻馁，疲敝不堪，渐呈颓势。刘峙率部反攻，连克驻马店、漯河，唐军缴械投降。

1930年5月中原大战爆发后，刘峙被任命为第2军团总指挥，于陇海线与阎冯联军正面作战，所辖皆蒋介石嫡系精锐部队，蒋介石还调集铁甲车、飞机、炮兵助战。

刘峙的对手是阎冯联军的孙殿英、万选才部，他们利用自己熟悉地形、善打游击战的特点，利用豫东有利地形，避开刘峙的精锐，从两侧展开攻击，因此双方刚开火两日，刘峙部便已伤亡上万人。

刘峙连夜请示蒋介石，经蒋介石同意，将部队退后十里，一边防守，一边派飞机查明敌情，然后充分利用飞机、大炮对敌军进行轰炸，同时配合顾祝同、陈继承、陈诚三师精锐部队猛烈反击，冯玉祥、阎锡山联军被迫撤退。

7月初，蒋介石把作战重心由陇海线移至津浦线，刘峙任津浦路总指挥，发起总攻。晋军抵挡不住节节败退，蒋军于8月15日攻克济南，使战局发生决定性的转折。

10月初，蒋军主力转至陇海、平汉线，刘峙为左翼军总指挥，辖上官云相第3纵队、刘茂恩第4纵队、杨虎城第5纵队，负责平汉线的正面进攻，此战刘峙打得得心应手。

不久张学良通电拥蒋，率兵入关，蒋军全面反攻，刘峙部很快攻下新郑、郑州。至此，中原大战以蒋军胜利而宣告结束。

由于在中原大战中立下了汗马功劳，战后不久，刘峙即被国民政府任命为河南省政府主席兼开封绥靖主任。

1932年6月，蒋介石亲任豫鄂皖“剿共”总司令，集中30万兵力，对红军鄂豫皖根据地进行第四次“围剿”。刘峙被任命为中路军副总司令官，指挥卫立煌、钱大钧、马鸿逵、上官云相等部向豫鄂皖进攻。

9月14日，刘峙指挥陈继承的第2纵队、卫立煌的第6纵队攻占新集，进而占领金家寨。为了保存力量，红四方面军主力于10月11日撤出了鄂豫皖根据地，西越平汉线，进行战略转移，刘峙便率部占领整个鄂豫皖苏区。

蒋介石为了对刘峙予以表彰，划光山县的新集镇等和部分湖北乡镇成立了一个县级行政单位，以刘峙的字命名为“经扶县”。

1933年，刘峙被派往江西任“剿共”督办，节制陈诚、周浑元等部，后来又升任赣粤闽湘鄂五省“剿共”北路军总司令。1935年，刘峙被南京政府授衔陆军二级上将，成为南京政府第一批上将，其仕宦生涯达到顶峰。

三、一子落错

刘峙自追随蒋介石以后，无论在东征北伐中，还是在新军阀混战中，抑或在对红军的“围剿”中，屡屡能在生死攸关的时刻出奇招化险为夷，转败为胜，因而获得“福将”、“常胜将军”之称。他本人也一帆风顺，飞黄腾达，可谓官运亨通，“福星高照”。

但刘峙始终没有像陈诚、胡宗南、汤恩伯那样形成自己独立的军事派系。蒋介石的武将后来逐渐分为两大派系，一派是以陈诚为首的黄埔少壮派，另一派是以何应钦为首，顾祝同、刘峙等人组成的较为松散的何派。两个派系明争暗斗，刘峙涉及其中，尤其在西安事变中，刘峙站在何应钦主战派一方，与蒋介石产生芥蒂。

1936年12月12日西安事变爆发时，刘峙正在江苏的赣榆检阅部队，闻变后遄返徐州，随即接到军政部长何应钦的电话：“速回汴集结部队，准备西进，沿途慎防奸宄。”

刘峙接令后，当即急电驻陕县第71军军长樊崧甫，令其迅即占领潼关，监视叛军，阻止其东进。又电命洛阳警备司令祝绍周，将驻洛阳的原东北军重炮旅缴械，并密令驻豫皖苏各部队，严密戒备，整装待发。

接着在开封豫皖绥署举行的国父纪念周上宣布这次事变消息，刘峙声泪俱下地说：

“鉴于日本军阀谋我正急，朱毛在陕北只剩万余残部，而张杨趁此国家外患内忧之时，劫持领袖，使国家顿失领导中心，坐以待危……”

与会官兵一个个亦痛哭流涕，义愤填膺。

之后，刘峙召见中央社驻汴记者，发表谈话，借以对张学良等人在心理上作有效攻击，使全国舆论界一致起而声讨。

14日，刘峙派飞机赴陕散发“告西北剿匪将士书”，次日领导所属将领致电张学良，促其幡然悔悟，礼护领袖出陕。

此时的南京国民政府，陷入一片群龙无首的混乱之中，各派力量迅速分化组合，围绕着如何解救蒋介石、如何对待张杨的问题分为两派，一派是以何应钦为首的主战派，一派是以宋美龄、孔祥熙为首的主和派。

两派激烈争论，为此，何应钦当面顶撞了宋美龄，他说：“为维护国民政府威信，应当立即对张、杨进行讨伐。”

宋美龄则针锋相对，予以回击：“动用武力，必然会危及委员长性命！你这样做用意何在?”

何应钦脸色骤变，随即冷言相向：“妇道人家，只知道救丈夫。”

宋美龄则回敬说：“我决非朝夕挂念丈夫安全之妇人！委员长的安全，直接关系到国家的安定。一旦发动大规模战争，你有什么把握控制局面，两广、云南、湖南、四川、山东、山西、河北、察哈尔、绥远、宁夏等各地军政要员，都在相机而动，他们岂会听从你的调遣？到时都趁火打劫，趁势扩张，或者站到张、杨一边，我问你怎么收场?”

何应钦不得不承认，宋美龄的话不无道理。但何应钦不会改变其主战立场，他心中的如意算盘是：如在讨伐中殃及蒋介石，致其性命于不保，他便可顺理成章取而代之。

16日，在军政部长何应钦控制下，国民政府下达讨伐令：

“张学良背叛党国，劫持统帅，业经褫夺本兼各职，交军事委员会严办，乃犹不自悔悟，束身待罪，反将所部军队，集中西安，负隅抗命，希图遂其逆谋，扰害大局，全国人民，同深愤慨。政府为整饬纪纲起见，不得不明令讨伐，着由讨逆总

河南省主席刘峙

司令何应钦，迅速指挥国军，扫荡叛逆，以靖凶氛，而维国本。”

17日，何应钦就任“讨逆”军总司令，同时发表刘峙、顾祝同为东、西路军司令，七个师兵力已集结潼关前线，所有飞机集中于洛阳，只待一声令下，旋即向西安展开全面进攻。

刘峙接令后，即任命徐庭瑶为东路集团军前敌总指挥，进驻潼关，指挥洛阳以西各部队，兵分六路，进逼西安。这时，中央军和“叛军”已在前方发生冲突。

此间，宋美龄曾对刘峙动之以情晓之以理，并请求他说：“请你停止轰炸西安，要注意委员长的安全。”

刘峙对武力讨伐张、杨热情高涨，不听劝阻，只随口应付道：“我不敢违抗国民政府的命令。”

然而刘峙错估了形势，17日当天何应钦收到蒋介石的亲笔书信，令他暂停轰炸三日，到20日为限。何应钦不敢不从。20日上午，宋子文抵达西安斡旋，和平解决端倪渐显。

刘峙这时意识到自己的处境，遂改变态度，却为时已晚。

12月25日，西安事变和平解决后，蒋介石、宋美龄乘专机飞抵洛阳。刘峙慌忙带着高级军官在机场列队迎接，洛阳军分校主任祝绍周也带着三队学生到机场欢迎，并挥舞着“欢迎校长胜利归来”“蒋委员长万岁”“打倒张学良、杨虎城”等字样的小旗。

蒋介石下飞机后看到这些标语，立即对刘峙说：“马上把旗子卸下，不准喊口号，汉卿（张学良字汉卿）马上就到，要安排和我同住一起。”

第二天，蒋介石一行人飞返南京。至此，西安事变和平解决。

由于刘峙在西安事变中紧跟何应钦，置蒋介石生死于不顾，引起了蒋介石的猜忌，从此失去蒋介石的信任，其政治命运也因此转折，开始江河日下，逐渐滑向低谷。

四、痛失保定

1937 年 7 月卢沟桥事变爆发后，刘峙被任命为第一战区第 2 集团军总司令，从开封进驻保定，防守平汉路沿线，同时防守这一地区的还有：卫立煌的第 14 集团军，商震的第 20 集团军，万福麟的第 53 军等。

平津失陷后，日军气焰嚣张，从北平、天津分三路展开攻势。这是刘峙第一次领兵抗日，他振作精神，仔细研究作战方案，想要给日军以重创，再创“常胜将军”之佳绩。

当时，日军一路沿平汉线南犯，袭击涿县、保定、石家庄；一路由津浦线南侵，直取沧州、德州；一路沿平绥线西出南口，向晋察绥进攻。

刘峙则以主力固守涿州，加紧督率各部布置防御、构筑工事。在对日作战的部署上，企图防守琉璃河，以孙连仲部守平汉路的良乡，以万福麟军守右翼的固安，以孙殿英军守左翼的门头沟，以中央军守涿州和保定，布成三道防线，而刘峙自己则坐镇保定，指挥全局。

8 月上旬，孙连仲部冯安邦师即在良乡西南窦家店与日军河边旅团对峙。自 8 月 21 日起，两军炮火猛烈，冯安邦师终因兵力薄弱逐渐不支，良乡及房山相继陷落。

8 月 25 日，日军集结一个师团，佯作实行中央突破，与孙连仲部隔河炮战，相持约一个月后，日军突然变更计划，从固安偷渡永定河，以飞机、大炮猛攻右翼万福麟部阵地，只用了一天时间，就将万福麟部打垮，渡过琉璃河，并向涿州节节逼近，企图包围涿州以北的国军，态势对国军十分不利。

在这种情况下，刘峙下令将涿州部队撤出，不战而退，使日军扑了个空。至此，刘峙部防守的固安、琉璃河、涿州相继陷落。

刘峙不战而退，打算在保定与日军决战。然而，由于新乐县南的沙河铁桥被敌军炸毁，部队运转困难，致使中国战斗序列部队无法及时赶到，能够参加保定会战的仅有第 52 军关麟征部的三个师。

然而关麟征三个师的兵力配备于十公里的阵地上，兵力不敷，未准备就绪，便遭到日军攻击，自然很快被突破。先是徐水防线，接着是白洋淀至满城一线，在日军飞机大炮的轰炸下，修筑的工事很快被摧毁。

9 月 24 日，保定失陷。

面对强悍的日军，刘峙惊慌失措，率总部官兵沿平汉线向西南一路奔逃，他一口气逃到石家庄，接令将兵权移交商震、黄绍竑后，灰溜溜地回到开封。此时，石家庄、邢台、邯郸、安阳等重地相继陷落。

刘峙从固安、琉璃河、涿州、保定一直败退到黄河北岸，一道道防线，或一触即溃，或不战而退，或战而败退，刘峙的名声因此一落千丈，被时人讥为“长腿将军”。

刘峙对此次战败，自然痛心疾首，但对他人议论毫不在意，他以“胜负乃兵家常事”和“平生第一次打败仗”聊以自慰。

回到开封后，刘峙无精打采地继续担任豫皖绥靖主任。刘峙在保定的惨败，虽未使蒋介石对他的指挥作战能力产生怀疑，但这次失败仍成为他军事生涯的转折点。

1937 年 10 月，日军逼近黄河，刘峙奉命由开封撤退到南阳。1938 年 2 月，其绥靖公署被撤销，刘峙改任第一战区副司令长官兼新兵督练公署主任，移驻洛阳，负责指挥豫西北军事，阻止日军渡河。

然而不久，蒋介石似乎对刘峙产生不满，以刘峙所在的河南战事由豫东蔓延到豫西、节节失利为由，调任他为鄂湘川黔边区绥靖公署主任兼第 5 预备军司令长官，镇守宜昌。

从保定失守到调离宜昌这一年多时间里，刘峙再也没有“福星高照”，而是像一只泄了气的皮球，被蒋介石踢来踢去。

刘峙自然感到蒋介石态度的转变，他后来回忆这段经历时说：“保定战败后，由洛阳到宜昌，这一年多时间，我任人在蒋公面前摆布，备受欺凌，但总是以忍让为先，当人们对我谈起东征西讨的战绩时，我便谢其雅意。”

刘峙还经常独自一人，默诵老子的“智者劳，而仁者忧，无能者无所求”，并以此为座右铭。他自然不承认自己无能，只是对自己的处境无可奈何，借此发泄一下罢了。

10 月，武汉陷落，宜昌吃紧，蒋介石调陈诚兼任第六战区司令长官，驻节恩施，使得宜昌的刘峙没有了容身之地。1939 年，刘峙奉命改任重庆卫戍总司令兼防空司令，负责保卫“陪都”。

刘峙在“陪都”镇守大后方期间，以为这里可以太平无事，因而放松警惕，以致酿成 1941 年的重庆防空洞惨案。

1941 年 6 月 5 日，刘峙随何应钦和副总参谋长白崇禧到郊外视察国防工事未返，下午 6 时，日本飞机突然飞入重庆上空，三五架一批，对重庆进行轮番轰炸。

当时，防空司令部在校场口挖了一个特大的防空洞，可容纳几千人。但防空洞只有两个进出口，里面没有通风设备。当第一、第二批日机轰炸后，人们纷纷从洞中出来透气，不料第三批日机接踵而来，人们又急忙返回洞里。

由于入洞是楼梯式的，当时楼梯两边坐满了人，返回的人又都慌里慌张，一不小心就会被坐在楼梯两旁的人绊倒，前边的人一倒，后边的一拥踏上，洞口很快被堵死了。洞口被堵死后，洞中很快没了空气，结果 1200 多人闷死洞中，这就是震惊一时的“六五”惨案。

然而更令人发指的是，惨案发生后，防空司令部下属担架营奉命去抢救伤员，搬运尸体。但这些担架队员，置伤员性命于不顾，只顾搜索抢夺死者身上的财物。当时洞中很多人处于假死状态，如果加以抢救，尚能活命。可担架兵为了搜敛财物，即使遇到没死的，也顺手将他们掐死。

为了把士兵们搜敛的财物都纳入自己腰包，刘峙的太太命令刘峙的部下——当时负责指挥搬尸的卫戍总司令部交通处长姜吟冰和交通科长刘吉龙，对所有担架员进行搜身，然后将搜来的财物用小汽车送到刘峙家中，分三次才运完。

该惨案曝光后，社会舆论大哗，谴责声震天动地，一时间刘峙成为了过街老鼠，人人喊打。为了平息众怒，国民党军事委员会组成以吴铁城、何成浚主持的特别军事法庭对该案进行审理，刘峙听候审讯的时候十分难堪。

何应钦、钱大钧听闻此事后，急忙给吴铁城打电话说：

“刘峙是二级上将，请你们不要乱来。”

加上刘峙给吴、何二人送去大批礼物，这才渡过难关。事后，刘峙仅防空司令一职被撤。1945 年 2 月，刘峙接替李宗仁出任第五战区司令长官，蒋介石特地加派国民党嫡系部队中的“标准参谋”郭寄峤任副司令长官，给刘峙做副手。但刘峙在上任两个月就丢了老河口。8 月，日本宣布无条件投降，刘峙在抗战中的败绩就此结束。

五、再失徐州

抗战胜利后，第五战区司令部改称“郑州绥靖公署”，蒋介石命刘峙改任该绥靖公署主任，辖河南、陕西两省，指挥原第一、第五战区的部队和新收编的孙殿英、张岚峰等部，势力大增，权力空前。

然而，刘峙却感到压力颇大，因为第一战区司令长官胡宗南，尽管曾经是刘峙的学生和旧属，但其声望早已超过了刘峙，刘峙不肯就任，向蒋介石请求说：

“在寿山（胡宗南字寿山）的头上，硬加一顶褪了色的旧帽子，实在没有必要。纵然寿山一向很尊敬我，但我觉得如芒刺背。”

在蒋介石坚持下，刘峙不得不走马上任。但上任不久，即在内战中再创败绩。

1946 年 6 月，国民党向中原解放区发动进攻，刘峙集中 30 万兵力，以宣化店为目标，分进合击。然而，正当刘峙指挥军队开往陕鄂边境对解放军进行围攻时，解放军刘邓大军趁河南空虚，突然渡过黄河，直奔中原，刘峙得知后急忙回师考城进行拦截。

9 月 6 日，国民党军队攻至鲁西砖庙附近，第 3 师赵锡田部战线超前，结果被刘邓大军包围，全军覆没。

远在庐山的蒋介石闻知败讯，勃然大怒，立即将刘峙所任各职全部撤销，调为总统府战略顾问。

所谓“总统府战略顾问”，实际是为不得志或闲置的国民党军事高官设置的，刘峙自知该职有名无实，在硬着头皮狼狈飞往南京、接受蒋介石严厉训斥之后，遂带着三姨太黄佩芬回到上海，在迪化路公馆里过起了悠闲的寓公生活。

尽管如此，刘峙仍然牢骚满腹，暗地里逢人便讲：“孙总理是天下为公，委员长是天下为私。”

在上海的刘公馆里，刘峙度过了两年安逸的生活。1948 年夏，蒋介石又一次想起刘峙。当时陇海线战事爆发在即，徐州“剿总”的战略地位凸显重要，蒋介石环顾各嫡系将领，一个个皆为解放军手下新败之将，何应钦推荐刘峙为徐州“剿总”司令，蒋介石也认为刘峙虽然打了一些败仗，但终究忠信可靠；虽然优柔寡断，但辅之以杜聿明等虎将，可收短长互补之效，因此决定起用刘峙。

刘峙久闲无事，忽然收到徐州“剿总”的任命，不禁受宠若惊，立刻向蒋表示“义不容辞”。6 月 14 日，刘峙飞抵徐州就职。

是年 9 月，济南解放后，王耀武被活捉，刘峙、社聿明依仗“王牌军”，还想收复济南。当时制订了两个作战方案，一是以攻为守，向北阻止解放军南下，收复济南。二是南撤蚌埠，放弃徐州，抢淮河而守，加强南京外围防御。

两个方案，究竟哪个胜算更大，刘峙心里没底，前瞻后顾，疑惧重重。杜聿明自恃重兵在握，主张实施第一方案，刘峙自然同意。但北上收复济南的行动尚未开始，东北战事告急，蒋介石一个电报将杜聿明调往北平。杜聿明一走，刘峙急得大喊：

“光亭（杜聿明字光亭）走了，如何是好，北进谁能做主，真是意想不到的事情!”

过了两天，副参谋长文强等人请示刘峙：“前线军事是坚决照原计划执行，还是有所改变?”

“光亭走了，谁能指挥得了前线的部队，我已经命令部队停止待命，原计划暂缓执行。”顿了一下，刘峙又说，“光亭既已升任冀热辽边总司令，不再回徐州，我正打算保荐宋荫国（宋希濂字荫国）接替光亭。否则，守徐州的责任重，我个人是担不起的。”

刘峙怕担责任，一味等待，徐州方面兵力布置仍是“主动进攻”型的。刘峙指挥下的黄百韬、邱清泉、李弥、孙元良四个兵团，40 余万兵力，西起河南商丘，东止连云港，摆成一字长蛇阵。以战略态势看，是所谓以徐州为中心的“一点两线”的机动部署，却是一个最容易被截击、被各个击破的被动挨打的阵势，但刘峙没有及时改变它，一连 21 天，徐州部队一直保持杜聿明走前的状态。

10 月，辽沈战役败局已定，国民党在军事上优势尽失。时任国防部长的何应钦感到淮海战役可能随时展开，提出由白崇禧统一指挥“华中”和“徐州”两个“剿总”的所属部队，被蒋介石所采纳。

这本是白崇禧当初提出的计划，如今何应钦旧事重提，白崇禧一口答应。然而不久，白崇禧又突然变卦，坚决不肯统一指挥两个“剿总”，无奈之下，刘峙只能继续指挥徐州“剿总”。

11 月，淮海战役爆发，刘峙缺乏对战局的全面考虑，陷入被动挨打的境地。6 日，黄百韬兵团被围。8 日，张克侠、何基沣起义，徐州北大门洞开。

蒋介石随即召开作战会议，命杜聿明以副总司令名义全权负责指挥徐州方面的作战，急援黄百韬兵团。然而，负责救援黄兵团的李延年、邱清泉兵团相继被阻被围，11 月 22 日，黄百韬兵团全军覆没。接着，黄维兵团和杜聿明部先后被歼，淮海战役宣告结束。

此役，刘峙、杜聿明指挥下的 22 个军 55 万余人全部被歼。

蒋介石恨刘峙无德无能，贻误大局，再次撤销其所有职务。刘峙本人亦痛心疾首，为记住这一奇耻大辱，决定从 1949 年 1 月 23 日起剃发，发誓：不消灭“共匪”不再留发！

此后，刘峙带着三太太黄佩芬和涤宏、涤宜、涤宛、涤容四个儿女，先后逃到上海、南昌、吉安、广州，最后从广州逃往香港九龙。

六、晚景凄凉

刘峙来到香港后，将三太太和几个儿女安顿好，先是自我总结一番：

“1927 年兼任国民政府军事委员会委员；1929 年当选中国国民党第三届中

央执行委员；1930年任河南省政府主席；1931年兼国民政府委员，当选为国民党四届执委，受二级宝鼎勋章；1935年任陆军二级上将，并当选国民党中央五届执委，受一级宝鼎勋章、甲种一等光华勋章；1936年兼国防会议委员，受二级云麾勋章、革命10周年纪念勋章；1937年受陆海空军甲种一等勋章；1939年受华胄勋章、忠勤勋章、一等云麾勋章；1945年当选国民党六届中央执行委员，受青天白日勋章、胜利勋章；1948年当选为第一届国民大会代表。而军职则由师长、军长、指挥官、总司令至司令长官、绥靖主任，在党、政、军三方面都负过相当的责任……担任的责任有多大，失败的责任也就有多大……我愧对国人，也愧对那些勋章……成功不是一个人的力量，失败又岂是一个人的责任！”

此后，国民党败逃台湾，刘峙以治糖尿病为由滞留香港，过起了花天酒地的生活，每日出入舞厅酒吧，过得逍遥自在。刘峙的挥金如土引起一伙昔日部属的注意。与刘峙截然不同的是，这些旧部下穷困潦倒，度日维艰，于是对这位无才无德的旧上司起了歹心。他们凑在一起，仗着人多势众，登门强拿硬取，让刘峙损失了一大笔钱财。

受此惊吓后，刘峙不敢在香港待下去了，恰在此时，即1950年4月，台湾当局以刘峙“滞港久不归队”为由，取消了他仅剩的战略顾问的虚职，刘峙心情顿时沉重起来，感到“国家已经不需要我这个老兵了”，便想找一个没有人认识的地方过隐居生活。

9月24日，刘峙携三太太黄佩芬及四个儿女乘船驶向印尼。途中客船在新加坡停泊，刘峙一家下船游逛，不幸遭强盗打劫，又损失了一大笔金钱，刘峙心疼得直跺脚。到达印尼后，刘峙又遭到军事检查哨的公开索贿，等到达目的地——茂物市时，刘峙的上百万家财已所剩无几。

开始，刘峙想通过经商翻身，岂料将仅剩的一点钱投入后，不久便血本无归。幸亏在印尼华侨帮助下，刘峙和黄佩芬顺利获得教员许可书，先后在当地中华学校谋到教师的职位。

刘峙教授国语、作文、历史、地理等课程，他幼时读过几年私塾，多少有些国文基础，再加上读过军校，当过战术教官，对地理更不陌生，牛刀小试，他的课竟大受学生欢迎。昔日统率十万大军的堂堂上将总司令，如今沦落异域成为中小学生的猢狲王，心中苦涩，令刘峙有口难言。

当时学校的课本大多是从中国大陆购买来的，“共产党好，社会主义好”的政治倾向很鲜明，刘峙每天教授这些内容，那番哭笑不得的感受更是难以言表。他多次写信给印尼教育部华侨司，为此事进行交涉，终于说服他们同意“改良”课本，陆续引进台湾出版的小学课本。

这件事成为刘峙回台归队时，向台湾当局“献功”的本钱。

在印尼寄居的三年中，刘峙曾不断给蒋介石写信，汇报自己在印尼的工作，并申明如有驱使，朝令夕至。当时的印尼已与中华人民共和国建交，蒋介石担心刘峙在印尼被共产党“统战”回大陆，加上何应钦、顾祝同等人说情，蒋介石决定让刘峙返回台湾。得知此消息后，刘峙大喜过望，立刻收拾行囊，准备起程。

1953 年 11 月 6 日，刘峙携妻子儿女从雅加达起飞，途经曼谷、香港抵达台北。当刘峙在台北机场见到顾祝同、胡宗南、汤恩伯这些昔日老友时，忍不住涕泪横流：“我终于回到了祖国的怀抱，终于又在蒋公总统之庇护下。南天三载，就好像是经过一个绵密而又恐怖又凄凉又哀伤的梦……”

刘峙一到台北，就马不停蹄地赶去拜见蒋介石。回想自己过去种种表现，他早已料到少不得一通训斥，也做好了挨骂的思想准备。

果然，时隔数年，蒋介石仍余怒未消，一见面便劈头盖脸，对刘峙一通指责训斥。刘峙恭恭敬敬地站在蒋介石面前，无论蒋介石如何痛斥，均恭谨地点头称是，表现出一副痛心疾首的样子。

此时的蒋介石已年近七旬，体力大不如从前，骂了一会儿就感疲惫了，便吩咐刘峙回家好好反省。

被蒋介石痛骂一顿后，刘峙非但没有沮丧，反而心情大好，因为他了解蒋介石，骂过以后一切就会风平浪静，从前的种种都在蒋介石的指斥中烟消云散了。

果然，一个月后，“总统府”派人给刘峙送来了“总统府国策顾问”的大红聘书。

接着，刘峙又出席了“第一届国民大会”第二次会议，当选为大会主席团主席，不久后又受聘任“行政院光复大陆设计研究委员会”委员。因为有在爪哇当“猢狲王”的经历，刘峙还在“光委会”兼任了一个国际关系侨务组召集人。

尽管这些官职都是徒有虚名，没有实权，但“车马费”还是可观的，对于在海外漂泊受苦三年的刘峙来说，这样的待遇已经让他非常满足了。

之后，在1960年和1966年的“国民大会”上，刘峙仍旧当选为大会主席，1967年兼任“行政院光复大陆设计研究委员会”台中区主任。

回到台湾后，刘峙居住在台中市，正所谓“居恒好读书，无日不写日记”。同时练习书法，对书法渐渐颇有研究。晚年的刘峙开始回忆往事，边忆边记，数年后便整理出一部《我的回忆》，因没有钱出版，刘峙便自己动手，将书稿刻版油印，装订成册，送给昔日同僚、部下传阅，后被出版商看中得以出版。

七、婚姻之路

刘峙共有妻妾三人，原配夫人杨庄丽与刘峙同龄，是他在十几岁时，由父母做主迎娶的妻子。

虽是奉父母之命成婚，但两人婚后感情和睦。杨庄丽身材高大，目不识丁，却对刘峙真心相待，体贴入微。当时刘峙穷困潦倒，杨庄丽勤劳能干，在吉安以打草鞋谋生，为刘峙支撑起一个家。

那时，刘峙每次从外地归来，总是衣衫褴褛。杨庄丽也总是立即动手为刘峙缝制新衣。后来刘峙要去广东，也是杨庄丽四处借钱，给刘峙凑够了路费。

1920年，刘峙在许崇智部下任连长时，杨庄丽只身赴粤，与刘峙同甘共苦。对于杨庄丽的付出，刘峙心中十分感动，因而对杨庄丽也是疼爱有加。

然而，遗憾的是，杨庄丽一直没有生育，为给刘家传宗接代，占有欲极强的杨庄丽，最终下定决心，给刘峙纳妾。她怕刘峙有了新欢忘了旧爱，因此选中相貌丑陋的陈氏，给30岁的刘峙做了侧室。

按照杨庄丽的要求，陈氏所生的子女都要叫杨庄丽“妈妈”，叫陈氏“姨娘”。有一回一位客人误叫了陈氏一声“刘太太”，杨庄丽立即纠正道：“她是姨太太，我才是大太太。”

杨庄丽非常强势，连刘峙都怕她几分，事事由她做主，连进陈氏房门都要经过杨庄丽批准。因而，刘峙怕老婆在当时是出了名的。

杨庄丽与刘峙有一点非常相像，就是他们都非常爱财、贪财。刘峙虽然平生不抽烟、不喝酒、不赌博，但爱财如命，聚财有方。他经常利用太太同所部的军需处长、会计科长串通一气，挖空心思捞钱。刘峙发迹后贪污来的钱，源源不断地流入杨庄丽的腰包。

从1928年起，刘峙先后在南京、上海、蚌埠、新浦、汉口、长沙、南昌、吉安等地购置大量房产、地皮和盐井盐田，价值在500万大洋以上。

在重庆期间，刘峙身兼重庆卫戍总司令与防空司令两职，正是一个捞钱的好机会。为中饱私囊，刘峙绝招不断。

一、“两网合一”，将国防工事通信网（电话线路）与防空通信网相结合，而同时领两笔经费和材料。当时防空通信网的电话专线达400公里，铁丝、木电杆都花费了国家不少钱财，刘峙又以建设这一部分通信线路的名义向军政部报领一笔国防工事通信网的材料。对于军政部派出的验收人员，刘峙予以贿赂、拉拢，于是验收人员便睁一只眼闭一只眼了。

二、刘峙借口重庆防务需要，向军委会要求成立防空部队，直属防空司令部，先后成立通信队、防护大队、担架营、工程大队、机踏车排、警报球台、对空联络哨、情报传递哨等单位。待批准后，这些部队便以原卫戍总司令部的部队顶替，另伪造名册领到双份军饷，这笔钱大部分进了刘峙和杨庄丽的腰包。

然而，好日子没过多久，一个女人的出现，破坏了刘峙夫妇原本恩爱和睦的婚姻生活。这个女人便是黄佩芬。

黄佩芬比刘峙小不足十岁，是一名中学教师，早年毕业于上海美专，后进北平师范大学读书。刘峙在开封任职时，黄佩芬到其家中担任家庭教师，二人因此结识。

让杨庄丽后悔不迭的是，“引狼入室”的正是她本人，是她将黄佩芬请到家中为陈氏的子女担任家庭教师的。

黄佩芬身材苗条，能言善辩，能歌善舞，拉得一手好提琴，令刘峙倾倒。1941年，49岁的刘峙，在与黄佩芬认识十年后，终于下定决心，将黄佩芬娶回家。

为了解决杨庄丽，刘峙派人以武力将杨包围并说服。从此，刘峙与杨庄丽反目。

与杨庄丽的强势相比，黄佩芬的手段可谓更胜一筹。与刘峙结婚不久，黄佩芬便通过各种方式，将刘峙的亲信部下拉到她的一边，将杨庄丽孤立，甚至连杨庄丽的侄子也被她拉了过去。同时，黄佩芬还将她的四个弟弟、一个妹妹推荐给刘峙，做了中下级军官。于是，刘峙贪污的钱又源源不断流入黄佩芬的腰包。

在重庆“六五”惨案发生后，刘家曾因分赃不均引起一场风波。由于当时刘峙不在家，负责运送死尸身上财物的姜吟冰、刘吉龙等人，是杨庄丽的亲信，因此就将财物运到了杨庄丽家中。不料此事很快被黄佩芬察觉，黄佩芬立刻向姜、刘等人兴师问罪。最终，杨庄丽担心事情闹大，传出去对刘峙不利，只好将进了腰包的财物取出一部分分给黄佩芬，黄佩芬这才罢休。

大陆解放时，杨庄丽带着陈氏所生子女逃到台湾定居。黄佩芬则始终跟在刘峙身边，既是刘峙官场上的好帮手，又在刘峙流落海外时陪伴左右，照顾刘峙的生活，与刘峙同甘共苦。到台湾后，黄佩芬任教于省立台中女子中学。

刘峙有子女十余人，其中涤宏、涤容、涤宜、涤宛都是黄佩芬所生。

1962 年，黄佩芬因病去世，刘峙精神上遭受很大打击，从此抑郁寡欢。

1970 年夏，刘峙中风，之后半身不遂，在台中市“荣民总医院”住院疗养，于 1971 年 1 月 15 日病逝，享年 79 岁。

历史评说

后人对刘峙的评价，不外“长腿将军”之类，却很少有人知道，刘峙在东征北伐及蒋桂战争、中原大战的重要战役中颇有战功，他用兵巧妙，沉着应战，屡战屡胜，使他在黄埔军将领中脱颖而出，受到何应钦、蒋介石的重视。故有“福将”、“常胜将军”之称。

然而自从抗战开始后，刘峙便连创败绩，革命信仰的丧失、生活上的贪财腐化、军事经验过时、战略决策失误，以及其他客观因素，致使刘峙的军事生涯江河日下，一蹶不振。由于刘峙创下十余天内溃退千里无人能超越的逃跑纪录，被世人讥为“长腿将军”。

纵观刘峙一生，恰好是从胜将到败将的转变过程，刘峙的老对手徐向前元帅，就曾用刘峙这个鲜活的经典范例来警示共产党人。

从黄埔军校走出来的 CONGHUANGPUJUNXIAOZOUCHULAIDE

GUOGONGLIANGDANGGAOJIJIANGLING 国共两党高级将领

“天子门生”——胡宗南

胡宗南是蒋介石的嫡系亲信，作为“天子门生”，他倍受校长宠爱。胡宗南是复兴社领导骨干“十三太保”之一，在东征北伐中开始发迹，从中原会战到抗日战争，他一路飞黄腾达，第一个当军长，第一个当军团长、集团军总司令、战区司令长官，号称“西北王”，俨然不可一世，最后却在内战中先丢西北，再失西南，成为人民解放军手下败将。败退台湾后，胡宗南风光不再，屡遭弹劾，抑郁而终。

小档案

姓名字号：胡宗南，字寿山，原名胡琴斋，化名秦东昌

籍　　贯：浙江镇海（今宁波市镇海区）

生卒年月：1896.5.16—1962.2.14　卒年66岁

毕业院校：黄埔军校

军　　衔：一级上将

最高军职：战区司令长官

一、黄埔第一将

1924年3月27日，胡宗南来到位于广州文明路的广东高等师范学校，参加黄埔军校的复试。

三个月前，胡宗南在上海法租界国民党办事处军校招生点报名，参加了黄埔军校第一期入学考试，轻松通过初试。对于复试，他亦在掌握之中。即便看到同场竞争的人数有1200余人，他仍信心十足。

然而，在进行体格检查时，考官上下打量胡宗南一番后，用不容质疑的口吻说：

“你这个头，当兵都不够格，更不用说黄埔军校的学员了！”

胡宗南身高不足1.6米，难怪考官认为他缺乏做一名革命军人的体魄。胡宗南自然清楚自己的“生理缺陷”，但也没想到会因此失去参加黄埔军校复试的资格。他向考官据理力争，无奈考官不为所动，胡宗南顿觉万念俱灰，一脸沮丧地向外

胡宗南

走，差点与一位身着西装的中年人相撞。

“年轻人，你是来参加复试的吧?”中年人和蔼地问。

“是的，可是考官嫌我个子矮，不让我参加复试。先生您给评评理，难道矮个子就不能革命了吗?”胡宗南愤愤不平。

“说得好!”

中年人微笑着，拿出笔，写了一张字条，递给胡宗南。

“把这个字条交给考官。”

胡宗南接过一看，只见上面写着：

“国民革命，急需大批人才。只要成绩好，身体健康，个子矮一点是不应该不录取的。”

字条落款是“廖仲恺”。虽然胡宗南不知道廖仲恺是谁，不知道这个名字意味着什么，但他相信，这张字条就是他复试的通行证!

而廖仲恺，正是黄埔军校党代表!

胡宗南与考官争辩的时候，廖仲恺正由此经过，听到胡宗南说话慷慨激昂，极富革命热情，又通文墨、有文化，便决定帮助他获得复试资格。

有贵人相助，考官不敢再坚持。须臾之间，胡宗南峰回路转，被批准参加文化课复试。

4 月 28 日军校发榜，录取正取生 350 名，备取生 120 名。胡宗南作为正取生被录取，编入军校第 2 大队 4 分队。

进入黄埔军校，对胡宗南来说，是他一生命运的转折点，亦是他发迹的起点。在这里，他接触了国共两党许多重要人士，而对他影响最大的，自然是校长蒋介石。

入校之初，胡宗南就了解到，校长蒋介石是浙江奉化人。得知校长与自己是老乡，胡宗南心中顿生亲近之感。作为校长，蒋介石每天早上在学员起床前，便前往操场进行巡视，等候学员操练；平时蒋介石不抽烟、不喝酒，甚至不喝茶，只喝白开水，其工作的勤勉、生活的简朴，令胡宗南深感佩服。

为了了解学生情况，蒋介石每周都要找十几名学生单独谈话。入学一个月后，校长谈话轮到了胡宗南。胡宗南怀着紧张兴奋的心情，来到校长办公室。

“登高望远海，立马定中原”，这副贴在校长办公室门口的对联，表达了军校师生立足黄埔、北定中原、统一中国的志向与报负。站在对联下，一种向上的革命斗争和置身革命团体的荣誉感油然而生。打过“报告”后，胡宗南踏进了校长办公室。

“你是哪里人?”蒋介石开门见山。

“回校长，浙江镇海人。”

“哦?”这个地名引起蒋介石的注意，他仔细打量着胡宗南，亲切地说，“镇海、奉化不过几小时路程，我们可是真正的同乡啊。”

“是的，校长。”胡宗南恭恭敬敬地回答。

见胡宗南表现沉稳，蒋介石颇为满意，又询问了胡宗南的年龄、家庭、经历，并提出几个问题考察胡宗南的文化知识水准和政治思想水平。胡宗南的老乡身份和他的从容作答，都给蒋介石留下了深刻印象。

1925 年春，胡宗南从黄埔军校第一期毕业，被分派到教导 1 团 3 营 8 连任见习少尉，旋即随黄埔学生军参加第一次东征，讨伐陈炯明。其间的棉湖战役，是胡宗南参加的第一次大规模战斗。

当时，蒋介石将黄埔军校第一期毕业生组编为两个教导团。由于教导第 2 团行动缓慢，未能按部署及时赶往敌人侧背进行攻击，致使第 1 团孤军作战，腹背受敌，情况万分危急。

3 月 13 日，双方开始了肉搏战。教导 1 团团长何应钦亲赴第一线督军作战，并在肉搏混战中身先士卒，校长蒋介石亦手握战刀，冲锋在前。

胡宗南见蒋介石不顾个人安危，心中震撼之余，亦下了破釜沉舟之决心。他端起机关枪，朝着敌人疯狂扫射，久久不息。一个不足 1.6 米的矮个子军人，此刻却显示出万夫不当的英雄气魄。

这个场面，让蒋介石大为动容。

战后，胡宗南以军功晋升上尉连长，不久又因作战勇猛晋升第 1 师第 2 团第 2 营副营长。

10 月，在第二次东征的河婆战役中，胡宗南率领第 6 连李铁军部采取灵活机动的战斗方针，充分利用小部队的优势，急速夺取制高点，接着利用地形优势打退了敌人一轮又一轮进攻，粉碎了敌人围歼国民党东征军的企图。

两仗一打，胡宗南名声大振，当时的第 1 师师长何应钦升任他为第 1 团第 2 营营长，蒋介石也开始将他作为黄埔学生的旗帜来培养。得到校长蒋介石的青睐，令胡宗南感到无比荣幸与自豪，他已将蒋介石作为自己投身革命的引路人，处处以蒋介石为榜样，步步紧跟蒋介石的步伐。蒋介石很快注意到胡宗南的效忠，对胡宗南的政治倾向、铁心反共深感欣慰，从此对他更加信任与重用。

1926 年 7 月，北伐战争开始后，胡宗南所在部队集结株洲，担任中路军总预备队。此时，胡宗南已是第 1 军第 1 师第 2 团上校团长，先后率部参加了武昌、南昌等战役，又东出浙江，攻占杭州，进驻上海。

1927 年 5 月，胡宗南升任第 1 师少将副师长兼第 2 团团长，成为黄埔学生中跨入少将行列第一人。从 1924 年考入黄埔军校第一期，胡宗南从军仅仅三年，便成为当时国民革命军中为数不多的高级将领之一。

在此后 8 月的龙潭战役中，胡宗南奉命以代师长身份率第 1 师驰援龙潭，于 8 月末与其他增援部队会攻龙潭，使孙传芳部队全线崩溃，其所部近 6 万人几乎被全歼。

11 月，第 1 师师长刘峙率部攻打津浦线的蚌埠时，北洋军采用铁甲车掩护作战，使第 1 师伤亡惨重。

胡宗南此时勇挑重担，率第 2 团部分精锐在炮火掩护下迂回到铁道边，用铁锹、镐头刨去铁轨，导致敌军铁甲车瘫痪，随即击毁直鲁联军白俄雇佣兵的装甲车队，保证了第 1 师顺利占领军事要地蚌埠。

此战后，刘峙升为第 1 军军长，胡宗南升任第 1 军第 22 师师长。至此，胡宗南成为黄埔军校生中第二个师长，第一个师长是后来担任过他的副手的范汉杰。不过，范汉杰是粤军出身，入读黄埔军校之前就是上校军衔，在蒋介石的嫡系将领中，胡宗南是升任师长的第一个黄埔学生。

二、天下第一师

作为蒋介石的“天子第一门生”，胡宗南可谓风光无限。1928 年 7 月，蒋介石突然找胡宗南谈话，要他改任第 2 旅少将旅长。

当时，南京政府的二次北伐已经结束，奉军已退出关外，张学良率东北三省易帜已在酝酿之中，蒋介石在形式上统一中国即将告成，但在国民革命军内部，各集团军将帅仍承袭原地方军阀派别，而且在北伐中都有了发展与壮大，形成新的强大的地方割据势力。为了将军权集中于中央，南京国民政府提出“统一军政”“实行训政”的口号，对全国军队进行缩编。

既然要缩编，蒋介石的第一集团军自然要带头做出表率。缩编，就意味着将领降级，因此，蒋介石找胡宗南单独谈话，以示安抚。

胡宗南自然理解蒋介石的一片苦心，当即表示：“能为校长分忧，是学生的荣幸，学生愿意带头，绝无怨言。”

随后，第 1 集团军取消了军团与军的番号，整编为 13 个师、两个独立旅、三个炮兵团。胡宗南的第 22 师于 8 月下旬在曲阜缩编为第 1 师第 2 旅，第 1 师师长为刘峙，胡宗南任第 2 旅少将旅长。

9 月，胡宗南旅随第 1 师移驻徐州北部整训。虽然级别降了，但原班人马未动，而且所有将领均齐步退一级，胡宗南心里自然不会有什么不平衡。这段时间，胡宗南抓紧对部队进行军事训练。

11 月 10 日，蒋介石亲莅徐州第 1 师校阅。第 1 师为北伐时的第 1 军，是蒋介石起家的部队，因此蒋介石对这支部队特别重视。胡宗南的第 2 旅由于平日训练有素，在校阅中表现尤为突出，被蒋介石誉为“模范旅”；其所属第 3 团李铁军部受阅成绩名列全国陆军第一。

为了嘉奖第 2 旅，蒋介石特令胡宗南率第 2 旅团长以上军官赴南京其官邸，蒋介石与夫人宋美龄亲自接见训话，与他们一一握手，予以勉励。

这在当时的国民党军队中，被视为莫大荣耀。此种荣耀在国民党军界仅此一例，可谓空前绝后，第 2 旅军官个个深受鼓舞。

然而，南京国民政府宣布全国统一未及数月，国民党内部军政派系之间的战争便拉开了序幕。

首先打响的是蒋桂战争，蒋桂战争的导火索是“湘案”的发生。

北伐战争结束后，桂系的地盘已从广西扩大到两湖直至河北的广大地区，桂系的第四集团军司令部设在武汉，1929 年 1 月全国编遣会议不久，桂系首领李宗仁以“武汉政治分会”主席的名义，越权罢免南京国民政府任命的湖南省政府主席鲁涤平的职务，同时从武汉发兵赴长沙，驱逐鲁涤平，全面控制了湖南省。

对此，南京国民政府一面令监察院调查“核办”，一面部署军事讨伐。

3月初，胡宗南的第2旅作为第1师的先头部队，由徐州南下。

3月下旬，由于蒋介石对桂系将领的策反获得成功，桂系在湖北的主要将领李明瑞、杨腾辉战场倒戈，放弃抵抗。3月27日，蒋介石正式发布对桂系的讨伐令。

眼见桂系败局已定，一直持观望态度的冯玉祥，立刻出兵“援蒋”，自河南南下，企图抢占湖北地盘。蒋介石密令胡宗南，加速急行军，以最快速度进占武汉。

胡宗南的第2旅，作为第1师的先头部队，原本急行军每日百里，接到蒋介石的密令后，更是马不停蹄，日夜兼程，终于赶在冯玉祥的部队之前，于4月4日进入武汉。此时桂系李宗仁已于仓皇之中率部西撤，胡宗南部兵不血刃，占领武汉，将旅部设于汉口。

蒋介石乘舰赴武汉后，胡宗南在负责维持武汉治安的同时，全面负责蒋介石的保卫工作。

桂系战败之后，局势并未就此稳定，紧接着相继爆发了两次蒋冯战争以及蒋唐战争，尽管在1929年频发的内战中，每一次都是以蒋军胜利而告终，但内战并没有结束，李宗仁、冯玉祥、石友三等，除李宗仁的桂军受重创外，大多实力犹在。而晋西阎锡山游移于各派之间，势力得到发展，政治地位进一步提高，摇身一变俨然成为了各反蒋派的首领，1930年新春伊始，一场更大的战争风暴——中原大战擂响了战鼓。

3月，胡宗南奉命率部开往徐州，途经浦口时，蒋介石特令胡宗南率全旅连长以上军官前往拜谒中山陵，同时，蒋介石亲自召见训话，嘉勉备至。胡宗南很清楚，这特殊的荣耀意味着蒋介石对第2旅、对他本人寄予的厚望。

中原大战开始后，由于第1师师长刘峙兼任第2军团总指挥，副师长徐庭瑶代理师长，而徐庭瑶在陇海路的野鸡岗战斗中负伤，胡宗南便有了出任代师长的机会。

7月下旬，第1师奉命乘火车开往津浦线，当大部分部队开走后，冯玉祥军孙良诚部突然向油菜坊阵地发起猛烈进攻，第2师等部抵挡不及，连连败退，孙部先锋部队眼看就要攻到蒋介石的总司令指挥列车，相距仅仅不到五公里，情况万分危急。当时，胡宗南亲率第5团为第1师转赴津浦线殿后，闻讯后立即指挥第5团下车，投入狙击，力战数小时，终于将孙军击退，使蒋介石安然脱险。

在此后津浦线战场与晋军的战役中，以及在河南战场击退冯军“八月攻势”

胡宗南与蒋介石

中，胡宗南的第 1 师均不负蒋介石厚望，屡建战功。11 月中原大战结束后，胡宗南晋升第 1 师中将师长。

第 1 师在中央军中具有得天独厚的地位，它不仅是蒋介石起家的部队——原国民革命军第 1 军，蒋介石、何应钦曾先后任军长，且缩编后的第 1 师师长刘峙，常兼任方面军总指挥，军阶高于其他师长，而第 1 师的兵力、官兵素质、武器装备均远远优于其他部队，是名副其实的"天下第一师"。

刘峙原本保荐与他同为保定系的原第 1 师副师长徐庭瑶接任师长，无奈胡宗南非第 1 师师长不干，尤其蒋介石信任这个"天子门生"，为此特地将徐庭瑶调任第 4 师师长。

有蒋介石的支持，胡宗南对第 1 师进行了大规模的人事调整，将全师三旅九团主要军官全部换成黄埔军校毕业生，原保定系、日本士官系、各讲武堂系的军官，全部被清洗，或调离第 1 师，或担任副职。

就这样，胡宗南以第 1 师为基础，逐步形成黄埔系中的"少壮派集团"。

三、进军大西北

不久后，第 1 师扩编为第 1 军，辖第 1 师、第 78 师，胡宗南任第 1 军军长兼第 1 师师长，范汉杰任副军长。此时的胡宗南，已是中央监察委员兼中将军长，这个身份与职位对于其他黄埔学生来说，尚是几年以后的事。

1933 年 2 月，胡宗南接到蒋介石电令，命令他立即率部开往甘肃，与原驻甘肃的陕军孙蔚如部换防。

原来，杨虎城为实现其“大西北主义”、控制甘肃，指示孙蔚如部在兰州等地鼓动学潮，驱走了南京国民政府任命的甘肃省政府主席邵力子。邵力子逃回南京后，国民政府又任命朱绍良接任甘肃省政府主席一职，但若无武力保护，想必很快会重蹈邵力子覆辙，因此，蒋介石调胡宗南进驻甘肃，与孙蔚如换防。

3 月 3 日，胡宗南部抵达甘肃南部的天水，成为南京国民政府第一支进驻西北的中央军。

西北，古称用兵之地，古往今来，成就了无数民族英雄与历史伟人。在从汉中开往甘肃的途中，胡宗南曾在汉代故地紫柏山召集部下训话，雄心勃勃地称：

“吾人必须以全力拥护领袖，完成国民革命，或可免于未来之祸患。今过紫柏山下，缅怀张子房、诸葛孔明之功业，彪炳史册，而其高风亮节，一片真诚，为国为民之心尤为吾人所当效法，愿各同志深识其意。”

由此可见，胡宗南对大西北早已心驰神往，如同杨虎城要实现“大西北主义”，胡宗南也早有经营西北之志，更渴望像清末左宗棠那样，在西北建功立业；像汉代张良、三国诸葛亮那样，青史留名。

此后，胡宗南一面经营大西北，一面参加对红四方面军的围堵。1934 年下半年，红四方面军在川陕根据地打破了川军六路围攻，有北上趋向。为防止红军北上，胡宗南奉命由甘入川，在川北广元、昭化布防，于 1935 年 1 月下旬击退红军。

1935年11月，国民党五大在南京召开，胡宗南当选为中央监察委员，开始进入中央决策机构，亦开始由一个职业军人，转变成一位党政要员、中央实权人物。

正当胡宗南在宁夏惠安堡，指挥所部再次进攻陕甘宁的红军时，西安事变的消息传来：

12月12日，时任西北“剿匪”副总司令、东北军领袖张学良和时任国民革命军第17路总指挥、西北军首领杨虎城，为达“停止剿共，改组政府，出兵抗日”的目的，在西安扣留蒋介石！

胡宗南闻变大惊，恼怒道：

“这两个党国的叛徒，吃了熊心豹子胆，竟敢以下犯上，扣留领袖！”

他既为张、杨叛逆行为愤恨，又担心蒋介石的安危。

胡宗南很快和南京军政部、黄埔系将领核心组织力行社、复兴社以及陕甘宁地区的中央军各部队取得联系，得知此时南京国民政府对于如何处理张、杨形成重大分歧，形成以何应钦为首的主战派和以宋美龄、孔祥熙为首的主和派。

而在南京的黄埔系青年将领亦分成两派：以邓文仪、贺衷寒、桂永清为首的主战派和以戴笠、郑介民为首的主和派。

胡宗南乃黄埔系青年将领的首领、复兴社的首要骨干，又在西北握有重兵，离西安与兰州较近，因此他的态度得到南京各方面的注意和重视。何应钦、宋美龄纷纷对其进行拉拢。

何应钦力求以武力解决西安事变，表面是要给张学良、杨虎城造成心理压力，更有利于蒋介石的释放。实际上，何应钦“醉翁之意不在酒”，他想借此良机，取蒋介石而代之，因此是动了真格。胡宗南怎会看不明白，自然站在了宋美龄一边。

12月14日，胡宗南领衔，联合黄杰、李默庵、孙元良、李延年、贺衷寒、邓文仪等275名黄埔青年将领并代表全体七万余黄埔同学，发出《忠告张学良电》和《告袍泽书》，称蒋介石为“我全国唯一之领袖，亦我国家生存所托命，委座之革命意志及其精神，久已普及于全国爱国同胞之脑筋，尤深刻灌注于吾军校同学每一个及全体将士之血液，此决非任何恶劣势力所得而劫持”，同时对张、杨发出武力威胁：

“执事试自审地位力量，究有几何？”

要求张、杨保证蒋介石的生命安全：

“万一委座稍有差池，则吾全体同学誓必不顾一切，悉力以赴，决不与执事及与执事有关任何个人共戴天日于此世。”

胡宗南的领衔通电，在当时产生了巨大影响，正如当时一位著名学者傅斯年所说：

“最令人安慰的人是青年将领的表示，他们的积极的迅速的有步伐的行动是保持蒋公安全、维护中国全局的主要因素。”

然而，对于军事行动，胡宗南态度鲜明，即对张、杨只能给予武力震慑，逼迫其走和平解决之路，决不可实施军事讨伐。这完全出于对蒋介石安全的考虑。蒋介石在张、杨手中，一旦动武，必将危及其生命安全。

当时，胡宗南曾去电驻军宁夏中卫和定远营的第25师师长、黄埔一期同学关麟征，询问关麟征的态度，希望与之协同行动。关麟征回电表示武力讨伐张、杨，胡宗南自然不会同意，立即发电劝阻关麟征，说明出兵讨伐的危害，并动情地说：

“校长处于危险之中，雨东，雨东（关麟征的别号）！何去何从……”

关麟征读后大为恼怒，反唇相讥道：

“校长乃全体同学之校长，非兄一人之校长。弟爱校长，急于拯救校长脱险，并不亚于吾兄。”

关麟征随即开始行动。

胡宗南只能摇头叹息，按兵不动。

12月16日晚，胡宗南接到已于当日就任“讨逆军总司令”的何应钦来电，告知已分别命刘峙、顾祝同为东、西路集团军总司令，从东、西两面发兵夹击西安。胡宗南隶属于顾祝同的西路集团军。

接着，胡宗南又接到顾祝同来电，要他统一指挥第1军和关麟征的第25师、曾万钟的第3军、毛炳文的第37军，做出进军西安姿态，但实际只在咸阳、宝鸡间监视东北军、西北军和红军。

很显然，顾祝同与胡宗南一样，力主和平解决西安事变，胡宗南欣然领命。

20日上午，宋子文抵达西安斡旋，和平解决端倪渐显。宋美龄又力争延长停止轰炸西安三日，并于22日亲赴西安。在宋美龄等人努力下，25日，西安事变和平解决。

从西安事变爆发到和平解决的13天里，胡宗南度日如年。如今，蒋介石终于在张学良陪同下，离开西安，经洛阳抵达南京，胡宗南终于如释重负。

蒋介石对胡宗南在西安事变中的表现大加褒扬，更加信任。

四、陇上“西北王”

胡宗南由陕入甘之时，正是日军侵吞热河、进犯长城各口之际，胡宗南对日军行径激愤难平，几次致电蒋介石，请缨抗战，皆被蒋介石拒绝。

直到 1937 年“八一三”淞沪抗战开始后，蒋介石调集精锐部队，云集淞沪抵抗，胡宗南终于有了对抗日寇的机会。

胡宗南奉命率第 1 军增援上海，先后在宝山、杨行、刘行等地与日军进行血战，伤亡惨重。9 月底，第 1 军撤至昆山附近整补，并扩编为第 17 军团，胡宗南升任第 17 军团军团长，再创黄埔学生升官之纪录。

10 月初，第 17 军团在蕴藻浜等地与日军激战 20 余日，全军伤亡过半。

淞沪抗战失利后，第 17 军团退往南京，后又退至河南、关中，蛰伏在黄土高原上，招兵买马，扩充军队。一要扼守黄河河防，阻止山西方向的日寇渡河，保卫大后方；二要积聚势力，为抗战后的内战作准备。

此后，在国军的几个重要战役中，都能见到胡宗南前往支援的身影，如 1938 年 5 月，胡宗南率部参与围歼土肥原师团的兰封战役；8 月，开抵信阳、罗山一线，参加武汉保卫战；1944 年 5 月增援豫西，阻止了数万日军的进攻，取得灵宝防守战的胜利；9 月空运增援桂林、重庆；1945 年 4 月参加豫西西峡口之战等。

其间，胡宗南指挥修筑起一条东起黄河，中经陕北、陇东，西达宁夏固原、同心的长达数百里的封锁线，包围和封锁中共领导的陕甘宁边区。

胡宗南也因防共有功而平步青云。1939 年 1 月，胡宗南升任第 34 集团军副总司令，8 月升任集团军总司令，又创黄埔第一。

1942 年 7 月，胡宗南升任第八战区副司令长官，坐镇西安，第八战区司令长官虽为朱绍良，但远在兰州。胡宗南下辖李延年的 34 集团军，陶峙岳的 37 集团军，范汉杰的 38 集团军，李铁军的 29 集团军，指挥的正规部队有 40 多个师，连直属部队计45万人左右，这些部队分布于陕西、甘肃两省，其势力向西远远渗入新疆、宁夏、青海。“四马”（马步芳、马步青、马鸿逵、马鸿宾）等部队虽不隶属于胡宗南，但也对他俯首帖耳恭敬有加。

蒋介石给予胡宗南许多特权，首先在用人方面，给了胡宗南最大限度的“人事权”。其下辖各集团军总司令的任免去留，大多由胡宗南作出决定，上报蒋介石，蒋介石几乎从不会作出否定。军长、师长一级的任免，胡宗南具有更大的决定权，有时甚至可以先发表任命，再报请加委。团长一级的军官，则直接由胡宗南任免。

为了造就一支“忠实于蒋，听命于己”的军队，胡宗南制定了一套独特的干部政策，即“黄、浙、陆、一”用人标准。

“黄”，即黄埔军校毕业生；“浙”，即浙江人；“陆”，在陆军大学深造过；“一”，为第1师的老干部。保定系、各讲武堂系的军官均被排除在外。

在胡宗南的队伍中，连排长大部分是第七分校的毕业生，营团长大多为陆军大学毕业生，军师长则全部为黄埔军校毕业生，集团军司令更全部是黄埔一期生。

在各级司令部的幕僚中，胡宗南安排了不少浙江老乡，在他的副长官部中，很多处长、科长都是浙江人。

为了满足用人需求，使所部有充足的军官来源，胡宗南还经蒋介石批准，在西北设立中央陆军军官学校第七分校以及各种人才训练班，培养的学员大多分配在胡宗南所属部队。国民党中央主办的军事学校毕业生，分配到胡宗南所部的人数也在其他战区之上。

胡宗南所部的军需补给，也远远优于其他国民党军队。武器弹药等各种军事器材，均要优先供应胡宗南的部队。而胡宗南所领取的经费更是数额庞大，占据了全国军事支出的1/4。关中盛产小麦、棉花，胡军粮草、军服等补给也相当充裕。

蒋介石对于胡宗南的全力扶持，令胡宗南十分感激，他曾对亲信说：

“这么好的先天条件，若还不能在西北干出一番惊天伟业，我就对不起校长的一番苦心。”

胡宗南坐镇西北，锐意经营，尤其注意整顿军纪，笼络民心。他以西北地区国民党最高统治者身份，很快拥有了“西北王”的称号。

1944年6月，蒋介石重新划分战区，胡宗南原以为可以升任战区司令长官，

西北王胡宗南

殊不料事与愿违，不仅职务原地踏步，只是改任第一战区副司令长官，而且“顶头上司”换成了他最不愿与之合作的一个人——陈诚。

陈诚与胡宗南的原上司朱绍良不同，朱绍良可以做挂名司令长官，胡宗南身为副职可以掌控全局；陈诚是蒋介石的大红人，他当然不会做挂名司令长官，不来则已，来了就要掌握实权。

胡宗南与陈诚，虽然同为蒋介石的心腹大员，却是各成一系。陈诚手握重权，领袖欲极强，尤其他与宋美龄的干女儿谭祥结婚后，深受蒋介石的倚重，与黄埔系将领的矛盾日渐加深。黄埔系中胡宗南与戴笠关系密切，两人对陈诚都有意见，于是联合贺衷寒、邓文仪等黄埔系人员，内外夹击，竭力动摇陈诚的地位。

对于陈诚与黄埔系之间的矛盾与争斗，蒋介石心知肚明，为了平衡两系关系，平息黄埔系将领的愤怒，蒋介石撤销了陈诚政治部部长及三青团中央书记长之职，使陈诚在国民党内的地位受到一次不小的打击，陈诚自然对胡宗南等人十分恼火。

为了报复胡宗南，当蒋介石在重庆划分战区时，陈诚主动要求出任第一战区司令长官，并点名让胡宗南担任第一战区副司令长官，想借机杀杀胡宗南的威风，压压黄埔系的气焰。

胡宗南一向只听命于蒋介石一人，对其他人概不买账。为了抵制陈诚，在陈诚赴任之前，便秘密召开军师长会议，交代关于陈诚的一切命令、电令和调令等，必须呈报胡宗南，经胡宗南同意后才能执行。

安排好一切，胡宗南便以身体不适为借口，给蒋介石拍了个电报，称上华山养病去了。然后躲在华山，等着看陈诚到任后上演的好戏。

陈诚上任后，胡宗南的部队根本不听他的指挥，特别是胡宗南亲任过司令的34集团军，更是针插不入、水泼不进，气得陈诚一次次到蒋介石面前告状。

1944年4月，日军集中了五六个主力师团共计16万人，向中原发动大规模进攻。中原守军蒋鼎文、汤恩伯的部队一触即溃，郑州、偃师、洛阳、渑池相继失陷，潼关告急，西安震动。

胡宗南闻讯后慌忙下山，赶赴华阴指挥作战。他调集精锐部队三十四集团军和第1军，在陕州虢镇和豫西的灵宝等地阻击日军，成功将数万日军打退，取得灵宝防守战的胜利。

对此，胡宗南大肆宣扬，称自己的部队挽救了豫西和中原危局，并大张声势地为参战营以上指挥官记功晋级，传令嘉奖。蒋介石因此战功晋升胡宗南为第一战区司令长官，将陈诚调回重庆，升任军政部长。

五、溃退大西南

1945年8月15日，日本宣布无条件投降，胡宗南亲自到郑州接受日军投降。

10月3日，胡宗南晋升二级上将军衔，10日被授予胜利勋章，再创黄埔第一。他成为黄埔学生中最早、也是唯一一位在去台湾前就获得上将军衔的将领。

1946年6月，全面内战爆发，胡宗南受命向中原解放区发动进攻。不料经过两个多月的艰苦奋战，中原解放军胜利完成了战略转移任务。

9月初，蒋介石命令胡宗南进兵晋东南，打通同蒲路北段，与山西阎锡山部队配合“肃清”解放军太岳兵团。太岳兵团司令员是胡宗南的黄埔第一期同窗陈赓，为应对陈赓，胡宗南派出主力部队整编第1军。

11日，胡宗南赖以起家的第1师改成的整编第1旅进占临汾。晚7时，第1旅正待宿营，突然枪声四起。出乎意料的是，他们已毫无预兆地被陈赓、谢富治大军包围。

由于毫无思想准备，第1旅官兵在匆忙应战之中，队伍混乱，士气大减，未过12时，战斗已结束，这支全套美式装备、具有"天下第一旅"之称的"王牌劲旅"，竟在五个小时内被解放军全歼，被誉为国民党"百战百胜将军"的第1旅旅长黄正诚被俘。

消息传到西安，胡宗南大为震惊，他赖以起家、苦心经营的第1旅，就这样在顷刻间灭亡！胡宗南如丧考妣，痛心疾首。

在听完第1旅覆灭始末后，胡宗南沉默片刻，随后喃喃自语：

"解放军怎么会知道第1旅进入临汾，怎么会如此迅速地完成包围？……只有一个可能，他们知道我们要去临汾，设下这个圈套。……是谁泄的密？"

胡宗南的最后一句，是在问身边的机要秘书——熊向晖。

熊向晖起草的稿子短而精，颇有气势，甚合胡宗南口味。熊向晖的办事方式，也非常符合胡宗南的习惯。因此，胡宗南对熊向晖非常信任和重视，却不想，就是他最信任的人，一次次将他的作战计划传递给共产党，致使他逐步走向灭亡。

熊向晖面不改色地回答说：

"我们的行动，只有西安有关人员和参战部队师长以上将领知道，若真的有人泄密，透露给了共产党，就一定要查清楚。"

"怎么查？"

"应指定专人，将西安和参战部队知道此次行动之人，包括我在内，列出名单，秘密审查。"

胡宗南点点头，立即指派特务，密查此事，但最终无果。

1947年2月，蒋介石因"全面进攻"屡遭失败，便改为集中兵力，重点进攻陕甘宁和山东两大解放区，严令胡宗南夺取延安。

3月14日，胡宗南率部兵分两路，大举进攻陕北解放区，并向蒋介石保证：

"三日内拿下延安。"

此时，胡宗南已重组"天下第一旅"，并做好了打硬仗的准备。殊不料，此次进攻却非常顺利，19日，第1旅一路畅通进入延安城。然而，占领的却是一座空城，中共中央早已主动撤出延安。

3 月 25 日，胡宗南精锐部队整编第 31 旅在青化砭被西北野战军全歼，旅长李纪云被俘。

4 月 16 日，135 旅在羊马河遭遇西北野战军袭击，全部被歼，代理旅长麦宗禹被俘。

5 月 7 日，第 167 旅在蟠龙被全歼，旅长李昆岗被活捉，蟠龙基地的 1000 多匹骡马、4 万多套军服、1.2 万余袋面粉、无以数计的枪支弹药统统成为了解放军的战利品。

接二连三地部队被全歼，将胡宗南的信心一点点打击殆尽，胡宗南不由对军队战斗力和自己的指挥能力产生怀疑。

1948 年 2 月下旬，解放军重兵包围关中咽喉要地宜川，胡宗南令刘戡率 29 军驰援，却正中解放军围点打援之计。当 29 军行至瓦子街时，便遭到解放军的伏击，经过两天激战，整编第 29 军被全歼。中将军长刘戡见战无援兵，退无后路，老本已经拼光，即使逃回去也不光彩，遂于绝望之中“自杀成仁”。

4 月 21 日，胡宗南率部撤出延安，国民党重点进攻陕北的计划彻底失败。

1949 年 4 月，国共和谈破裂，解放军向江南大举进攻。同月，解放军攻占太原。胡宗南担心华北解放军渡过黄河，与西北野战军会师，慑于解放军的强大攻势，开始作着逃跑的打算。

5 月 16 日，解放军第一野战军 1、2 兵团直逼咸阳，第 18、19 两个兵团从潼关、韩城处渡过黄河，向西安靠拢。

5 月 18 日，胡宗南被迫撤出盘踞十多年的老巢——西安，躲进秦岭，他多次向蒋介石建议，将主力撤往滇缅边界以保持实力，均被蒋介石拒绝。

夏秋之际，解放军开始向大西南进军，在解放贵阳后，即西出泸州、毕节，切断了成都国民党军向西康、滇西的逃路。同时又在川东击溃宋希濂、罗广文部，直逼重庆。

11 月 28 日，胡宗南由汉中撤往成都。翌日，蒋介石和国民党中央政府一些成员从重庆逃到成都。12 月 8 日，胡宗南被任命为西南军政长官公署副长官代行长官职权，全权负责指挥川西各部同解放军作战。

但随着 12 月 9 日云南省主席卢汉宣布起义，西康省政府主席刘文辉、西南军政长官公署副长官邓锡侯、潘文华等也在暗中联络起义事宜，蒋介石闻讯后于 12 月 10 日飞往台湾，12 月 11 日，刘文辉等即通电宣告起义。

随即，胡宗南部 20 万大军陷入解放军的包围之中，胡宗南急得像热锅上的蚂蚁，多次向蒋介石电呈成都突围计划，蒋介石均不予批准，胡宗南无计可施，只好坐以待毙。

直到 12 月 18 日，蒋介石才勉强批准了胡宗南的组成两大兵团、“东打西进”的突围计划，并要求胡宗南亲自指挥突围。

但此时情况已万分危急，胡宗南为保全性命，已无暇顾及蒋介石的旨意，于 23 日丢下部队，私自乘飞机逃离成都，留在四川的三个兵团全部战场起义。

胡宗南弃师潜逃，原本打算直飞西昌，无奈天气不好，只好转飞海南岛最南端的三亚机场。蒋介石对胡宗南历来偏袒，这次听到胡宗南独自逃命，真是动了火气，要将其查办。好在顾祝同从中斡旋，蒋介石才同意胡宗南再回西昌，保证坚守三个月，以待第三次世界大战爆发，戴罪立功。

西昌是西康省东南部的一个小盆地，四周多深山高谷，为彝族聚居区。胡宗南飞抵西昌机场时，迎接他的只有其嫡系第 1 师团长朱光祖部的零落队伍。

3 月下旬，解放军兵分两路，渡过金沙江，向西昌挺进，胡宗南自知力不能敌，秘密准备再次逃跑。

3 月 26 日，解放军兵临城下，将西昌团团包围。胡宗南将剩余 6 万部队的指挥权匆忙移交给西南军政长官公署参谋长罗列，自己偕心腹十余人，偷偷乘飞机经过海口转逃台湾，所留残兵败将很快被解放军消灭。

蒋介石在大陆的最后一张“王牌”，终于彻底灭亡。

六、没落台湾岛

坐在逃往海口的飞机上，胡宗南忧心忡忡，两年里溃败之神速，令他心中酸涩难忍，深感辜负了校长多年的栽培，心中已在默默叹息：

“此生恐怕不能善终……”

3月27日，即胡宗南从西昌逃到海口的当天，台湾政府宣布，撤销胡宗南一切职务，改任“总统府”战略顾问。

至此，胡宗南已一无所有，地盘没了，兵马丢了，只有这么一个有名无实的虚衔。

飞抵台北后，胡宗南灰溜溜跑到台湾东部的花莲海滨。这里背山靠海，环境清幽，是修养身心的圣地。胡宗南以为龟缩在花莲海滨就可以被世人遗忘，免去败逃责任的追究。

但事与愿违，平静的日子没过多久，港台各大报纸突然刊登了一篇对他的弹劾文章，一时间舆论大哗，谴责胡宗南的声音铺天盖地向他袭来。

原来，胡宗南丢了西北丢西南，被许多国民党官员所憎恨，他们强烈要求追究胡宗南的责任，将其惩办。“监察院”陕西籍委员、时年72岁的李梦彪，联合46名监察委员，向“监察院”提出对胡宗南的弹劾。而港台各报刊出的对胡宗南的弹劾文章，便出自李梦彪等人之手。

与此同时，台湾国民党政府正在开展一场“整肃失职军政官员”的运动。在胡宗南的第34集团军任过总司令的胡宗南的黄埔一期同学李延年，因在福州绥署副主任任上失守平潭岛，与73军军长李天霞一起，以“擅自撤退，有亏职守”之罪名被扣押，交由军事法庭审判。

在此情况下，胡宗南读到李梦彪等人的弹劾文，自然胆战心惊。他慌忙从花莲海滨休养地赶回台北，悄悄住进锦州街汤恩伯的家中，开始想办法疏通关系，为其消灾解难。

在大陆时期，陈诚与胡宗南争宠夺势，嫌隙甚深，但此时陈诚身居高位，并未对胡宗南落井下石，而是与蒋介石商量后，将弹劾案交“国防部”处理。“国防部”根据蒋介石授意，采取“拖”的策略，大事化小，小事化了，最后得出四个字结论：应免议处。

至此，胡宗南总算躲过一劫，担忧已久的心终于放松下来。

胡宗南深知，决定他命运的，既有陈诚的宽容，更有蒋介石的袒护。作为“天子第一门生”加浙江籍老乡，蒋介石念及胡宗南大陆时期的颇多战功及对他的一贯忠诚，在这关键时刻选择了袒护胡宗南，令胡宗南感动不已。

但“天子第一门生”的辉煌，永远地成为了历史。

逃过一劫之后，胡宗南开始了赋闲在家无所事事的平静生活，他颇有自知之明，从未妄想再度出山。

然而，1951年3月17日，胡宗南突然接到蒋介石的命令，任命他为“江浙反共救国军”总指挥，要他去浙江省东南海中的大陈岛地区，整理指挥沿海游击部队，组建“江浙反共救国军”。

大陈岛位于浙江省台州市东部、台州湾东南、台州列岛中南部。1949年国民党军相继从苏南、浙江、福建等地败逃后，有为数不少的残兵败将与地方部队逃到了东南沿海的各个岛屿。

对于这些残兵败将，国民党当局起初并没有重视。朝鲜战争爆发后，美国情报机关得知中国东南沿海岛屿上尚留有一些国民党游击部队，认为可以利用这些游击部队牵制中共力量，遂与台湾当局商定，由美台双方共同整理东南沿海游击部队。

于是，蒋介石选中胡宗南去大陈岛地区整编这些散兵游勇。

之所以选中胡宗南，主要有三个原因。首先，胡宗南作为高级军事将领，有整军经武的经验；其次，胡宗南是浙江人，熟悉东南沿海的地理地貌及风土人情；其三，胡宗南赴台后，被弹劾受挫折，屡遭打击，如今赋闲一年，安排一个实际职务，对他既是一种安慰和勉励，又可最大限度地调动其积极性。

事实正是如此，胡宗南一生戎马，如今能有机会再度领兵打仗，心中激动不已，对蒋介石更是充满感激之情。他随即化名秦东昌，火速前往大陈岛就任。

岛上虽然条件简陋，但胡宗南干劲十足。他首先对驻守各岛的游击部队进行调查摸底，传见各游击司令，又乘舰到各岛巡视部队，申明纪律。

接着，他一面向各部队供应从台湾运来的粮食、武器、装备，一面派遣人员到各游击部队中“担任教官，协助训练，兼负思想考核之责，授以副署命令之权”，逐步控制了各部队的指挥权。

整编完部队，胡宗南开始指挥部队向大陆沿海地区发动进攻，袭击占领了南、北麂，并在突袭平阳县金镇卫与福建沙埕港中得手。

1952年10月，胡宗南又任命冯龙为前线指挥官，率部对披山岛之南的寨头、鸡冠山、羊屿等岛发动进攻，在各岛登陆后，与守岛解放军发生激战。战后，胡宗南将缴获的解放军枪炮作为战利品送到台北，向台湾当局呈报战绩。“国防部”将“战利品”陈列在台北新公园博物馆，作为“第三届国军克难成果”展出。

1952年年底，胡宗南被任命为“浙江省政府主席”，1953年1月，又被任命为浙江省党务特派员。顿时胡宗南仿佛又找回了昔日风光。可惜好景不长，随着朝鲜战争的结束，中共加强了东南沿海的军事力量，1953年年初，解放军夺回鸡冠山，1953年6月24日，解放军又占领了积谷山岛。

由于积谷山岛距离大陈岛很近，积谷山的失守，直接影响大陈岛的防守。蒋介石及台湾当局顿时紧张起来，台岛上也议论纷纷，传言大陈岛也即将“陷共”。

7月初，台湾当局撤销“江浙反共救国军总指挥部”，改设“大陈防卫司令部”，由刚从美国陆军参谋大学学成归台的少壮派中将刘廉一出任大陈防卫司令，率正规军第46师进驻大陈地区各岛。

胡宗南的“江浙反共救国军”总指挥因此被自动免职，他本人也结束了在大陈岛将近两年的军事生涯。

1955年8月，蒋介石数次召见胡宗南。胡宗南由于赋闲在家心情郁闷，趁机再三请求“为国效命”，蒋介石便任命他为澎湖防守司令官，驻守澎湖。

接到任命，胡宗南十分高兴，立刻欣然西渡，到澎湖上任去了。

不久，“国防部”新任参谋总长彭孟缉到澎湖巡视，胡宗南作为防守司令官亲自前往机场迎接。彭孟缉是黄埔第五期生，胡宗南作为黄埔一期生，“天子第一门生”，曾经不可一世的“西北王”，在大陆时期，何曾将黄埔后期的晚生后辈放在眼里，如今却不得不对彭孟缉毕恭毕敬，心中的苦涩可想而知。

1959年10月，胡宗南的澎湖防守司令官任期届满，奉命调回台北，仍任“总统府”战略顾问，不久又奉命进入国防研究院任研究员。

此后，胡宗南再也没有得到“为国效命”的机会，每天只能靠看看报纸、写写文章来消磨时光……

七、坎坷姻缘路

如同宦途的挫折，胡宗南的婚姻生活也是一波三折。

胡宗南先后结过两次婚，第一次结婚在投笔从戎前，当时胡宗南在孝丰小学教书，与孝丰县城有名的美女梅秀棠结为夫妻。胡宗南是孝丰有名的才子，两人可谓郎才女貌，周围人无不羡慕。

但胡宗南封建意识浓厚，对梅氏要求苛刻。有次梅氏想出去看戏，胡宗南不同意，梅氏便背着胡宗南与女伴一起去了。胡宗南知道后，认为梅氏不守妇道，从此对梅氏渐渐冷落，而且胡宗南投笔从戎后，官越做越大，对梅氏也不予理睬，以至于多年不曾回家。梅氏后来抑郁而死，只是她至死不明白，胡宗南对她的冷落，仅仅因为她看了一场社戏。

梅秀棠去世后，胡宗南很长一段时间孤身一人，国民党要员以及同僚部属纷纷表示关心，主动为他介绍对象，他都以"国难当头，何以为家"婉拒，被蒋介石引为楷模。

胡宗南升任第一战区司令长官之后，国民党"CC"系领袖陈立夫在一次偶赴西安时，也为胡宗南介绍了一门亲事：

"孔院长（孔祥熙）有位二小姐，名唤孔令伟，是重庆城内数一数二的名媛淑女，深得委员长和夫人喜爱。委员长和夫人对寿山兄一向器重，有意将孔二小姐许配寿山兄，不知寿山兄意下如何?"

尽管胡宗南个头不高，但当时战绩赫赫，在蒋介石面前大红大紫，又身居高位，可谓前途无量，因此孔令伟对这桩婚事比较满意。

而胡宗南也知道，娶了孔二小姐，就多了一份与陈诚抗争的资本，对蒋介石夫妇特别是宋美龄来说，孔令伟这个外甥女要比干女儿近一层（陈诚娶蒋介石夫妇干女儿谭祥），因此答应与孔二小姐见面。

胡宗南将此事告知结拜兄弟戴笠，戴笠立即表示反对：

"孔二小姐生性孤傲，……平日奇装异服，绝不是你喜欢的类型。"

经戴笠提醒，待孔二小姐亲自到西安相亲的时候，胡宗南决定事先到下榻之处观察，果然见这位二小姐相貌丑陋，举止粗俗，而且短发西装，雌雄莫辨。又听属下说这位二小姐常牵着小狗出游，品行不端，心中更加反感。

为了巧妙拒绝这门亲事，胡宗南按戴笠的计策，先给孔二小姐打电话，约她一起出去游玩。胡宗南故意把自己打扮得邋里邋遢，孔二小姐见到胡宗南后，感觉跟陈立夫的"吹嘘"有很大差距，心中已有些不快。

等两人到达游玩地后，胡宗南与孔二小姐步行观光，大约走了两个小时的小路，孔二小姐累得上气不接下气，脚上都磨出了水泡。胡宗南却佯装不知，依然赞美风景，丝毫没有怜香惜玉的表示。

据说孔二小姐返回上海后，一到家便对胡宗南破口大骂，并发誓说：

“就是他胡宗南当了皇帝，我孔某人对他也毫无兴趣!”

尽管是孔二小姐“没看中”胡宗南，但陈立夫和孔祥熙似乎都明白内中隐情，因此对胡宗南十分不满。

其实戴笠反对胡宗南和孔二小姐在一起，还有一个原因，就是他有意撮合胡宗南和他的秘书兼同乡叶霞翟。在孔二小姐之前，戴笠就已经介绍两人相识。

叶霞翟比胡宗南小十岁，长得秀丽端庄，毕业于上海光华大学，可谓才貌双全。

胡宗南第一次见到她时很是满意，可是由于当时抗战爆发，此事也就拖了下来。而不久后，叶霞翟也赴往美国攻读博士学位，不过这期间两人的联系没有中断。

在断断续续联系了十年之后，胡宗南和叶霞翟终于在1947年3月，结为百年之好。

胡宗南夫妇合影

婚后因战事紧急，胡宗南忙得焦头烂额，根本没有时间陪伴娇妻，到台湾后两人也是聚少离多，但叶霞翟对此没有丝毫抱怨，只是默默地在家中操持家务、抚养儿女，闲时便在报纸上发表文章，后来还成了台湾的知名女作家。

胡宗南去世后，叶霞翟写了一本记述她与胡宗南爱情史的传记著作《天地悠悠》，称胡宗南是“梦里的王子，风流儒雅的将军”。

1961年7月，65岁的胡宗南渐渐感到身体不适，经常咳嗽不止，身体也总是疲乏无力。开始，胡宗南并未在意，仍然像过去一样读书，按时作息。后来病情加重，家人只好为他延医诊治，请来台湾“陆军总医院”的丁农医生。丁农医生检查后，发现胡宗南有高血压、糖尿病的症状，在饮食调养上给他作出一些规定，让他平时注意节食，尤其要忌食糖类、肉类。

胡宗南听了医生的叮嘱，便从此不沾糖类和肉食，每天仅吃一些蔬菜水果和粗粮。几个月以后，胡宗南的身体渐渐消瘦，不料，11 月的一天，胡宗南前往参加“战略顾问委员会”会议，会议地点在台北介寿馆四楼，上到二楼的时候，胡宗南忽然感到浑身无力，再也上不去了，只好托人请假回家。

1962 年 2 月初，丁农医生到胡宗南寓所为他检查身体，发现他心脏有些不正常，建议他住院诊治。2 月 7 日是农历正月初三，胡宗南住进了台北“荣民总医院”。

胡宗南住院后，很快惊动了台北党政要人与其亲朋好友及旧日部属，来医院看望他的人络绎不绝。就在他住院的第二天，蒋经国便来到医院看望，紧接着，蒋介石也来到“荣总”，走进了胡宗南的病房。

看到蒋介石出现在病房门口，胡宗南激动不已，蒋介石走到床前，握了握胡宗南的手，还亲切地试了下胡宗南的额头，看看有没有发热，这让胡宗南万分感动，当场老泪纵横，哽咽地说道：“总统，您看我来了……”

蒋介石离开病房后，就到另一个房间，召集主治医生，详细询问病情，并吩咐医生用心医治。

蒋介石走后，叶霞翟回到胡宗南的病床前，胡宗南赶紧询问蒋介石在医院的情形，叶霞翟一一相告，胡宗南听后，苍白的脸上竟泛起红润的光泽，可见蒋介石在他心目中是何等重要。

13 日晚，胡宗南很早入睡。这天，叶霞翟回家照顾发烧的大儿子胡为，病房里只有胡宗南过去的部属袁学善守在病床前。

蒋介石出席胡宗南葬礼

14日凌晨3时许，睡梦中的胡宗南突然发出一声惊叫，一双手高高举起。

袁学善连忙询问，见胡宗南没有反应，便想将他高举的手臂按下盖进被子里，却发现胡宗南的手臂僵硬无法弯曲，赶紧按铃召来医生，医生立即进行抢救，为胡宗南注射强心针并戴上氧气罩。

此时，叶霞翟已得到消息，急忙带子女从家中赶来，到医院时，胡宗南已进入弥留状态。

3时50分，胡宗南因心脏病突发，经抢救无效离开人世，享年66岁。同年6月9日，胡宗南被安葬于阳明山上的纱帽山麓，依其生前所愿，墓庐依山面海而筑，以便他的灵魂能够远眺家乡。

历史评说

胡宗南作为“天子第一门生”，是唯一在大陆时期就获得上将军衔的黄埔学生，他曾被评价为“蒋介石手下最有才干的指挥官”。在对红军的“围剿”中，胡宗南为蒋介石立下赫赫战功，正如周恩来所说：“反共战争的大部分战果是他取得的。”

抗战中，胡宗南参战不多，主要在关中养精蓄锐。可当国共内战爆发后，胡宗南的部队却一触即溃，屡战屡败，丢了西北丢西南。究其直接原因，不是胡宗南的军事才能不行，而是其亲信中有三位中共谍报人员，这三位谍报人员便是被周恩来称为“后三杰”的熊向晖、陈忠经和申健。

逃台后，胡宗南遭到弹劾，成为众矢之的。最后还是蒋介石念胡宗南一贯忠诚，终以“应免议处”而躲过一难。

从黄埔军校走出来的 CONGHUANGPUJUNXIAOZOUCHULAIDE

GUOGONGLIANGDANGGAOJIJIANGLING 国共两党高级将领

飞行上将——周至柔

作为陈诚“土木系”的重要干将，周至柔仕途通达，他在中日空战中指挥有方，立下赫赫战功；同时他也是国民党空军的主要缔造者和建设者，使得那个时代的中国空军颇具现代化气息，从这一点来看，称他为“国民党空军之父”也不为过；赴台后，周至柔仍官居显位，对台湾的军队建设和经济发展做出了杰出贡献。

小档案

姓名字号： 周至柔，字至柔，原名百福

籍　　贯： 浙江临海

生卒年月： 1899.11.30—1986.8.29　卒年 87 岁

毕业院校： 保定陆军军官学校

军　　衔： 一级上将

主要军职： 空军总司令，“国防部”参谋总长

一、半路出家

1931 年 9 月 18 日，驻中国东北的日本关东军在炸毁柳条湖铁路之后，旋即进攻北大营，包围沈阳城，制造了震惊中外的九一八事变。并在之后四个多月的时间里，占领了东北三省，速度之快，举国震惊。

也就是在这一时期，中国政府开始感到掌握制空力量的重要性。缺少飞机，无法构成立体式作战，战争中必然处于劣势，组建航空部队迫在眉睫。

而周至柔登上军界权力巅峰，便是从创立空军开始的。

当时，对空军如何组建，国民党内部分为“亲意派”和“亲美派”，两派分歧很大。蒋介石的得力干将陈诚因此向蒋介石建议，选派一人出访欧美，考察先进国家的航空事业，然后再作定夺。

蒋介石听后表示赞成，要陈诚推荐一人，陈诚脱口而出道：

“周至柔。”

周至柔的命运自此发生转变。

周至柔出生于浙江临海县东藤镇，父亲周滕珊在他 12 岁时去世，使他在单亲家庭中过早地经受了人生磨难，也养成了吃苦耐劳、锐意进取的性格。

周至柔幼年时在家乡入私塾接受启蒙教育，而后升入浙江省第六中学，1919 年考入保定陆军军官学校第八期步兵科，与浙江老乡陈诚成为同期同学，并成为了无话不谈的朋友。也就是从这时开始，陈诚成为周至柔命运中不可缺少的贵人。

1922 年，周至柔自军校毕业，与陈诚一起被分到浙江陆军第 2 师。但随着时局的发展，受革命思想熏陶，两人对北洋军阀越来越感到失望。1924 年，孙中山在广州创办黄埔军校，陈诚首先赴粤，随后召唤周至柔南下广州，周至柔毅然追随，进入黄埔军校，与陈诚一样，成为了上尉教官。

第二年，周至柔随陈诚参加两次东征，因作战英勇机智，战役结束后升任虎门

青年周至柔

要塞司令部参谋长。

1926年7月，国民革命军誓师北伐，陈诚任第21师第63团团长，周至柔任副团长。第63团在两人的率领下，转战江西、浙江、江苏等地，接连取得大捷，1927年4月，陈诚升任第21师师长，周至柔升任第21师参谋长。

南京国民政府成立后，28岁的周至柔被蒋介石任命为军事委员会军政厅长江上游办事处少将主任，成为同辈中的佼佼者。

1930年中原大战爆发时，周至柔正在第33旅旅长位上，奉命率部开赴中原大战第一线，先后参加攻克马牧集、归德、济南、郑州等重要战役，因在大战中表现突出，在战后升任第18军第14师副师长，不久升任中将师长。第33旅则被蒋介石视为劲旅。

从1931年至1933年，周至柔跟随陈诚的第18军，参加了对江西革命根据地第三次和第四次“围剿”。由于他作战英勇，得到国民政府的明令嘉奖，于1933年升任第18军副军长。

第18军是陈诚赖以起家的部队，也是国民革命军的王牌部队，周至柔一直在其中担任要职，成为陈诚“土木系”的得力干将。但由于第18军在第四次“围剿”红军中惨遭失败，周至柔被调离。

陈诚自然不会亏待了他这位老部下，寻得机会便向蒋介石大力推荐周至柔。

也正是因为陈诚的提携与帮助，对空军一无所知的周至柔，获得出国考察先进航空事业的机会，从此开始了他步入空军的生涯，一生与空军结下不解之缘，也为他的辉煌前途奠定了基础。

周至柔此次出国考察，历经一年时间，他在详尽了解各国航空建设与空军训练的同时，刻苦勤奋地自学英语。

周至柔曾对同僚说："若不能说英语，对方就会对我低看三分。"

凭着这种精神和坚强的毅力，周至柔在完成考察任务的同时，练就了一口流利的英语。

回国后，周至柔向蒋介石呈交考察报告和计划书，蒋介石看后十分满意。1934年5月，周至柔被任命为航空委员会委员，7月，就任中央航空学校校长。

周至柔有一句名言："如果我想开饭店，就必须先学做厨子，否则厨子可以骑在我头上，饭店就得关门。"

想要做好中央航空学校校长这一职务，就必须先做一名有过硬飞行技术的飞行员。因此，周至柔苦练飞行技术，多次单独驾机往返南京与上海，以提高自己的实际操作能力。

在提高自己飞行技术的同时，周至柔也将飞行技术放在培养飞行员的首位，并提出"训练重于作战"。此外，他还十分重视飞行员的精神培养，认为"精神的有无、钝锐，实决定最后之成败"，要求飞行员具备"智、仁、勇"三者，强调在飞行员训练中培养攻击精神的重要性，因为"攻击精神是军队的灵魂，是发挥战斗力的基本条件"。

战术上，周至柔主张有创意的战术思想，要善于依据敌强己弱的特点寻找致胜的途径，需多行奇袭，为人之所不敢为，能人之所不能；战术心理上要不畏不惧，勇于牺牲；不畏失败，胜而后已。行动时要有灵敏新锐的头脑，讲究科学的精神与方法，不可古板，不可墨守成规。

周至柔对飞行员纪律要求非常严格，提出"整饬重于训练"的主张。同时，他还对航空学校的制度进行了改革，将航空班纳入校籍，列为第一期，以后随着第二期、第三期的相继毕业，国民党空军终于蔚然成军。

二、夫人路线

尽管周至柔对中央航空学校的规范管理，以及一整套的战略战术、思想体系，在他出任中央航空学校校长之前，便得到蒋介石认可，但当时空军的主要创办人是毛邦初，中央航空学校校长由蒋介石兼任，副校长便是毛邦初。

毛邦初是蒋介石原配夫人毛福梅的堂弟，因此蒋介石对他十分信任。周至柔外表敦厚，不善言谈，亦不善逢迎，却外粗内细。他看准宋美龄对毛邦初的不满意，因而决定走“夫人路线”。

有一次，周至柔陪同蒋介石夫妇检阅空军部队，当蒋介石和宋美龄从空军人员面前走过时，按照以往惯例，空军人员喊道：

“委员长万岁。”

内心细致、敏锐的周至柔，立即感到似乎少了点什么，再抬头看一下宋美龄的脸色，立即明了，马上举起手喊道：

“夫人万岁！”

在周至柔带领下，空军人员也都跟着喊起：

“夫人万岁！”

这件事，让宋美龄印象深刻，从此对周至柔格外关注和赏识。

有了宋美龄的关照与提携，加上周至柔的才干原本就在毛邦初之上，蒋介石最终任命周至柔为中央航空学校校长，毛邦初则被派到国外考察，率部分毕业学员赴意大利深造。

1934 年 5 月，中国航空委员会成立，周至柔被任命为航空委员会委员，并于 1936 年 2 月改任航空委员会主任委员，实际负责领导全国航空事业。蒋介石亲任委员长，宋美龄任秘书长。

任职中央航空学校和航空委员会之后，周至柔对宋美龄更加敬重，有一次陪同宋美龄到重庆附近一个空军基地参观，其间，宋美龄的鞋带松开了，周至柔一眼看到，立即上前蹲下，帮宋美龄将鞋带系上。宋美龄虽略感尴尬，但对周至柔的这种举动也是十分受用。

周至柔还经常派运输机为宋美龄服务，例如曾专门派运输机到西安，为宋美龄送毛线衣给蒋纬国。

对于蒋介石，周至柔更是恭谨有加，言听计从。在蒋介石夫妇的赏识和陈诚的相助下，周至柔在空军领域如鱼得水，尽情施展才华。

周至柔出任航空委员会委员时，在航空委员会注册的各种杂牌飞机共有500架，但实际能供作战使用的仅有91架。一些还是孙中山时代的飞机早已不能飞行；有些美制霍克式飞机也已经破烂不堪；新组装的意大利菲亚特式飞机则质量极差，有的初次试飞便从空中掉下，被称为“空中活棺材”。

面对基础如此之差的中国空军，仅仅依靠本国的财力、物力、技术、经验和人才是远远不够的。

而就在此时，日军加快侵华步伐，在东北接连制造事端，培植汉奸势力。

周至柔目睹时局，心知日军发动大规模侵华战争只是时间问题，深感未来中日大战中空军负有重大责任，因此竭力加快空军建设步伐。

周至柔一面抓紧训练空军飞行人员和机械技术人员，一面抓紧购置作战飞机。他从美国和意大利订购了一批飞机，令全国各地大量建造军用机场，将从国外秘密购进的大批航弹、航油，分别储备于各机场中。同时，将大批空军地勤人员与空军机械人员，分散安排到各个机场，以备战时之用。

周至柔还认识到，从国外购机不是长久之计，因而着手建立中国自己的航空工业，选派优秀学员到意大利学习飞机制造，并与意大利合作，在南昌东郊青云浦机场内建立了一座飞机制造厂。

在周至柔等人筹划和努力下，国民党空军很快初具规模。

也就在这一过程中，对宋美龄一向唯命是从的周至柔，却做出一件违反宋美龄意志的事情，使得两人之间，产生了些许不愉快。

当时，航空委员会以总顾问史卡隆尼为首的意大利顾问，以策划对日战略为理由，向航委会秘书长宋美龄提出要航委会行政方面给他们一系列关于空军军备的资料，包括全国飞机场面积图表，全国飞机数量、性能、种类和装配表，飞行人员姓名、职级的统计表，贮藏弹药器材数字统计，等等。

对此，宋美龄曾表示同意，并将此事交给周至柔办理。

周至柔对此十分敏感，不愿将中国全套空军机密档案透露给意大利顾问，但他没有当面反驳宋美龄，而是表面答应将此事交给各处科汇集整理，暗地里用极机密“即刻到”的电报，向在洛阳的蒋介石报告，称这是关系国防的最高机密文件，不能轻易示人。言外之意，即须回避秘书长宋美龄。

几个小时后，蒋介石发来复电，称：“婉词延宕可也。”

而宋美龄接受了顾问团的要求，也在询问周至柔，空军军备资料是否已统计好。周至柔按蒋介石的计策，“婉词延宕”，将责任一级级往下推，一直称各处科还没有将意大利顾问团要求提供的资料整理出来。

宋美龄自然明了其中缘由，只好称幕僚无能作罢。

1936 年 9 月，蒋介石 50 大寿前夕，周至柔等人向军政部长何应钦建议，发动各方面捐献飞机，作为蒋介石的寿礼，可固国防。何应钦表示赞成。

此后，一场声势浩大的献机祝寿活动在全国展开。

10 月 31 日，为蒋介石举办的祝寿典礼在明故宫飞机场举行，国民党中央大员、各界代表，以及南京市民、学生等纷纷赶赴现场，祝寿典礼场面宏大，气氛热烈。

各地方各团体举行了献机仪式，这次献机活动，因全国抗日情绪高涨，各种捐款 1200 多万元，捐款所购飞机均来自美国。

周至柔派飞行员驾驶战斗机进行了飞行表演，在南京上空组成“中正”、“五十”的字形，场面蔚为壮观。还有十几架捐献的飞机飞往溪口上空，盘旋着排成一个“寿”字，反映了飞行员的高超技术。空军从无到有，以及后来在抗日战场上屡建奇功，周至柔功不可没。

此次捐款购机，是史无前例的一次大采购，对此后空军的建设影响甚大。

三、鹰击长空

1937 年 7 月 7 日，卢沟桥事变爆发，日本发动全面侵华战争。国民党第 29 军全体官兵在华北对日寇进行了顽强抵抗。日寇惊诧之余，接连向华北增调输送了 16 万人和 18 个空军中队，总兵力已达 30 万人。7 月末，平津相继陷落。

8 月初，航空委员会正式成立空军作战前敌总指挥部，周至柔兼任总指挥，毛邦初任副总指挥，石邦藩任参谋长。

8 月 4 日，淞沪会战爆发前夕，周至柔下达战斗动员令，他针对日军准备从海、空对华东地区展开攻势的企图，改变原来的作战部署，将空军力量全部配置在沪、宁、杭地区，以配合陆军防守上海、南京。

周至柔

8月13日，淞沪抗战爆发。蒋介石命令负责上海防务的张治中，率87师、88师、36师和其他临时划归他指挥的几个师，奋起抗击，并令空军对日军进行轰炸，令海军封锁江阴。

根据蒋介石的命令，周至柔立即下令空军第5大队于次日凌晨出动轰炸机群，并挂500磅大炸弹飞往上海，轰炸进入长江口的日军第三舰队；令第2大队出动轰炸机群飞往上海，分别轰炸江上日军舰队与江山码头登陆日军及日军码头、仓库；命令第4大队从周家口机场转至杭州笕桥机场，待机歼敌。

8月14日，长江中下游大雨滂沱，第4大队在队长高志航率领下，冒雨从周家口飞往杭州笕桥机场，刚着陆便接到日军空袭的紧急警报。

高志航随即率郑少愚、李桂丹两中队共27架飞机紧急升空应战，分途拦截日军战斗机。战斗中，中国空军极力奋战，一举击落六架敌机，大获全胜。

中国空军初战告捷，为了表示嘉勉，在宋美龄建议下，蒋介石下令将8月14日定为“航空节”，以永久纪念中国空军在首战中的傲人战绩。吃了败仗的日本空军，恼羞成怒，于8月15日开始对中国机场进行狂轰乱炸，出动60多架飞机分批次对南京、杭州、嘉兴、曹娥等机场，展开大规模轰炸。

周至柔沉着应战，下令空军奋起还击，第9大队在曹娥上空击落日机四架，第4大队在杭州上空击落日机16架，并协同第3、5大队及航校暂编部队在南京上空击落日机14架。

16日，第4、5、3各大队分别于杭州、句容、嘉兴、南京、扬州上空截击日机，共击落日机八架，击伤数架，号称日军精锐的鹿屋与木更津两海军航空联队几乎全军覆灭。

空战三天，中国空军各大队奋勇作战，战绩辉煌。

17日，中国空军开始变被动为主动，主动派机轰炸上海日军司令部及其虹桥阵地，击落反击日机两架，再一次给日军以沉重打击。

19日，第2大队派出轰炸机七架，在龚颖澄、谢郁青率领下，以第4大队李桂丹率领的六架驱逐机为掩护，袭击日军集结在白龙港的航空母舰，炸沉日军巡洋舰一艘，开创中国空军“自杀攻击”之先河。

到20日，短短一周之内，中国空军击落日军重轰炸机40架，轻轰炸机27架，水上飞机13架，驱逐飞机18架，并炸毁日舰11艘，而中国空军的损失只有七架。

中国的辉煌战绩让日军恼羞成怒，随后出动了更大批量的飞机，开始了更加疯狂的轰炸。

到1937年10月，日军在淞沪战场已投入20万兵力，作战飞机增加至400余架。中国空军在飞机数量上一下子陷入极度劣势，在开战初取得的空中优势开始逐步丧失，经过三个月的激战，到1937年年底，中国空军飞机和飞行员损失巨大，加上补充困难，已完全丧失战斗力。

在此期间，中国空军涌现出战功卓著的“四大天王”：高志航、李桂丹、乐以琴、刘粹刚。

高志航是第一个击落日机，实现中国空战史上零突破的飞行员；

李桂丹在杭州空战和后来的武汉空战中多次击落敌机，战功显赫；

乐以琴在一次空战中击落日本飞机四架，创造单次击落日机最多的纪录；

刘粹刚在“八一四”空战中，在吴淞口外炸毁日舰一艘，立下首功，在以后的空战中，又先后共击落日机11架，是中国空军中击落敌机最多的飞行员。

然而，到1937年底，“四大天王”中，已有三位先后为国捐躯，他们是高志航、乐以琴、刘粹刚。而李桂丹，则在1938年的武汉空战中壮烈殉国，年仅24岁。

日军占领南京后，日本政府为了尽快结束战争，先后集结海陆空35万兵力，出动舰艇120余艘、飞机500多架，大举进攻武汉，企图迅速占领中国的心脏武汉，一举消灭中国主力部队，迫使中国政府投降。

此间，为恢复空军的战斗力，中国从苏联购进一批飞机，并在苏联志愿援华航空队协助下，中国空军与日本空军再次展开殊死搏杀。

1938年2月18日，日军出动12架轰炸机、26架歼击机，从南京、芜湖两地机场直飞武汉，准备对武汉进行轰炸。

周至柔得讯后立即下令驻守汉口的空军第4大队第21飞行队和第22飞行队起飞迎战，驻孝感的第23飞行队同时起飞。

三支飞行队在武汉上空与38架日机展开激烈的空战，战斗持续约12分钟，中国空军击落日机11架歼击机，两架重型轰炸机。但此次空战，中国空军损失了五架飞机，并有五位勇士血洒长空，其中“四大天王”之一的李桂丹，便是在此次空战中牺牲的。

4月29日，是日本的“天长节”，即日本裕仁天皇的生日。日军为祝寿同时为

“二一八”空战惨败“报仇雪恨”，出动48架战机分多层编队轰炸武汉三镇。

中苏空军早已严阵以待，共出动64架战机对日机进行伏击，最终击落日机21架，击毙、俘虏日军飞行员50多名。而中国空军付出12架飞机的损失，年轻的飞行员陈怀民在飞机受到损伤后，驾机猛撞敌机，与之同归于尽。

5月31日，日军出动54架战机再一次对武汉发起进攻，中国空军与苏联志愿航空队组成强大战斗机群，飞至汉口北方上空截击日机。日机见中国空军来势凶猛，仓皇东逃，中苏战机乘胜追击，紧追不舍，最终击落日机14架。中国空军和苏联志愿航空队各损失战机一架。

从6月12日，武汉会战正式打响，到10月25日武汉失守，空军部队取得了一系列胜利，有力配合了国军陆地战场的作战。

太平洋战争爆发后，美国开始大力支援中国空军，并成立中美空军混合团，中国空军终于迎来了春天。

作为国民党空军缔造者的周至柔，由于指挥空军作战有方，本人又精明能干，精通英语，因而备受蒋介石赏识。蒋介石在抗战中访问印度，出席开罗会议，都点名要周至柔陪同前往。

开罗会议不久，周至柔连续获得景星勋章、青天白日勋章，1945年5月，他当选为国民党第六届中央执行委员，继而又任军事委员会委员长侍从室第一处主任。

四、炸沉“重庆号”

1945年8月抗战胜利前夕，苏联红军迅速出兵东北，占领东北全境，与此同时，共产党军队正在向东北行进，要与苏军会合。在这种情况下，国民政府接受《雅尔塔协定》的不公正条款，与苏联签订了牺牲外蒙古和东北部分权益的《中苏友好同盟条约》。

在该条约中，苏联承认国民政府是中国的唯一政府，承诺“不缔结反对对方的任何同盟”、“不参加反对对方的任何集团”。

苏联的这一承诺，总算给蒋介石一些补偿。蒋介石相信苏联会信守承诺，相信依靠苏联支持的中共，从此会失去与国民党争夺政权的资本。

因此，蒋介石公开致电，邀请毛泽东赴渝，商讨“国际国内各种重要问题”。蒋介石的目的十分明确，就是要让共产党看清国际形势，明白国民党所拥有的绝对优势，知难而退。

28 日，毛泽东抵达重庆，住在国民党谈判首席代表张治中的公馆桂园。

当晚，周至柔等人陪同蒋介石在山洞林园宴请毛泽东。

虽然此次宴会在欢乐的气氛中进行，但在不久后的和谈中，国共双方很快产生分歧，并逐渐放弃谈判希望。

1946 年 5 月，国民党航空委员会改组为空军司令部，周至柔被任命为第一任空军总司令，毛邦初为副总司令，王叔铭为副总司令兼参谋长。周至柔率领这支现代化的空军，运用侦察、运输、扫射、轰炸等手段，配合地面部队，与共产党军队展开战斗。

6 月，国民党向中原解放区发动进攻，刘峙集中 30 万兵力，以宣化店为目标，分进合击。周至柔为配合刘峙所部，派出主力飞行大队向中原解放区进行侦察和轰

国民党空军总司令周至柔

炸。还命令空军携带大量传单向地面散发，传单称“愿意终止战争生活另谋其他工作者，将给予优厚的政治待遇”，等等。

但已处于国民党军队包围圈中的解放军不为所动。

正当刘峙指挥军队开往陕鄂边境对解放军进行围攻时，解放军刘邓大军趁河南空虚，突然渡过黄河，直奔中原，刘峙得知后急忙回师考城进行拦截。中原解放军借机突围，跳出了国民党军队的包围圈。

8月，周至柔又派出八架飞机轰炸延安，同时配合地面部队向苏皖解放区发动进攻；9月，配合地面部队进攻淮阴、巨野、宁城等地。

国民党全面进攻失败后，从1947年3月起，蒋介石被迫转入重点进攻，将重点置于陕甘宁和山东解放区。

周至柔奉命指挥空军开往山东战场和陕北战场，配合地面部队对解放区展开进攻。

其中，为配合胡宗南23万大军进攻中共中央所在地延安，周至柔派出飞机100多架。

3月19日，胡宗南部一路畅通进入延安城，然而占领的却是一座空城，中共中央早已主动撤出延安。胡宗南组织作战参谋捏造战绩，上报国防部，国民政府收到“捷报”后，立即回电祝贺，并授予胡宗南二等大绶云麾勋章一枚，同时为周至柔颁发了二等宝鼎勋章。不久，周至柔又获得一枚一等宝鼎勋章。

然而国共内战，却没有朝着周至柔希望的方向发展。从1948年9月至1949年1月，共产党发起三大战役，同国民党展开战略大决战。周至柔指挥空军，紧密配合地面部队，企图阻止人民解放军的进攻，最后均以失败而告终。

三大战役之后，国民党赖以维持统治的主要军事力量基本被消灭。

1949年2月，国民党海军轻巡洋舰“重庆号”宣布起义，引来南京国民政府及国民党上上下下一片震惊。因为“重庆号”是英国赠送给国民党海军的舰艇，意义非同一般，该舰起义的影响更是非同一般。

蒋介石为此命令周至柔，不惜一切代价，炸沉“重庆号”。

周至柔领命后，立即派机侦察“重庆号”行踪。3月3日在烟台附近发现“重庆号”踪影后，周至柔立即调上海基地四架B-24式飞机前往烟台实施轰炸。然而初战之后，“重庆号”趁黑夜迅速转移，很快脱离国民党空军的掌控之中。

周至柔在大陆

一直到3月中旬，国民党空军才在葫芦岛寻得“重庆号”踪影。

3月18日，周至柔再次派飞机四架前往轰炸“重庆号”。“重庆号”海军将士奋力抵抗，加上解放军两个高射炮连紧密配合，从早上一直激战到下午4时，国民党空军只将“重庆号”炸开两个洞。

19日上午8时，周至柔派出七架轰炸机，加大火力对“重庆号”施行轰炸。激战一天，又将“重庆号”右舷炸开一个大洞。

当晚，解放军总部命令“重庆号”官兵自沉军舰，国民党空军终于得以完成了这次任务。率部执行炸毁任务的空军第二军区司令陈嘉尚等人因此受到国民政府嘉奖，周至柔也得到蒋介石的表彰。

尽管周至柔不遗余力地对付共产党军队，为鼓舞士气，亲自到空军基地，与飞行员吃在一起，住在一起，但国民党军队在大陆的败势无法扭转，无论周至柔怎样做，依旧无法阻止空军将士驾机投诚。

在国共内战三年多时间里，总共有4000多名国民党空军将士起义，其中有50多名飞行员驾驶22架各型飞机飞向解放区。

南京解放前夕，在蒋介石的命令下，周至柔竭力组织飞机将国民党在大陆的黄金、美钞及各种战略物资抢运至台湾，同时，他向蒋介石提出保持空军实力的方案，即提前将空军转移到台湾，得到蒋介石的批准。

于是，周至柔暗中派人赴台湾布置基地，先修建台湾机场，同时安排好空军将士及家眷住所，接着将空军器材全部运往台湾，并将没有飞行任务的飞行员及其眷属先行迁至台湾。

1949年4月，随着解放军百万雄师渡过长江，国民党空军也做好了迁台准备。不久，周至柔奉命离开大陆，飞往台湾。

五、军中改革

到台湾后，周至柔仍然得到了蒋介石的信任和倚重，长期担任要职。

1950年3月，周至柔升任“国防部”参谋总长，仍兼“空军总司令”，并晋升为空军二级上将，1951年6月晋升空军一级上将。

出任“国防部”参谋总长后，周至柔总结了在大陆失败的经验教训，配合蒋介石的国民党改造运动，采取了一系列措施改革军中陋习。

首先建立军中人事制度，规划干部训练计划，核实发饷制度，将军饷直接发放到士兵手中，杜绝了长期以来的“吃空缺”和虚报、冒领饷银装备的弊病。

集中精力整军、建军、精练三军，将三军84万人核实为577000余人，并以60万人为目标给予冻结，在缓解军费压力的基础上，改善官兵生活，使士兵安心服役。

同时周至柔提出“三军一家如兄弟，三军一体如手足”的口号，以团结全军、鼓舞士气。

他号召士兵“助民爱民”，要求军队“自己割草伐竹盖草房为营，种菜养鸡鸭为食，并助民整理村路，修建道路、堤坊、桥梁”，在一定程度上缓解了去台军队和当地人民的矛盾。

由于国民党赴台初期，经济上百业凋敝，入不敷出，为减轻台湾当局财政负担，周至柔将台湾当局分给空军的大量黄金全部献出，得到台湾各界一致赞赏。

除此之外，为了消除国民党军队中长期存在的派系观念和山头主义作风，周至柔订立了各级将领任期制度，实行“限期主管官任期制度”，规定主管官只可连任一次。为以身作则，开风气之先，周至柔在1952年率先辞去“空军总司令”兼职，并在1956年6月“参谋总长”连任期满后，主动向蒋介石提出辞呈。

蒋介石惜才，特地指示特批周至柔再连任一届。周至柔则表示：

“我自己就是提案立法之人，应带头守法，否则无法服众。”坚决拒绝接受这次连任。周至柔的以身作则，在台湾一时间传为美谈。

周至柔在台湾推行的一系列改革对台湾军队建设发挥了重要作用，时人评论他是“开创国军现代化第一人”，加上周至柔以身作则，越发得到蒋介石的重用。1954年7月，周至柔曾奉蒋介石之命筹组“国防会议”，并担任秘书长，副秘书长为蒋经国。

早在1950年6月朝鲜战争爆发后，由于台湾的战略地位凸显，美国再度“扶蒋”，蒋介石终于解除了被解放军消灭的顾虑，开始专心致志建设台湾，同时也开始逐步实施“父业子承、培植蒋经国接班”的计划。

蒋介石给蒋经国安排的第一个职务为：“国防部”政治部主任，编阶为二级上将。这是一个经过深思熟虑的安排，目的是为蒋经国抓军权做准备。

但蒋经国涉足军界时间较晚，不仅资历浅，且素无军功，突然陡升高官，自然会令一些人不服气，刚刚升任“国防部”参谋总长的周至柔，便是其中之一。

当时周至柔刚刚晋升为一级上将参谋总长，亲朋好友纷纷前往道喜，周至柔却发了几句牢骚，说：

“现在连老百姓都可以当上将，我在沙场拼了几十年命才升了这么个一级上将，想想也没有什么可喜的。”

蒋经国听闻此话后，不但没有生气，反而十分惭愧，因此在“国防部”政治部主任任期内，他从不在公共场合穿上将军服。这一点倒让周至柔刮目相看。

随着蒋经国几年来的暗暗努力，他在国民党军队中的地位也逐渐稳固。周至柔明白，自己无力与之抗衡，因而索性顺从地为蒋经国“接班”保驾护航，对蒋经国大力提携，为他掌握军界提供种种便利条件。这一点，让蒋氏父子十分满意，这也是周至柔在台湾长盛不衰的秘诀所在。

周至柔在工作之余，喜欢看一些中外新书、新刊物，但从不读古书，他对周围人说："我们是从古时过来的人，应知道现在的一切变化与进化。"

在周至柔卸任"国防部"参谋总长前夕，也就是1956年4月，美国国防部邀请台湾将领赴美参观考察军事设施，蒋介石任命周至柔组织"星云考察团"，赴美访问。

"星云考察团"成员都是国民党高级将领，其中有25位上将及中将，号称"一百将星"。当年赫赫的大将，如今都归周至柔带领，可见周至柔在台湾军界地位之隆。

考察团赴美，途经日本，特地在日本停留一周参观旅游。当地"使领人员"打算安排考察团游览东京及附近历史名胜地区十多处，周至柔却不以为然地说：

"日本文化由中国而来，有什么好看的，再说看那些古董实在没有意义。"

见"使领人员"不明所以，周至柔继续说：

"听说日本战后一切新设施包括娱乐事业，都向美国仿效，甚至较美国更为出色，要看这些新玩意儿。"

"使领人员"恍然大悟，立即改变参观项目。在"使领人员"的带领下，周至柔等人参观了日本有名的宝琢少女歌舞剧，大水族动物游戏馆，大的百货公司，大的超级市场，大型电子公司。参观后，一行人感到眼界大开。

由此可以看出，周至柔颇具备现代化头脑，此前对国民党军队进行的现代化改革，也是出自这种思想。

六、台湾“省主席”

自美国归来，周至柔便卸任“国防部”参谋总长。不久后，蒋介石给了他新的任命。1957 年 8 月，国民党八大召开前，蒋介石对台湾党、政、军人事做了大幅度调整，命周至柔接替严家淦任台湾“省主席”。

周至柔长期出任军职，对地方事务不太熟悉，这个全新的任命，对他来说无疑是一个挑战和考验。

周至柔一上任，便指出建设台湾的方向——首先必须由农业时代迈向工业时代。

周至柔查阅了大量省政资料，发现民国四十六年本省农民的平均耕地只有民国二十八年的一半。人口在增多，土地并没有增多，因此人民的生活不仅不能提高，反而会日益下降。为此，周至柔提出解决之方：

先实行耕者有其田。然后由政府投资，改良品种，增加单位面积产量，改良农舍建筑，耕地重新分配。建设白河水库、曾文水库、龙水水库与嘉南大圳的整治等工程，改善农业生产条件。

周至柔还将土地改革的模式与成果，制作成纪录片并拷贝，此后各国首脑访台时，他都会将该纪录片作为礼品赠送，受到访客的赞赏和珍视。

改善农业生产条件后，周至柔再将多余的劳动力引进工厂。

经过他的推算估计，种一公顷的田，能够养活八个人。用一公顷的土地开办工厂，则能养活 180 个人，甚至更多。所以周至柔特别强调工业富省的方针远景，从事工业的人多了，务农的人就能得到更多耕地。其施政重心开始由农业向工业转型。

由于此前日本、美国之行给周至柔留下了深刻印象，他深感交通是发展工业的脉络，因此在任期内完成了多项大型公共建设，如兴建连接台北和吉隆的重要交通要道“麦克阿瑟”高速公路（该公路成为台湾第一条高速公路）。这些交通设施的完成，极大带动了各地方的繁荣。

周至柔在省民的社会福利问题上也做出了功绩，尤其是在 1959 年台湾因台风造成的特大水灾中，周至柔亲临第一线，白天到处勘察灾情，晚上则指挥抢险抢修救灾事宜，据其秘书李蔚荣说，周至柔在此期间曾有连续 72 小时不眠不休的记录。

当时“省政府”的财政依然匮乏，天灾过后，面对救灾重建的庞大经费，实在是捉襟见肘。这时，周至柔便利用自己曾任参谋总长，在军中的声望，协调“国防部”发动军工协助灾后重建工作。

重建工作历时一年，一年后，受灾地区不仅恢复了原貌，而且新建的桥梁堤防均加宽加高。公路拓宽了，农舍翻新了，工程质量有所提高，台湾的基本建设在重建中得到进一步提高，这与周至柔的领导运筹是分不开的。

周至柔任台湾“省主席”的五年时间里，台湾的社会经济面貌有了很大改观。

1962 年 11 月，周至柔从“省主席”职位上卸任，后又出任“总统府”参军长。这个工作相对以往轻松了许多。于是，周至柔开始有了从事自己爱好的时间。周至柔一生爱好体育活动，不管工作多忙碌，也会抽空打打高尔夫球。

周至柔的球艺精湛，有“中国高尔夫球之父”之称，因此很多人来向他讨教球艺，不论来者地位和球艺如何，他都会热心并认真教授，而他的很多学生后来成为职业高尔夫球员。

周至柔不仅自己爱好体育活动，还提倡他人多参加体育活动，锻炼身体。他曾经提出在三军中建立球场，并且聘请江良规博士为军中“大鹏”篮球队教练。在周至柔悉心培育下，该球队在赴菲律宾参加的一场比赛中，一举夺魁。

此外，周至柔还涉足围棋界，对围棋“神童”林海峰非常关心，悉心加以培植，为其日后成为世界著名棋手提供了有利条件。

基于周至柔爱好体育并对体育界有所贡献，1956 年 10 月，周至柔被推举为“中华全国体育协进会”理事长，兼台湾“中华奥委会”主席。

卸任台湾“省政府主席”后，周至柔专注于体育爱好，过了五年多的悠闲生活。

1967年，台湾当局通过《戡乱时期临时条款》，规定政府增设“国家安全会议”，安全会议下设“国家建设设计委员会”，周至柔被任命为该委员会主任，兼“总统府战略顾问”。

在这一期间，周至柔组织人员大量搜集翻译西方国家建设的先进资料，编成重达数公斤的《世界大势要览》，每年出版一次，分赠台湾政要及社会知名人士参阅。

周至柔还根据这些资料，制订各种建设设计方案，送到“行政院”作为参考，台湾后来经济的迅速发展与周至柔的努力是分不开的。

后来，“国家建设设计委员会”改组为“国家建设研究委员会”，周至柔仍任主任。

1969年4月，周至柔当选为国民党第十届中央委员会常务委员，7月又被任命为“动员戡乱时期自由地区中央公职人员增选选举总事务所选举委员会”主任委员。

1973年，周至柔主动请求辞去国民党中央委员会常委一职，称：

“我现在要专心‘国家’建设设计，对‘国家’全盘，‘党国’大计未曾综合了解，故很少在常委会上发言，何必虚占一职。现在要提拔青年才俊，我要让后辈年轻人有上进机会。”

同年11月，周至柔正式辞去国民党中央委员会常委一职。

1976年11月和1981年4月，周至柔连续两次被选为“中央评议委员会”委员。

七、晚年与家人

周至柔的晚年生活，不像其他人那样多姿多彩。但有众多亲朋故友的陪伴，也是充实而快乐的。

周府里经常有亲朋故友前来看望，这些人里既有周至柔的同乡、同学，也有他的晚辈及属下。

尽管周至柔不培植私党，但他有着浓厚的同乡观念和同学观念，和蒋介石喜欢关照浙江老乡一样，他对同乡都有过不同程度的关照，大凡浙江籍的部下军官，周至柔都给予关照，对于本家、亲戚中的同辈或晚辈，自然更是近水楼台，特别关注。这些同乡亲友都对周至柔深怀感恩之情，敬称周至柔为“周公”。

对于部下、亲属来说，周至柔是一个宽厚的好领导、好上级，因此周至柔在国民党军队特别是空军中，人缘非常不错。作为战后国民党空军的缔造者和重建者，他在空军官兵中享有极高威望，以至于晚年那些受过他恩惠的官兵、受过他知遇之恩的部下，都会常去看望他，与他聊天叙旧，使周至柔的晚年生活在尽享亲情及天伦之乐的同时，又尽享友情、乡情、晚辈之情、部属之情。

由于心情好，精神状态好，周至柔在 1973 年 5 月随何应钦前往金门和澎湖诸岛，作参观访问。当时，周至柔已 74 岁高龄。

两位老年人兴致勃勃，神采奕奕，特意在金门参观了炮兵工事。周至柔看得非常认真仔细，对工事整修的坚固性赞不绝口。

那天天气很好，周至柔一边与何应钦及陪同人员谈笑风生，一边举着高倍望远镜，对大陆方向进行观察。

但他看着看着，笑声突然停止了，笑容在脸上凝固了，就这样一直凝望了很久。

人们都停止了说笑，各自的思绪似乎也被带回了大陆的岁月。

周至柔在想什么呢？是想他浙江临海的故乡，还是想他留在大陆的亲朋好友？流落海岛已20多年，恐怕今生难再踏上故土，这是周至柔晚年的最大遗憾。

离开望远镜，周至柔与何应钦回忆起在大陆的往事，自然而然地谈起了战争年代的往事。何应钦指着周至柔对在场的人说：

“当年在黄埔军校众多教官里，你周至柔算是最不起眼的，谁料想你转行干了空军，居然会这么出色。”

周至柔却摇头笑道：

“老长官，我也是出国到欧美列强去考察，才知道中国之落后，没有工业化，没有现代化，治军、治国都是一句空话，侵略者就会再来侵略我们的国家。”

说罢，众人皆若有所思，周至柔的思乡愁绪却久久不散……

周至柔的对母亲的孝顺，在国民党内也是出了名的，国民党败逃台湾后，周至柔于1950年将母亲接到台湾，悉心照料。不管工作多忙，每天必定到母亲房中问候。母亲的饮食，都是周至柔根据其病情，亲自设定。

每年的春节，是周至柔一年中最开心的时候，因为他可以得到母亲20块钱的压岁钱，周至柔每次都开心地拿着红包走亲访友，逢人便说：“看，这是母亲给的压岁钱!”

在周至柔身边，周母度过了一个幸福的晚年，直至93岁病逝于台北。在台北极乐殡仪馆举行的葬礼上，周至柔披麻戴孝，膝行祭拜，泣不成声。

母亲去世后，周至柔和夫人王青莲、儿子周一西、儿媳汪丽玲、孙女周婉青，全家人在台北过着简单朴素而快乐的生活。

周至柔之子周一西，是台湾当时的青年才俊，与连振东之子连战、蒋经国之子蒋孝武、陈诚之子陈履安，被誉为台湾“四大公子”。

1980年，周至柔突然中风，左半边身体行动不便。但81岁高龄的他，仍坚持每天坐着轮椅上班，早上9点准时到达，12点返回寓所。

虽然只是工作半天，但对于年过古稀，且行动不便的老人来说，已是非常难做到的事情。

对于自己的病情，周至柔十分乐观，他经常说：“人生健康，系天命安排。”

周至柔每周定期到医院接受治疗，可病情总没有什么好转，这时他又会说：

“没有退步就是进步。”

由于生病，周至柔食欲不佳，但他坚持每餐吃一小碗饭，他每天的服装也坚持打理得整齐精神。

1986 年 8 月 29 日，周至柔心脏病突发，经抢救无效，离开了人世，享年 87 岁。

就在他病逝的前几天，在“国家建设研究委员会”的大楼里，人们还能看到他按时上班、忙碌办公的身影……

历史评说

作为技术性将领和陈诚“土木系”的骨干，周至柔并不以陆军指挥见长，他得以登上军界权力巅峰，是从创立空军开始的。在周至柔任中央航空学校校长期间，对航空学校的制度进行了重大改革，他极其重视训练飞行员的攻击精神，主张有创意的战术思想，行动上讲究科学的精神与方法，为中国空军的创立立下汗马功劳。

抗战全面爆发后，周至柔率领空军屡建奇功，他在指挥中国空军抗日救国、以少胜多、以弱胜强的战斗中，发挥了重要的作用，为中国空军史掀开了绚烂的第一页。但在内战中，周至柔率领民国空军站到了中国人民的敌对面，使他最终沦为“战犯”。

赴台后，周至柔在任“参谋总长”期间，推行了一系列现代化改革，时人称之为“开创国军现代化第一人”。而在出任台湾“省主席”五年的时间里，他力促台湾由农业时代迈向工业时代，为台湾的建设做出了贡献。